本书获得集美大学法学院海商法研究系列丛书项目和集美大学博士科研启动基金资助

海商法研究系列

国际航运竞争法律规制研究

蔡莉妍 ◎著

厦门大学出版社
XIAMEN UNIVERSITY PRESS
国家一级出版社
全国百佳图书出版单位

图书在版编目(CIP)数据

国际航运竞争法律规制研究/蔡莉妍著.—厦门:厦门大学出版社,2020.6
(海商法研究系列)
ISBN 978-7-5615-7546-8

Ⅰ.①国…　Ⅱ.①蔡…　Ⅲ.①国际航运—国际法—研究　Ⅳ.①D993.5

中国版本图书馆 CIP 数据核字(2019)第 167948 号

出 版 人	郑文礼
责任编辑	甘世恒

出版发行　厦门大学出版社

社　　　址	厦门市软件园二期望海路 39 号
邮政编码	361008
总　　　机	0592-2181111　0592-2181406(传真)
营销中心	0592-2184458　0592-2181365
网　　　址	http://www.xmupress.com
邮　　　箱	xmup@xmupress.com
印　　　刷	厦门集大印刷厂

开本	720 mm×1 000 mm　1/16
印张	13.75
插页	2
字数	242 千字
版次	2020 年 6 月第 1 版
印次	2020 年 6 月第 1 次印刷
定价	59.00 元

厦门大学出版社
微信二维码

厦门大学出版社
微博二维码

本书如有印装质量问题请直接寄承印厂调换

序　言

　　在建设 21 世纪"海上丝绸之路"过程中,航运发挥着重要的先导作用。近年来,我国航运业在基础设施建设方面发展迅速,硬实力趋于世界前列。但是从整体竞争力来看,尤其是航运软实力方面,仍和世界海运强国存在较大差距。培育和增强航运业竞争力的根本途径和决定性条件,是合理的市场结构与产业组织结构,其中航运竞争规则是航运市场运行规则的核心。研究国际航运竞争规则是完善我国航运法治建设的重要内容。由蔡莉妍博士撰写的《国际航运竞争法律规制研究》一书,是在其博士论文基础上,结合近年来国际航运市场管理的实践,修改充实而成的。

　　本书从国际航运市场的竞争结构和航运产业特性出发,提出了主体、行为、责任三位一体的分析思路,从实体机制、程序机制和保障机制三个层面,探讨优化航运市场监管模式,细化相应监管制度的行动路径,使国际航运业由传统的"成本和规模驱动"向"创新驱动"转变。

　　该书的出版,对研究和完善我国统一开放、竞争有序的国际航运市场体系,改善和提高我国国际航运市场的营商环境和法治水平,将起到积极的促进作用。当然,作者在书中的观点和见解,未必没有不足之处和可以进一步探讨的地方。期待着作者在该领域新的研究成果的问世。

上海海事大学教授、博士生导师
中国海商法协会副会长
上海国际航运仲裁院专家委员会主任委员

於世成

目　　录

绪 论

一、研究背景与意义

国际海运自由化进程的推进带来了航运市场结构的变化。在成本日益上涨和经济持续疲软的后金融危机背景下,全球航运市场面临着总体运力过剩,运价长期处于历史低位的困境。为了改善财务状况,提高盈利能力,缓解航运市场周期性和结构性矛盾,航运企业之间不得不抛弃"单打独斗"的传统经营方式,转而寻求"抱团取暖"的方式来降低经营风险、提高市场竞争力。按照美国经济学家 J.M.克拉克的"有效竞争"理论,企业只有具有一定的规模经济优势,才能在激烈的市场竞争中占得先机。[①] 从早期的"四联盟两公司"的航运联盟格局发展至今,联盟的深度和广度都有了较大的发展。随着航运界越来越紧密的战略合作,航运市场的集中程度也在不断加强,并带来了市场可操控性方面的隐忧。面对航运联盟日益密集化的趋势,一方面以经合组织和欧美航运竞争规则为代表的国际立法经验倾向于放松对国际班轮运输业的管制,另一方面则强化对航运联盟的组织形式和运价的有效监管。本书关注的是如何通过法治保障促进航运市场自生自发秩序的形成,并对限制竞争行为施以有效的控制,从而实现其追求的多元价值目标。具体而言,至少存在以下多方面的意义。

(一)国家战略视角

作为深化对外开放的重要举措,2013 年,国家提出以丝绸之路经济带和

[①] John Maurice Clark. Competition as a Dynamic Process, Brookings Institution, 1961, p.25.

21世纪海上丝绸之路为核心的"一带一路"倡议。为了实现这一旨在打造中国经济升级版的国家战略,必须促进经济板块之间的联动,因此有必要加快推进综合交通运输体系建设,其中航运业在战略实施过程中无疑起着重要的作用。航运作为一国的重要战略资源,不仅是国家潜在的军事力量,而且是推动国家经济发展的重要辅助力量。作为国际贸易的派生需求,航运实力是一国外贸实力的重要组成部分。虽然国际贸易自由化有助于改善产业需求环境,但是随着航运市场的不断开放,也面临着航运服务贸易逆差攀升、国内市场份额下降、外资产业控制程度增强等现实问题,对航运业产业安全形成掣肘。培育和增强航运产业竞争力的根本途径和决定性条件是合理的市场结构和产业组织结构,其中航运竞争规则是航运市场运行规则的核心。如今的航运产业竞争格局已经不仅仅是航运企业间的竞争,更重要的是政策环境。采取适当的航运竞争法律规制可以防止国外航运企业对国内航运业的冲击,避免由于航运服务业过度自由化带来的产业损害,提升本国航运业的产业竞争力。

(二)理论体系视角

我国航运法制存在公私失衡的现状。长期以来,以《海商法》为代表的规范航运活动中平等主体之间行为关系的私法已较为发达,但以利用国家权力对航运活动尤其是航运市场秩序进行管理和干预为主要内容的《航运法》迟迟未能出台。航运竞争法是航运法律体系的重要组成部分,又是国家对航运市场进行有效监管的法律依据。航运市场的公共性和不完全性是局部竞争过度与整体竞争不足的主要诱因,容易造成航运市场"失灵"现象,也使得一般的竞争规则难以在航运业完全发挥作用。① 近几年由于国内外经济低迷,航运需求不振,船东在上个航运高峰期大量订造新船,导致运力过剩,供求矛盾突出,整个行业陷入持续性低谷。我国目前尚未出台航运领域龙头法之一的《航运法》,作为航运竞争特别法的《中华人民共和国国际海运条例》及《国际海运条例实施细则》规定过于零散且并不全面,而作为一般法的《反垄断法》又缺乏可以应用到航运市场的具体操作标准,难以协调各部门之间的权责与管理职能,难以形成国家统一的航运扶持政策。因此,航运竞争法研究既是构建完善的国家航运法律体系的重要内容,也是保障一国航运产业可持续发展的内在需求。

---

① 王学锋:《航运公共管理与政策》,上海交通大学出版社2011年版,第45～46页。

(三)发展现状视角

近年来,我国的港口规模和船舶技术水平发展迅速。但是从整体竞争力来看,仍和世界海运强国存在着较大的差距,运输船队结构不够合理,配套政策不完善,企业运营管理水平不高,综合竞争力较弱。尤其是航运软实力方面,航运服务贸易长期处于逆差状态。随着航运企业数量、业务量与业务范围的不断扩大,面对如此巨大的航运市场和众多的经营主体,如果没有加强对航运市场秩序的规范与实施,无序的竞争将给整个产业带来消极影响,政府也将面临相当大的压力与挑战。2014 年 8 月 15 日,国务院正式印发《国务院关于促进海运业健康发展的若干意见》(国发〔2014〕32 号)(以下简称《若干意见》),其中提出了建设海运强国的战略目标,通过顶层设计推进航运企业深化改革,完善法人治理结构,促进经营规模化和专业化以提升国际竞争力。[①]《若干意见》在目标定位中强调完善海运业发展的相关配套政策和法规,完善统一开放、竞争有序的市场体系,引导运力有序投放和合理增长。四个保障措施中有一点是加强和改进行业管理,关键环节是要进一步完善法规政策标准和加强航运市场监管。航运市场的有序竞争离不开有效的航运市场监管,有效的航运市场监管离不开航运竞争法治。航运竞争法律体系的构筑不能一味追求竞争制度的完善,而应考虑航运经济的自身特点和国家航运政策价值取向的多元化。由于我国目前还缺乏完善的航运竞争法律制度,理论界也存在较大的争议,如何使得政府的"有形之手"和市场的"无形之手"共同作用于航运经济活动,为航运市场主体营造公平、高效、法治化、低成本的营商环境是本书希望解决的问题和初衷。

二、相关研究综述

根据笔者掌握的有限资料显示,有关航运竞争法律规制的研究,在国内外层面都有所涉及,但系统性的理论研究成果并不多见,主要的文献来源于相关国际组织和科研机构的研究报告、学术期刊论文,以及博士、硕士论文。研究方法上以归纳比较和总结性研究居多,建议多从宏观角度出发,实证调查类和

---

① 《国务院关于促进海运业健康发展的若干意见》,中华人民共和国中央人民政府官网,http://www.gov.cn/zhengce/content/2014-09/03/content_9062.htm,下载日期:2015年 3 月 11 日。

微观分析类的研究相对较少。

(一)国内研究现状

从我国的理论研究现状来看,由于市场经济引入我国相对较晚,导致反垄断相关立法工作也比较迟缓。在此背景下,我国理论界对航运竞争法的研究直到 20 世纪 90 年代中期才逐步展开。就航运竞争法律问题进行专门研究的著作并不多见,除了较为早期的研究成果如王杰、王琦编著的《国际航运组织的垄断与竞争》(大连海事大学出版社 2000 年版)之外,於世成所著的《美国航运法研究》(北京大学出版社 2007 年版),张湘兰、张辉主编的《国际海事法新发展》(武汉大学出版社 2012 年版)和於世成、胡正良、郑丙贵主编的《美国航运政策、法律与管理体制研究》(北京大学出版社 2008 年版)中的部分章节也涉及航运竞争法律制度。就期刊文章来看,笔者在中文期刊网以"航运竞争法"为关键词,从 1995 年到 2018 年共搜索出文章 39 篇(截至 2018 年 8 月),并集中在 2006—2007 年度发表。就博士、硕士论文来看,在中国知网博士、硕士论文库中以"航运竞争法"为关键词,从 2000 年到 2018 年共搜索出 26 篇博士、硕士论文(截至 2018 年 8 月),直接以"航运竞争法"为题的仅 6 篇,且全为硕士论文。

从种类上进行梳理,整体上可以分为三类:第一类是传统的理论研究,主要从体系构建的角度进行;[1]第二类是结合具体制度层面来研究,如航运反垄断豁免、禁止滥用市场支配地位、国际班轮运输协议法律规制、航运市场准入等,这一类研究成果的数量相对较多,与前期的研究相比更为细化,包括适用技巧改进、特定领域的操作差异等,研究方法上主要以比较分析法为主;[2]第

---

① 例如王秋雯:《论我国航运反垄断规则之立法走向——以欧盟海运竞争乏力体系改革为借鉴》,载《中国海洋大学学报(社会科学版)》2013 年第 2 期;郑丙贵:《欧盟航运竞争规则新体系探讨》,载《上海海事大学学报》2009 年第 1 期;蔡莉妍:《航运联盟反垄断的法律规制研究》,载《大连海事大学学报(社会科学版)》2014 年第 5 期;李光春:《航运法研究论纲》,载《中国海商法研究》2013 年第 3 期等。

② 例如於世成、邹盈颖:《论禁止滥用市场优势地位制度在国际航运竞争法中的运用》,载《法学评论》2006 年第 5 期;王秋雯:《欧美国际航运垄断协议规制制度比较及对中国的启示》,载《新视野》2012 年第 9 期;汤晓峰:《中国航运市场准入法律制度研究》,大连海事大学 2014 年博士学位论文等。

三类是针对个案应用性的研究,主要是码头作业费纠纷、P3 联盟否决案的分析等。① 在对这些文章进行阅读和比较后发现,从现有的国内研究成果来看,研究方向主要呈现以下几个特点:

1.从理论层面厘清航运竞争法的法律性质、明确航运竞争法的基本理念、界定航运竞争法的基本原则、完善航运竞争法的体系。最初学者们着重于对国际组织和其他国家尤其是欧盟和美国在航运竞争立法方面的介绍。随着研究的深入,逐渐将重点放在如何将国际视野和本土思维相融合。例如,王杰、王琦主编的《国际航运组织的垄断与竞争》一书较早地对航运竞争法律规制进行了探讨;张敏的《航运竞争法基本问题》认为,航运竞争法并非仅是调整竞争主体之间的航运竞争关系,还包括航运竞争执法机构与竞争主体之间的竞争管理关系;沈晓平的《我国航运竞争法之研究》通过航运业成本分析和航运市场的供求分析,提出航运竞争法既要考虑竞争法的普遍原则又要兼顾航运经济的特点,不能片面追求竞争法律制度的完善。

2.从具体制度层面构建航运竞争法的法律体系,如航运反垄断豁免制度的取舍以及享受豁免的类型和条件、航运反垄断的审查程序、航运竞争法的执法机构、完善运价备案制度等方面。例如,张湘兰、张辉主编的《国际海事法新发展》一书认为,未来航运反垄断豁免制度将发展为信息交换机制豁免和联营体豁免并重的格局。於世成、邹盈颖的《论禁止滥用市场优势地位制度在国际航运竞争法中的运用》认为,应当将不得滥用有优势地位界定为一项严格责任并通过系统化的立法技术防止优势地位的滥用。

3.通过分析比较并结合自身实际情况,吸收和借鉴美国、欧盟、澳大利亚、日本等在航运竞争立法上的成功经验。例如,於世成的《美国航运法研究》一书通过系统梳理美国《1998 年航运改革法》的基本制度和实施情况,重点阐释了美国航运市场竞争规则及政府调控的路径选择,包括国际航运协议组织反垄断豁免、运价规制等内容,对于扩宽我国航运竞争法研究视野具有重要的指引作用。王秋雯的《欧美国际航运垄断协议规制制度比较及对中国的启示》认为,欧美对国际航运垄断协议的法律规制中都具有相对完善的程序性监管制度,我国应明确监管主体,建立系统的国际航运协议报备制度和调查与处罚程序。邹盈颖、李思慈的《欧盟港口领域禁止滥用市场支配地位的案例研究》通

---

① 例如李天生:《国际海运业反垄断豁免的法经济学分析——从"THC 风波"谈起》,载《现代法学》2010 年第 1 期;蔡莉妍:《基于 P3 联盟的国际班轮运输协议法律规制》,载《水运管理》2014 年第 10 期等。

过实证分析的视角对欧盟滥用市场支配地位的构成因素进行分析,提出中国应强调效果主义分析思路的运用。

这些文献弥补和完善了我国航运竞争法的研究,为本书的写作提供了不少启发,但笔者认为还有进一步体系化、制度化的空间。在论述的深度和广度方面还存在着以下三个方面的不足:其一,未能从理论上分析航运竞争法的本质和特征。从立法规定来看,世界各主要国家对航运竞争法的立法定位和立法模式存在着较大的差异,而要理解这种差异必须从航运竞争法的本质特征出发,结合各自的国家背景进行探讨。其二,未能充分联系其他竞争实体法的内容和相关政策进行分析。如何梳理作为特定领域的竞争法和普通竞争法之间的关系,以及明确航运竞争法在整个法律体系中的地位和层次是确定航运竞争法适用范围和标准的关键。其三,未能紧密联系我国航运竞争法适用的具体国情。在论证和构建航运市场有序运行的法律控制机制方面提出的建议性观点较为宏观,可行性和前瞻性稍显不足。

(二)国外研究现状

从国外的理论研究现状来看,国外的航运竞争法研究发端于反垄断法的研究,起步略早于国内研究。研究的范围主要以法律渊源、适用范围、具体案例为主。首先以经济合作发展组织(Organization for Economic Cooperation and Development,OECD,以下简称"经合组织")为代表的相关国际组织也发表了一系列有关航运竞争政策的重要报告。例如就工作报告而言,OECD下设的海运委员会(Maritime Transport Committee,以下简称MTC)在促进各国航运竞争政策的协调性和实现海运服务自由化方面做了大量的工作,发表了诸如《关于促进国际班轮运输和包括海运段在内的多式联运领域竞争政策协调性的结论》(Conclusions on Promotion of Compatibility of Competition Policy Applied to International Liner Shipping and Multimodal Operations that Include a Maritime Leg)、《班轮运输竞争政策报告》(Liner Shipping Competition Policy Report)、《班轮运输共同政策理事会建议》(Recommendation of the Council Concerning Common Principles of Shipping Policy for Member Countries)、《国际海运业的管制问题》(Regulatory Issues in International Maritime Transport)等。亚太经济合作组织(Asia-Pacific Economic Cooperation,APEC)运输工作小组也通过大量的调研分析,就亚太地区经济体成员达成的非涉及固定运价的船东协议提出建议准则,发表了《班轮运输竞争政策:基于非定价协议研究》(Liner Shipping

Competition Policy：*Non-ratemaking Agreements Study*)等。

其次,作为航运业比较发达的国家或者地区,美国、欧盟、加拿大、澳大利亚、日本等在航运竞争法方面都取得了丰硕的成果。例如欧盟理事会的《4056/86 条例的审查白皮书——欧盟竞争法在海运领域的适用》(*White Paper on the Review of Regulation 4056/36—Applying the EC Competition Rules to Maritime Transport*)、《班轮运输中竞争规则的适用》(*The Application of Competition Rules to Liner Shipping*)等。日本公平交易委员会(JETC)的《国际海运中的反垄断豁免制度适用报告》(外航海運に関する独占禁止法適用除外制度について),2010 年日本海洋政策研究财团发布的《强化海事产业国际竞争力的调研报告》(海事産業の国際競争力強化に関する調査研究報告書)等。美国联邦海事委员会(Federal Maritime Commission,FMC)2010 年开始启动研究欧盟 2008 年海运竞争指南对美国航运业和国际贸易的影响,并于 2012 年发布最终研究报告《关于 2008 年欧盟海运竞争指南废除班轮公会豁免权之研究》(*Study of the 2008 Repeal of the Liner Conference Exemption from European Union Competition Law*)。报告首先分析了全球经济衰退给航运业带来的深远影响,并在此基础上对北欧—美国、远东—欧洲和远东—美国三个市场进行了经济计量分析,最终认为:欧盟废除班轮公会集体豁免,并没有带来运费以及其他附加费用的下降,也没有"具有说服力"的证据证明该项豁免对运输服务质量有显著提升;同时,在远东—欧洲等航线上,价格的波动加强,而某些航线的班轮公司集中度也有轻微上升。从整体来看,欧盟所预期的废除豁免给航运业带来的积极影响并没有太多体现出来。总体而言,这些研究报告的侧重点各有不同,具有重要的参考意义,但尚存在局限性,主要是多偏向于实证研究而缺少规范研究,对发达国家的问题研究较多而对发展中国家的问题研究较少,且研究成果的时效性相对欠缺。

论著类的主要代表成果有:Luis Ortiz Blanco,*Shipping Conferences under EC Antitrust Law：Criticism of a Legal Paradox*,Bloomsbury Publishing (2007)；Alla Pozdnakova,*Liner Shipping and EU Competition Law*,Kluwer Law International (2008)；Antōnios M. Antapasēs,Athanassiou,Lia I. Athanassiou,Erik Røsæg,Competition and *Regulation in Shipping and Shipping Related Industries*,Martinus Nijhoff Publishers (2009)；Liu Hongyan,*Liner Conferences in Competition Law：A Comparative Analysis of European and Chinese Law*,Springer (2009)；Lorenzon,*Shipping Pools and EC Competition Law*,ASPEN PUBL (2011)；Martin

Stopford.，*Maritime Economics（3rd ed）*，Routledge（2009）；MR Books，
Sea Change in Liner Shipping. Regulation and Managerial Decision-making in a Global Industry，Emerald Group Publishing（2000）；Clyde PS，
Reitzes JD，*The Effectiveness of Collusion under Antitrust Immunity：The Case of Liner Shipping Conferences*，DIANE Publishing（1995）；Ioannis
Kokkoris，*Merger Control in Europe：the Gap in the ECMR and National Merger Legislations*，Taylor&Francis（2010）；Renato Nazzini，*Foundations of EC competition law：the Scope and Principles of Article82*，Oxford University Press（2014）；Michael Bundock，*Shipping Law Handbook*，Informa
Law（2013）；Michael Roe，*Maritime Governance and Policy-Making*，
Springer（2013）。

论文类的主要代表成果有：Ho Tin Nixon Fong，Exemption of Liner
Shipping from Competition Law，*Australian and New Zealand Maritime Law Journal*，Vol.25，Issue 2（2011）；Sharma，M.M.，Economics of Exemptions from Competition Law，*National Law School of India Review*，Vol. 24，Issue 2（2013）；Yost，William H. III，Jonesing for a Taste of Competition：Why an Antiquated Maritime Law Needs Reform，*Roger Williams University Law Review*，Vol.18，Issue 1（Spring 2013）；Scheidmann Hartmut，
Rosenfeld Andreas，Forming Consortia for Reach Registration：Contractual and Competition Law Issues，*Journal for European Environmental & Planning Law*，Vol. 2，Issue 3（2005）；Sagers Chris，Demise of Regulation in Ocean Shipping：A Study in the Evolution of Competition Policy and the Predictive Power of Microeconomics，Vanderbilt Journal of Transnational Law，
Vol. 39，Issue 3（2006）；Francesco Munari，Liner Shipping and Antitrust after the Repeal of Regulation 4056/86，*Lloyd's Maritime and Commercial Law Quarterly*（2009）；Jason Chuah，Liner Conferences in the EU and the Proposed Review of EC Regulation 4056/86，*Lloyd's Maritime and Commercial Law Quarterly*（2005）。

现有英文文献在文章内容方面，主要集中在对班轮运输反垄断豁免机制的取舍以及适用对象、适用条件的分析。研究视角通常围绕欧盟竞争政策和美国反垄断立法的变化展开，但是都强调国家自身特点和利益诉求。研究方法以比较分析和案例研究的方法为主，受英美法系的判例法传统影响，这些研究在理论层面即具体制度的构建方面值得参考的地方有限。

　　总体而言,就笔者掌握的文献来看,系统地研究航运竞争法的基本理论问题包括价值、结构及其运行都鲜有著述。这也可归因于竞争法本身较为缓慢的研究进展,以及对航运竞争法的独特性和重要性的认识不足。这个选题试图突破立法例介绍的层次,基于航运竞争法本身的制度构建和实践需求,结合各国的立法例和我国的实际国情,从宏观和微观层面围绕航运领域的相关竞争法律问题展开研究。

三、研究目标与框架

　　本书的研究目标是结合我国的现实需要,探索构筑完整有效的航运竞争法律体系的实现路径。所有的制度安排都可以解释为选择的结果,波特曾指出,经济增长和持续繁荣是一个制度选择的问题。航运竞争法作为航运市场监管的重要组成部分,其内核要求具有严格的监管措施和保障透明度的安排。我们需要探讨,监管的理论基础是持有权威主义秩序观还是自生自发秩序观?我国目前的监管思路遵循的是权威主义秩序观,习惯性地运用行政权力优势来人为建构理想秩序。随着我国航运市场的不断开放,依赖以政府为中心的理性显然无法适应市场的调整和创新,为执法权的滥用创造了条件,可能放大监管部门的自由裁量权。因此如何通过自由和法治促进航运市场自生自发秩序的形成,并对限制竞争行为施以有效的控制,从而实现其追求的多元价值乃本文的最终目标。具体而言,其基本目标可以概括为三个层次:首先,在价值层面,如何通过实践中出现的航运竞争监管案例对航运竞争法的价值作出判断;其次,在制度层面,如何设置航运竞争法的实体制度和程序规则;最后,是在实践层面,努力探索运用何种程序、模式才能保障具体路径的通畅和目标的实现。这也是本书希望能够有所创新突破的重点和难点。

　　具体而言,本书通过以下七个部分进行实证考察和规范分析:

　　绪论交代研究背景,阐明研究航运竞争法律制度的理论意义和实践意义。概括航运竞争法律制度目前的研究现状及不足,在此基础上提出具体的研究目标和内容框架,对论证的整体结构和涉及问题的取舍作出陈述,并提出讨论的目标是构建符合社会主义市场经济体制的航运竞争法律制度。

　　第一章航运竞争法概述回答了"何谓航运竞争法"这一基本问题,明确其与传统竞争法的相互关系,并将其作为分析问题的逻辑起点。一方面,在比较分析的基础上对一般竞争法的普遍适用进行归纳性分析;另一方面,又基于行业特性以及竞争政策与其他经济政策的关系,指出航运竞争法存在的合理性和必要性,梳理航运竞争法的历史沿革及发展趋势,尤其是对传统竞争法理念的突破与创新。

第二章国际航运竞争规制的法律基础主要从全球、典型区域及国家两个层面系统阐述当前国际航运竞争的法律框架体系。在国际层面,联合国贸易发展会议(UNCTAD)主持制定的《班轮公会行动守则公约》全面综合地对班轮公会活动进行了规范,其他全球性多边规定存在于相关国际经济组织的文件中。例如世界贸易组织(WTO)、经济合作与发展组织(OECD)。在区域以及国家层面上,本书对欧盟、美国、澳大利亚、日本、新加坡的航运竞争法律制度进行了介绍。

第三章主要阐释航运竞争法的实体法律制度。构造是事物内部各组成要素之间静态组合和动态运作的相互关系。这里主要强调静态组合或者说是具体的制度设计,包括航运垄断协议及其法律规制;航运领域滥用市场支配地位及其法律规制;航运领域的经营者集中及其法律规制;航运领域的反垄断豁免及其法律规制。

第四章主要针对航运竞争法律制度的程序法律规则进行梳理,即航运竞争监管机构和监管程序。其中包括航运竞争调查程序、航运竞争处理程序和航运竞争执行程序等。重点指出,基于航运竞争法的不确定性,合理程序是控制限制竞争行为的优先选择。合理的约束机制和救济机制以及公开透明的程序保障有助于立法目标的实现。

第五章主要阐述相关航运竞争扶持措施对航运竞争法的影响及其法律规制。具体包括以税收竞争措施为代表的国家援助制度、海上保险制度、国际船舶登记制度等。由于航运业的周期循环特点以及在国民经济中的重要地位,各国在确立本国航运竞争立法宗旨时几乎都立足于本国整体经济利益,对本国航运企业采取相应的扶持政策,例如造船融资、税收优惠等。与之相对应的是对待外国航运企业则通过诸如市场准入限制、货载保留等措施设置一定的壁垒。理论依据在于"特殊竞争"理论,即各航运企业享受的宏观经济政策不同,因而在此基础下进行微观经济层面的竞争是一种不公平竞争。由于航运竞争扶持措施人为地改变了航运市场的要素禀赋,并非市场自生自发的资源配置结果,一定程度上构成了竞争扭曲因素。随着经济全球化和国际航运产业结构升级,各国的航运政策逐渐从保护主义向自由主义过渡。加之航运业是国际贸易的派生需求,高效有序的航运市场是国际贸易迅速发展的保证,也是优化我国海运船队结构的内在要求。因此如何充分发挥我国航运业的资源优势,建立与之相适应的竞争促进措施值得仔细研究和思考。

第六章具体讨论了完善我国航运竞争法律体系的对策和建议。由于现有的分散立法彼此之间矛盾和冲突,且多为原则性规定,可执行性不强,范围相对狭窄,无法涵盖航运业中所涉及的垄断和限制竞争问题,也无法提供系统的制度保障,因此应在立足于我国整体经济利益的基础上考虑实质公平,明确航运竞争法的法律地位,厘清航运竞争法律关系的主体,明确航运垄断行为的认定标准,严格限定航运反垄断豁免的适用条件,完善运价备案制度,建立科学合理的审查和监督机制,探索航运竞争领域的国际合作与协调。

四、研究方法

从研究方法上既要认识到国际航运市场的统一性和国际航运法律的趋同性,又要考虑到航运竞争法在保护国家利益,维护产业安全方面的特殊性。主要使用以下几种方法:

首先是历史分析方法。任何法律制度都有其历史渊源,本书第一章通过疏理航运竞争法的发展脉络,可以清晰地认知其在全球范围内存在的合理性和必要性。

其次是案例研究方法。为了更好地阐述竞争法在航运领域适用的特殊性,本书尽可能地搜集了相关的一手材料,结合具体的判例分析展开论述。案例主要为英美国家的判例,也包括我国司法实践中涌现的典型纠纷,通过详细分析裁决理由和推理过程,对书中所涉及的航运竞争法的实体法律问题和程序法律问题进行梳理。

再次是比较研究方法。基于航运业的国际性和专业性,采用比较分析方法有助于掌握国际立法的最新动向。这种比较不仅包括横向比较,也包括纵向比较。前者是比较在不同的航运竞争法律体系下对航运垄断行为的具体规制措施以及对航运垄断行为的监管模式的差异及利弊问题。后者如第三章在航运反垄断豁免实现径路的分化问题上体现了欧盟从第4056/86号条例到第1419/2006号条例的态度转变。

此外,笔者还借鉴了经济学中的相关理论如规模经济理论、不完全契约理论、核心竞争力理论等分析航运竞争扭曲因素存在的缘由和合理性,以及对整个海运市场的综合影响。运用法律解释学的方法,如分析航运领域国家援助措施的授予条件以及航运反垄断豁免的评估要素等。

最后,为了得出较为准确的结论,本书通过大量的文献梳理、数据采集和案例分析,归纳出客观的表述方式。运用归纳研究方法旨在找到我国航运竞争法的基本立法目标以及实现路径,以期对我国航运竞争监管体系提供可行性的制度设计建议。

五、创新之处与存在不足

本书力求从我国实际出发,尝试从经济法、航运法、国际法等研究的视角对航运市场竞争的法律规制问题进行学理分析,初步提出一些见解和认识。

(一)创新之处

本书的主题在于通过梳理欧美等发达国家航运竞争法的发展轨迹,分析我国航运竞争立法的独特历程,进而提出对航运市场竞争秩序进行有效监管的模式选择和制度建构。航运市场的利益主体多元、相互交织,是公私法融合的产物。针对如何平衡利益主体之间的利益分配以及由此产生的权利义务关系问题,需要从社会责任本位的视角出发,统筹设计科学、合理的规制体系。以此为基础,国内外学者对航运竞争法的具体制度给予了广泛的关注,但总体而言,现有成果对航运竞争法律体系还欠缺系统性研究。在实证研究方面,对相关案件中反映出来的法理内涵和法律依据尚待挖掘;在理论研究方面,对不同类型的航运垄断行为产生的原因、运行的原则及相互之间的协调仍需细化。这些促成了本书的展开,也是本书的创新所在。

从内容上看,这些创新表现有:(1)提出了航运竞争法的基本理论,进而较为详细地论证了航运竞争法律规制的路径选择问题。(2)基于静态构成和动态运行相结合的逻辑结构,运用复合和多层次的视角,论证了航运竞争法律关系及其要素特点,进而研究了针对不同行为的法律规制措施。(3)通过对航运竞争法律制度发展脉络的梳理,解读了不同历史时期航运竞争监管部门的不同现实诉求,并以此为导向采取了不同的监管模式。(4)阐明了航运竞争法律监管与市场绩效提升之间的因果关系,澄清"规范航运垄断行为"(行为)与"规范的航运垄断行为"(结果)之间的差异,剖析了航运反垄断豁免制度适用的情境特点。(5)讨论了我国航运市场竞争监管体制的设计问题,并从可行性和必要性角度探讨了相关航运竞争扶持措施在我国的适用问题。

(二)存在不足

由于时间、精力、资料的限制及个人研究水平有限,本书在研究中尚存在如下问题与不足:(1)仅研究了主要国家(地区)的航运市场竞争监管法律制度中的普遍性问题,没有深入探讨对特殊问题的竞争监管对策及成因分析。(2)对于航运竞争法所涉及的实体法律制度和程序法律制度的分析还欠缺充足的案例支撑,问题导向不够明晰。对于"互联网＋航运"和"共享集装箱"等新模式对市场竞争秩序的研究还没看深入论述。上述不足的改进,需要在进一步丰富参考资料,实证证据的基础上,进行深入研究和扩展分析。

第一章

航运竞争法概述

第一节　航运竞争法的内涵与外延

　　航运竞争法作为现代市场经济国家保护和规范航运市场竞争的重要方式,根植于航运市场的特殊性且与竞争法理论的普适性有着密切的联系。要辨清航运竞争法的内涵与外延,关键在于考察为解决航运市场运行中的竞争问题,传统的竞争法理论能否得以顺利适用,国家又如何以现代法治思维恢复和维护市场竞争机制。因而对航运竞争的固有特性进行多维省察不仅是航运竞争立法的逻辑起点,也是把握航运竞争法精髓的关键。

一、航运市场的竞争结构与特征

　　航运业是关系国家安全和国民经济命脉的七大行业之一,作为我国全方位、宽领域、深层次融入世界经济的战略通道,在发展经济贸易、扩大对外开放、保障国家安全和实施"走出去"战略等方面均发挥着举足轻重的作用。[①]相较于一般竞争法而言,航运竞争法的产生来源于其活动的土壤——航运市场。所谓航运市场,也称海运市场,有广义和狭义之分。狭义的航运市场是指以航运劳务供需关系的结合、调整和运作等进行的航运交易活动及其场所,即

　　[①]　《国务院关于促进海运业健康发展的若干意见》,载中华人民共和国中央人民政府官网,http://www.gov.cn/zhengce/content/2014-09/03/content_9062.htm,下载日期:2015年6月20日。

船舶与货物供求交易市场。广义的航运市场还包括与上述市场相互影响和作用的船员劳务市场、航运信息市场、航运金融市场、船舶买卖市场、造船市场、拆船市场、修船市场等。① 本书论述的内容主要基于狭义的航运市场展开。

　　航运市场的竞争结构是指在航运市场中,航运公司在数量、规模上的关系,由此决定的竞争形式以及处于同一市场中的在位者与潜在竞争者之间的关系。决定竞争结构的主要因素有四个:市场集中度、产品差别化程度、市场需求的价格弹性和市场进出壁垒。② 结合以上四个因素对航运市场进行考察,可以分为三类:③一是完全竞争航运市场——不定期船即期市场。包括航次租船(Voyage Charter)、航次期租船(Trip Charter on Time Basis)和包运租船(Contract of Affreightment)。由于这类市场参与交易的供需双方高度分散,劳务差异性不大,单个主体的交易份额和交易规模相对于整个市场的运价影响力有限。各主体之间独立决策,不受限制,所获得的利润属于"正常利润"。二是不完全竞争航运市场——不定期船非即期市场。包括定期租船(Time Charter)、长期租船(Long-term Charter)和光船租船(Bareboat Charter)。相较于前一种市场而言,这类市场存在少数船东和货主对市场运价施加影响,在一定程度上抑制了船舶经营者之间的自由竞争,但是总体来看这种定价权还不足以破坏市场竞争格局,因此作为介于完全竞争和寡头垄断市场之间的一种市场结构,船舶所有人获得的也应属于"正常利润"。三是寡头垄断航运市场——定期船市场,亦即班轮运输市场。这类市场由定价能力较强的供应方(班轮公司或班轮公会)和议价能力有限的货主或代理人组成。由于班轮运输按公布的船期表进行航线经营,不同航线所提供的班轮服务是不均等的,这会影响到船舶装载利用率。为了维持规则的运输,不仅需要一定规模的船队,而且需要争取和保证稳定的货载。因此,对于班轮运输船舶经营人而言,其改变航线和退出市场的伸缩性小,具有强烈的排他性。加之班轮公会的存在使得不同航线的寡头垄断程度有所不同。④ 随着班轮公会的日渐衰微,班轮运输市场向垄断性竞争方向发展,但是值得注意的是,自20世纪90年代以来航运联盟大行其道,目前以 2M、Ocean、The Alliance 为代表的三大联盟

---

　　① 黄俏梅:《我国航运市场现状研究》,载《海峡科学》2010年第9期。

　　② 范家骧、刘文忻:《微观经济学》,东北财经大学出版社2002年版,第173～175页。

　　③ 王彦、吕靖:《国际航运经济与市场》,大连海事大学出版社2013年版,第94～95页。

　　④ Charista Sys , Is the container liner shipping industry an oligopoly?, *Transport Policy*,No.5(2009):259-270.

的运力占到全球总运力的 80％以上。2018 年 11 月 2 日,OECD 旗下的国际交通论坛(International Transport Forum)发布了一份关于航运联盟对集运市场的影响报告,其中指出,联盟的定价策略趋于统一,加深了对彼此竞争对手成本结构的了解,并且增强了对上下游产业链节点如港口等终端运营商的议价能力。[①] 故从整体趋势来看,班轮运输市场的寡头垄断性并没有实质改变,船舶所有人在此市场下获得的是"超额利润"。

运用航运经济学的理论对航运竞争的特性进行分析,主要体现在以下几个方面:

第一,从成本分析来看,作为资本密集型的航运业规模效应明显。一方面,船舶大型化是全球低碳经济发展的趋势,不仅有助于大幅降低船舶单位运输能力的建造价格和航运能源消耗,而且有助于减少有害物质的排放。基于经济和环保的双重驱动,大型化和专用化是未来船舶产品的发展轨迹。近年来,国际海事组织(IMO)颁布了一系列船舶建造与运营的规制、标准和规范。其中 2013 年 1 月 1 日正式实施的"新船能效设计指数(EEDI)"对船型优化、新能源技术的运用和造船工艺提出了更高的要求。另一方面,船舶的建造规模也受制于港口的地理条件、运力需求、装卸速度等因素。因此对于航道、港口、装卸设备、物流支撑体系等航运配套资源也需同步改善。这也促使了船东在资本方面进行联盟,用于购买船舶和码头建设。结合以上分析,由于航运业的固定成本较高,新企业在加入时必须考虑资本"沉淀"的风险,而且对于班轮运输来说,开辟一条航线需要付出较长的时间代价。[②] 这些都提高了市场的进入壁垒,使市场面临的"潜在竞争"减少,容易形成自然垄断。

第二,从供求分析来看,国际航运市场的需求是国际贸易的派生需求,因而具有周期性和不平衡性的特点。作为航运市场主要产品的船舶运输服务具有不可储存性和时空差异性,产品需求的弹性小,运输成本所占贸易价格的比例较低,故需求量对价格的变化不灵敏,加之供给刚性和运力储备的特点使降价不能有效减少供给,市场机制的调节作用无法有效发挥,甚至容易引发恶性竞争,损害航运业的发展。因此,相较于其他以价格作为竞争主要手段的市场,航运市场更加侧重的是提供多元化、高质量的服务,以满足货主的特殊需求。服务水平已经取代价格成为航运企业竞争的核心竞争力。除此之外,航

---

① https://www. itf-oecd. org/sites/default/files/docs/impact-alliances-container-shipping.pdf.

② Martin Stopford,*Maritime Economics*,3rd Edition,Routledge,2009,p.80.

运经济形势与金融资本、油价以及全球整体经济状况息息相关,供求关系适应市场变化的周期相对较长,供求矛盾突出。

第三,从产业政策与竞争政策的关系来看,由于航运业的战略资源属性,在一定程度上服务于本国的政治、经济、军事政策,而非单纯的追求经济利润,所以具有相当的国家保护色彩。典型表现如美国《1998 年航运改革法》中声明"鼓励发展一支经济效益良好、高效的、能够满足国家安全需要的美国籍班轮船队"[①]。虽然产业政策和竞争政策具有共同的理论依据,都是政府干预经济以弥补"市场失灵"的产物,但是产业政策是一种资源倾斜性政策,是政府为了实现本国经济发展的战略目标,对某些主导产业和重点企业进行保护和扶持,以促进产业发展和增强国际竞争力。[②] 一国的产业政策会对主要依靠市场调节进行资源配置,排除市场竞争障碍的竞争政策产生不容忽视的影响。两者融合与协调的交汇点就是竞争法中的适用豁免制度。航运业隶属的交通运输业是政策性垄断行业的代表,国家往往基于社会经济总体和长远利益考虑,赋予该行业中发生的特定限制竞争行为以反垄断豁免。这也是国际航运反垄断豁免作为国际立法惯例的立论基础。

二、竞争法的含义

竞争法被认为是"自由经济的宪章",是现代市场经济国家维护市场经济的必需品。从称谓上看,竞争法在各国的名称不尽相同,诸如反托拉斯法、保护贸易和商业不受垄断和限制法、禁止私人垄断与维护公平交易法、贸易行为法、贸易法、价格和竞争自由法、反限制竞争法等。在竞争法学界,对"竞争法"一词往往采取狭义的理解,即指禁止垄断、维护竞争的反垄断法,而通常不包括反不正当竞争法。原因在于部分市场经济国家基于自己的法律传统采用合并立法模式,例如匈牙利的《禁止不正当市场行为和限制竞争法》。此外,一些市场经济发达和法治成熟的国家如法国等,将不正当竞争行为视为特别侵权行为,由专门的法律来对特定的违反竞争秩序行为加以调整,并且依托当事人通过提起民事诉讼的方式予以救济,而非纳入国家公力救济的范畴。不正当竞争行为评价的标准和尺度往往由商业道德和法律规范所决定,而垄断和限

① 於世成:《美国航运管理法律法规汇编》,北京大学出版社 2008 年版,第 226 页。
② 刘桂清:《反垄断法中的产业政策与竞争政策》,北京大学出版社 2010 年版,第 22 页。

制竞争行为更多依赖的是对相关市场的产业政策和竞争政策的动态评估。虽然我国采用的是分别立法模式,但是并非立法者的初衷,更多是缘于历史原因的考虑,①因此为了后文论述体系的一致,本书所指的竞争法和航运竞争法采用狭义的界定,主要针对反垄断法展开。

正如竞争法的称谓纷繁各异,如何定义竞争法也颇具争议。根据侧重角度的不同,竞争法的定义方式也有所差别。主要有以下四种:一是从竞争法规制的行为类型出发,例如"竞争法是规制限制竞争行为的法律规范,主要包括反竞争协议、滥用市场支配地位、经营者集中和行政垄断行为"。② 二是从竞争法规范的功能角度出发,例如"竞争法是规范市场竞争秩序的法律制度"。③ 三是从竞争法调整的经济过程出发,例如"竞争法是指调整在反对垄断或限制竞争和反对不正当竞争过程中发生的市场监管关系的法律规范的总称"。④ 四是从竞争法调整的社会关系出发,例如"竞争法是调整竞争关系以及与其密切联系的其他社会关系的法律规范的总称"。⑤ 从以上不同维度构建的竞争法定义中不难发现,竞争法具有强烈的经济学依赖性。法学界在借鉴经济学定义范式的基础上,以法学修辞的方式注重从竞争效果的正外部性角度构建一套价值评判体系。⑥ 由于竞争具有两面性,一旦竞争关系上升到竞争法律关系,就意味着国家选择了政府对市场竞争的干预,这种干预的目的并非限制竞争本身,而是为了排除对竞争的不当限制,以激发市场主体的积极性和创造性,促进社会效益的最大化,提高社会福利。正如德国学者拉斯曼所言:"竞争不是野草,弃之不管也可以生长,而是需要政府不断关注的农作物。"⑦竞争法的价值目标在于实现竞争法治,而竞争法治的实现不仅需要多元化的规范体系,而且更应关注实施和保障竞争规范的

---

① 王晓晔:《竞争法的基础理论问题》,载《经济法论坛》2004 年第 2 卷。

② Richard Whish, David Bailey, *Competition Law*, 7th Edition, Oxford University Press, 2012, pp.2～3.

③ 王晓晔:《竞争法学》,社会科学文献出版社 2007 年版,第 3 页。

④ 杨紫烜:《经济法》,北京大学出版社、高等教育出版社 2008 年第 3 版,第 216 页。

⑤ 王全兴:《竞争法通论》,中国检察出版社 1997 年版,第 33 页。

⑥ 金善明:《反垄断法法益研究:范式与路径》,中国社会科学出版社 2013 年版,第 46 页。

⑦ W. Lashmann, *The Development Dimension of Competition Law and Policy*. 转引自林文生:《竞争政策和产业政策冲突协调制度的法律分析》,中国财政经济出版社 2005 年版,第 20 页。

运行机制。基于此,竞争法是为了矫正和维护市场竞争,调整限制竞争行为,以实现竞争法治的法律规范总和,是超越静态文本而对市场竞争进行动态、多维保护的一种法律规制手段。

三、航运竞争法的含义

航运竞争法关注的是竞争法在国际航运领域的具体适用。通过对国内外现有研究文献的考察发现,航运竞争法并不是作为一个成熟的学术概念来加以阐释的,也没有取得基本共识的清晰界定,更多是作为竞争法适用中的例外来进行论述的。[①] 结合上文分析,航运竞争法源于航运市场竞争的非常态,也使得一般竞争法在适用航运领域的过程中遇到障碍,形成了以反垄断集体豁免权[②]为代表的相对独立的一套规制体系,并纳入航运法的重要模块予以特别适用。

本书对航运竞争法概念范畴的界定主要是通过明确航运竞争法的目标任务和调整领域来完成的。基于以上考虑并借鉴竞争法公私、纵横的融合趋势,航运竞争法是以航运竞争关系和航运竞争管理关系为调整对象,以保护航运市场自由、公平竞争为目的,以航运反垄断规制为核心内容的实体性法律规范和程序性法律规范的总和。其中,航运竞争关系是航运市场各平等主体之间在竞争过程中形成的权利义务关系,航运竞争管理关系是航运主管部门在监督、管理航运市场竞争过程中形成的权利义务关系。由于竞争法就本质上而言属于竞争行为管理规制法,所以航运竞争法的调整对象主要和直接地表现为纵向的航运竞争管理关系,而横向的航运竞争关系是在调整竞争管理关系过程中间接地表现出来的。

具体对上述航运竞争法律关系的构成要件进行分析,包括主体、客体和内容三个方面。首先,相较于传统法确定主体所遵循的"主体—行为"模式,竞争

---

① 从国外有关航运竞争法研究的命题来看,主要采用以下表述:competition law and shipping,competition in liner shipping,regulation of competition in international shipping 等,而没有专门的"shipping competiton law"一词。本书的目的和初衷并非为了创设一个全新的法律部门,而是以竞争规则在国际航运领域中的具体适用作为研究对象,为了行文的统一和后文论述的一致,采用"航运竞争法"这一提法。

② 2006 年 10 月欧共体理事会通过的第 1419/2006 号条例中规定,从 2008 年 10 月 18 日起,班轮公会协议的反垄断集体豁免将被正式废除。欧盟对航运竞争规则的重构引起了国际社会的强烈反响,很多国家开始重新评估本国的航运竞争政策。

法确定主体的标准具有双向性,即"主体—行为"模式和"行为—主体"模式两者兼而有之。[①] 也就是说,竞争法的主体不仅包括具有经营者或竞争者资格的主体,还包括即使不具有经营者资格,但因参加到竞争法律关系中,也可能成为竞争法律关系的主体。基于此,航运竞争法律关系的主体可以划分为三种类型:

1.资格主体,包括规制主体和受制主体。[②] 规制主体主要是指依照职权对航运市场进行监督、管理的国家职能部门,比如美国的联邦海事委员会(FMC),欧盟的欧盟竞争委员会,日本的公平交易委员会,我国的交通运输部等。受制主体是指从事水路运输业务和与之相关的辅助性业务而涉于竞争的企业、企业联合组织和自然人,具体包括船舶所有人、船舶经营人、船舶代理公司、货物运输代理公司、货物装卸公司、货物仓储公司、船舶管理公司、航运经纪公司、港航物流公司等。

2.参与主体,即虽然不具有从事生产、经营活动的资格,但是因参与危害竞争秩序的经济活动,从而成为受竞争法约束的主体,包括国家机关、事业单位、慈善机构、行会等。此外,相较于一般的产业服务市场,航运市场易受国际外部环境的影响,更具有对外开放性。一些外国航运业务经营者即使没有直接进入本国航运市场,其行为也可能对本国航运市场的竞争秩序产生辐射效力。[③] 因此从受制主体的国籍而言,航运竞争法不仅仅针对本国航运业务经营者,还包括特定的外国航运业务经营者,在一定程度上具有域外效力。

3.参照主体。竞争法通过保护市场有序竞争、规范竞争者行为,进而达到市场经济稳定、健康发展,促使商品或服务的多元化,为消费者提供更多的选择,从而惠及消费者的目的。故消费者可以作为经营者行为正当性和合法性的判定标准,以参照主体的身份出现在竞争法律关系中,这种方法在相关案例中也多次被法官采纳和适用。

其次,不同于传统民事法律关系以物、行为、智力成果为客体范畴,竞争法律关系的客体主要是行为,包括垄断行为和不正当竞争行为。垄断行为

---

① 刘继峰:《竞争法》,对外经济贸易大学出版社 2007 年版,第 33 页。

② 此处所指的受制主体是狭义理解,即指由法律规定并由国家主管部门认定的享有从事相关航运生产、经营活动,获得利润资格的主体。广义的受制主体还应包括下文所述的参与主体。

③ 张敏:《航运竞争法基本问题》,载《水运管理》2009 年第 5 期。

主要分为垄断协议、滥用市场支配地位、经营者违法集中、行政性垄断四种。不正当竞争行为的内容更为广泛，针对的是在市场交易中，采取违反诚实信用原则或其他商业道德手段，损害其他经营者或消费者的合法权益，扰乱市场竞争秩序的行为。[①] 一些国家如美国、日本在立法中还明确将垄断状态作为特殊客体，通过评估企业的市场份额和市场集中度来决定是否将其列入调控目标。

正如前文所述，本书的研究边界是基于狭义的竞争法范畴展开的，即主要是针对反垄断法所规制的垄断行为进行论述的。因此，航运竞争法律关系的客体即航运竞争法所规制的竞争行为类型为航运垄断行为，其中一个重要的组成部分是航运垄断协议。从早期班轮公会的固定运价协议、统一运输条件协议、排他性协议发展到后来航运联盟之间多种形式的船舶联营协议，这些协议的内容强化了航运经营者之间的协同行为，可能产生严重的限制竞争效果从而成为航运竞争法的主要规制对象。除此之外，船舶大型化也推动了联盟超级化进程，全球承运人组建新联盟和扩大原有联盟合作范围的热情空前高涨。在此背景下，航运市场的集中程度进一步提升，中小航运企业的生存空间被打压，造成航运市场消费者福利的减损。本书第三章航运竞争法实体制度研究采用理论分析和实证分析的方法，针对航运垄断协议、航运领域滥用市场支配地位、航运领域的经营者集中行为以及航运反垄断豁免的法律规制问题进行详细的分析和探讨。

再次，有别于传统法律关系内容要素即权利义务关系的相互对应性，竞争法律关系的权利、义务分属于不同主体，加之竞争法的管理规制法属性，还加入了竞争管理机关的权力。而且对于参与到竞争过程中的平等主体而言，竞争法更多从禁止性规定入手，明确主体所应承担的义务，以保护良性有序的外部环境。因此，航运竞争法律关系的内容是航运竞争法律关系的主体在竞争过程或竞争管理过程中形成的权利（力）与义务。这种权利（力）与义务的实施，不仅需要静态的文本设计，更需要动态的运行机制保障。这也是本书第三章和第四章重点论述的问题。

---

① 王先林:《竞争法学》，中国人民大学出版社 2009 年版，第 96 页。

第二节　航运竞争法的嬗变与演进

一、航运竞争法的产生原因

　　航运竞争法的产生源于具有寡头垄断市场结构的班轮运输市场,并且伴随着对班轮公会这一典型的国际航运垄断组织的监管而逐步发展起来。根据1974 年联合国贸发会议《班轮公会行动守则公约》(*Convention on a Code of Conduct for Liner Conferences*,下文简称 UNCTAD 班轮公约)的定义,班轮公会(shipping ring 或 shipping conference 或 liner conference)是指两个或两个以上船舶运营商,在特定的地理范围内,在某一条或数条航线上提供国际班轮货物运输服务,并在一项不论何种性质的协定或安排的范围内,按照划一的或共同的运费率及任何其他有关提供班轮服务的协议条件而经营业务。①

　　班轮公会的产生具有特定的历史背景。19 世纪末,技术革新推动了蒸汽船的出现,船舶动力发生了革命性变化,大型蒸汽船提供了比帆船时代更大的载运量;同时 1869 年苏伊士运河的开通将当时最重要的国际贸易路线——亚欧航线的航行时间几乎缩短了一半,意味着实质意义上的船舶载运量得到成倍增长。② 此外,货物装卸方式和装卸设备的改进也缩短了在港操作的时间。在这些因素的共同作用下,刺激了国际航运市场运力的供给和需求。当 1872 年航运市场一派繁荣时,远东航线大量订造的蒸汽船也展开了班轮运输服务,然而 1873 年经济大萧条直接导致了运力需求由于贸易缩水而大规模锐减。③ 产能过剩的矛盾进一步激化,船舶经营者不得不下调运价甚至提供无利润的运价以争取有限的货源,这场惨烈的割喉竞争带来的直接后果是船公司的大量破产。迫于生存压力,承运人意识到持续的价格战势必非长远之计,于是不

---

　　①　Article 1 of the UNCTAD Liner Code.

　　②　Aoms Herman,*Shipping Conferences*,Kluer Law and Taxation Publisher,1983,p.9.

　　③　Felix Dinger,*The Future of Liner Conferences in Europe*:*A Critical Analysis of Agreements in Liner Shipping Under Current European Competition Law*,Peter Lang,2004,p.22.

得不寻求联合以解决运力过剩和低价恶性竞争的问题。通过运力限制和运价协同为主要手段以约束竞争为目的的班轮公会应运而生。1875 年 8 月,由五家专门经营印度加尔各答—英国班轮航线的英国船公司组建了世界上第一个班轮公会——加尔各答运输公会(Calcutta Steam Traffic Conference)。[①] 公会通过规定公会成员在航线上的运力配置、最低运价等措施来减少彼此之间的竞争,但由于缺乏实质约束力,效果不佳,于是,1877 年,该公会通过引入运费延期回扣制这一全新手段达到有效约束托运人的目的。此后,世界上主要贸易航线都相继成立了班轮公会。

班轮公会的主要目标是通过限制内外竞争来提高会员公司的营运效率,其核心政策——共同的运价政策,始终是公会存续与运作的基础。其他措施诸如运费公摊制、延期回扣制、战斗船等都有较强的对内约束力和对外排斥力。虽然班轮公会的出现对提供稳定、有效的国际贸易运输服务具有一定的积极意义,但是其作为卡特尔组织的内在属性和显著的限制竞争效果也引起了相关竞争对手、托运人组织的强烈不满。因此围绕班轮公会是否应纳入竞争法管制框架的范畴以及在海运领域是适用一般竞争法规范抑或是给予航运反垄断豁免所引起的争议及效果评估成为航运竞争法产生的内在驱动力。

二、航运竞争法的发展脉络

如前文所分析的,航运竞争法是在特定历史条件下产生并随着历史条件的变迁而不断发展的。因此,为了构建航运竞争法律体系,必须在梳理其历史发展脉络的基础上进行反思。由于航运竞争法律规制最初是围绕着班轮公会展开的,因此以班轮公会的最早成立时间 1875 年为起点,航运竞争法的发展可以划分为三个阶段。

(一)1875—1998 年:产业政策优先于竞争政策,建立以航运反垄断集体豁免为核心的规制路径

随着班轮公会在世界各大主干航线影响力的扩张,自其成立之初就伴随着质疑和反对的声音。最早对班轮公会的垄断效果展开竞争法意义上调查的国家首推大西洋沿岸的英国和美国。在早期的代表性案例 Mogul Steamship

---

① 五家公司分别是:P&O (Peninsular and Oriental Steam Navigation Co.)、B. I. (British India)、City、Clan、Anchor Lines.

Co. v. McGregor, Gow, and Co. 中, 原告认为被告通过组建公会以掠夺性定价这一不公平的商业策略阻碍其在中国的茶叶贸易及相关贸易方面的正常竞争, 要求法院出具禁令以限制被告的侵权行为并对其损害给予赔偿。英国上诉法院和上议院经过审理认为, 原告有充分的机会可以加入公会, 其所遭受的损失并不是不可修复和无法避免的, 作为一种商业行为, 被告无须对原告的损失负责。① 从该案可见, 早期的英国法律对班轮公会的垄断协议是持宽容态度的。以此案为契机, 1909 年英国皇家委员会历时三年发布了一份关于班轮公会的调查报告。报告分为两个部分: 多数派意见和少数派意见。② 多数派意见肯定了班轮公会对于维护运价稳定和提供常规化运输服务的积极意义, 并认可其所采取的运力安排、延期回扣制等措施和内部自有平衡系统的有效性, 认为公会并不会对英国经济造成损害。此外, 建议贸易委员会通过要求公会提交相关协议和公布运价来实施监管。与此相反的是, 少数派认为公会的固定费率往往高于竞争费率, 不利于公平竞争和行业发展, 应充分考虑法律这一介入手段赋予监管部门更加严格的措施以避免垄断行为的滥用。作为 20 世纪初期的世界工厂和海运霸主, 英国这一有关班轮公会的官方调查报告引起了世界其他国家相关政府部门的高度重视, 典型表现为美国国会众议院商船和渔业委员会 1914 年发布的"亚历山大报告"③。

与英国所采取的调查思路不同, "亚历山大报告"将调查置于严格的反垄断立法和执法的背景之下加以考察, 根据报告提供的事实和研究结论, 除非有确切证据证明班轮公会的活动会给贸易带来不合理的限制和阻碍, 否则不构成违反《谢尔曼法》。而且, 基于当时的国际航运环境和美国航运产业政策, 禁止班轮公会的活动可能会对美国航运产业造成冲击。因此, 建议给予公会活动以反垄断豁免, 但是, 应加强以州际商务委员会 (Interstate Commerce Commission, ICC) 为代表的政府监管以确保交易行为的正当与公平。监管主要以公会活动是否对美国商业造成损害为标准, 要求取消秘密协议和歧视

---

① The Mogul S.S. Co. v. McGregor, Gour and Co. and Others, [1885] 15 Q.B.D. 476 (Judgment by the Queen's Bench Division). Appeal, House of Lords, [1892] App. Cas. 25.

② Report of the Royal Commission on Shipping Rings (London: HMSO, 1909), five volumes, Cd. 4668-70, 4685-86.

③ House Committee on The Merchant Marine and Fisheries, 63d Cong., 2D Sess., Report on Steamship Agreements and Affiliations in the American Foreign and Domestic Trade 415-21 (1914). 因时任委员会主席为 Joshua Alexander, 故简称为"亚历山大报告"。

性定价,公开运价,否定延期回扣制和战斗船的合法性。"亚历山大报告"的精神在《1916 年航运法》中得到了体现。在赋予班轮公会反垄断豁免的同时,要求涉及美国贸易的公会应采取开放式,且不得限制成员自由进入和退出。同时,公会相关协议还应向主管机关报备,经批准后生效。

以英美立场为代表,班轮公会在此后很长的历史时期内一直享受反垄断豁免的优惠待遇。随着集装箱运输的发展,班轮公司之间合作的形式也趋于多样化,20 世纪 60 年代末期出现的联盟协议(Consortia Agreements)即为例证。其主要通过技术和商业方面的安排来满足航运市场对资本规模的内在要求,以降低运营成本和分担经营风险,不包含运价固定内容,协议各方保有独立性。至 20 世纪 90 年代中期,航运市场遭遇新一轮的结构重组浪潮,主要航运巨头加快国际战略联盟策略,将合作范围由单一特定航线辐射到主干航线网络。[①] 通过联合派船和舱位互租的方式,在航线设置、资源优化、成本调整等方面取得了成功,并对原有航运体系产生了巨大的冲击。

与此同时,围绕班轮公会展开竞争法层面的讨论和审视并没有停止。一方面,发展中国家为了反对发达国家通过班轮公会垄断航运,增强自身在国际航运市场的话语权和活跃度,于 1972 年在第三届联合国贸易和发展会议上,提出了《班轮公会行动守则公约》草案。最终于 1974 年 4 月 6 日通过了《班轮公会行动守则公约》。公约最主要的内容是规定了班轮公会的货载份额实行40:40:20 的分配制度,这一制度反映了发展中国家发展本国商船队的迫切要求。另一方面,以美国和欧盟为代表的发达国家也逐步加强对班轮公会审查和监管的力度。美国《1984 年航运法》的通过,明确了航运协议报备的程序和享有反垄断豁免的条件,首次赋予公共承运人与托运人之间服务合同的合法性,并旨在通过服务合同,消除公会对国际班轮市场的全面垄断。欧盟1987 年 7 月 1 日生效的第 4056/86 号条例给予班轮公会反垄断豁免权,将传统竞争法意义上的硬核卡特尔行为排除在《欧洲共同体条约》第 81 条和第 82条的调整范围之外,并通过一系列的典型案例来明确豁免的范围和界定其边界。例如欧盟委员会针对 DSVK v. FEFC 一案认为第 4056/86 号条例所给予的豁免并不包括多式联运内陆区段运费的集体定价行为,"海运服务"应作

---

① 从 1995 年至 2001 年的 6 年时间,经过多轮联盟重组,形成了以新世界联盟(美国总统、现代商船、商船三井)、伟大联盟(哈伯罗特、马来西亚国际、日邮、东方海外、铁行渣华)、马士基海陆、CKY(中远、川崎、阳明)、联合联盟(朝阳、韩进、胜利、阿拉伯联合航运)为代表的全球五大航运联盟集团。

狭义理解。① 此后的 Port of Genoa 案中再次重申海运服务不包括从海船卸离之后的陆路运输。② 除此之外,还通过多轮围绕第 4056/86 号条例的详述(Recital)支持一审法院作出的诸如公会不得禁止成员签订独立合同、不得对独立服务合同施加限制性条件、不得固定附加费如货代佣金等决定。

从这一时期的航运竞争法律规制特点来看,由于世界各国所具有的地理区位优势存在较大的差异,以内陆运输为主的国家缺乏对航运业进行市场管制立法的内在驱动力,而以英美为代表的航运发达国家则优先考虑本国的产业政策,试图通过航运反垄断豁免来支持和促进本国航运业的快速发展,因此一般竞争法规范不适用于相关航运协议的规定成为主流趋势。虽然相关政府部门对班轮公会以及航运联盟的潜在反竞争效果展开调查,也提出加强监管的具体要求,但是从总体上看,相较于其他产业部门,奉行的仍是较为宽松的竞争政策,更多依赖的是航运经营者的自我约束。

(二) 1999—2008 年:产业政策与竞争政策并重,以严格限制航运反垄断豁免为核心的规制路径

作为政策性垄断行业,航运业传统上主要由产业政策统辖。在价值理念上以生产者为导向,强调规模经济,通过行业选择和产业指向给予资源倾斜,以提高产业竞争力。因此对于航运经营者的特定垄断行为适用反垄断豁免本质上是竞争政策与产业政策相互协调的产物,是竞争政策向产业政策的让步和妥协。但是随着政府放松管制改革的深入,国际航运自由化的呼声日益高涨,越来越多的国家主张应基于公平竞争的精神来处理国际航运关系。以消费者为导向,以维护航运市场自由竞争为目标的竞争政策被越来越广泛地引入航运领域,从而给传统的集体豁免制度带来了巨大的冲击和挑战。

其中 1999 年 5 月 1 日实施的美国《1998 年航运改革法》(*Ocean Shipping Reform Act*,以下简称 OSRA)以提高市场竞争程度和市场效率为价值取向,通过改革服务合同制度、运价本自动公开系统、协议管理以及受控承运人等制度提升了美国国际航运市场的竞争程度,并对其他海运国家产生

---

① Commission Decision 94/985/EC of 21 December 1994(*DSVK v. FEFC*),O.J. 1994 L378/17,paras.73-91.

② ECJ 5 October 1995,case C-96/94 (*Centro Servizi Spediporto Srl v. Spedizioni Maritime del Golfo Srl*),[1995] E.C.R.I-2883.

重要影响。① 虽然仍然保留了国际航运协议反垄断豁免制度,但是由于服务合同的保密性增强以及公会成员享有订立个别服务合同的自由,直接减损了班轮公会潜在的反竞争效果,因此若干美国航线的班轮公会不得不面临解散的结局。据美国联邦海事委员会的统计,1997 年有 32 个生效的公会协议,到 2000 年 5 月这一数量减少至 22 个,协议的成员方也相应减少。与之相对应的是服务合同的数量大量增加,从 1999 年 5 月 1 日至 1999 年 6 月 30 日签署了将近 15000 个服务合同,远远高于上一年度的 3400 个。② 航运市场竞争的活跃直接导致运费的下滑,美国的贸易进出口厂商无疑受益良多。

2002 年经合组织发布了一份有关班轮运输竞争政策的重要报告,报告从经济分析的视角结合班轮运输业的发展现状,经过论证否定了航运协议尤其是运价固定协议享受反垄断豁免的制度基础,并建议成员国审慎考虑取消有关豁免,即使要保留也必须确保不会产生过分的市场力量。此外,还从承托双方的直接协商权、保护服务合同、减少集体定价行为、鼓励班轮公司寻求多样化的运营合作方式以提供更优质的服务等四个方面给出了立法建议。要求航运竞争法律规制应确保协商自由、合同自由、协调运营自由。③ 以 OECD 报告为契机,欧盟通过三个阶段步骤展开了对第 4056/86 号条例的重新审视。最初是 2003 年 5 月的咨询报告,④其次是 2004 年 10 月出版的白皮书,⑤最后于 2005 年 12 月 14 日出台了最终取消集体豁免的法律建议书。⑥ 欧盟委员会在权衡取消班轮公会集体豁免利弊的基础上,于 2006 年 10 月颁布了第 1419/2006 号条例,规定自 2008 年 10 月 18 日起取消班轮公会的反垄断集体豁免,

---

① 於世成:《美国航运法研究》,北京大学出版社 2007 年版,第 32 页。

② James D. Reitzes, Kelli L. Sheran, Rolling seas in liner shipping(2002), *Review of Industrial Organization*, Vol.20, pp.51～59.

③ OECD, Final Report on Competition Policy in Liner Shipping (2002), paras.205-215.

④ Consultation Paper on the review of Council Regulation (EEC) No.4056/86 laying down detailed rules for the application of Article 81 and 82 of the Treaty to maritime transport, 27 March 2003.

⑤ White Paper on the review of Regulation 4056/86, applying the EC competition rules to maritime transport, COM(2004) 675 final.

⑥ Proposal for a Council Regulation repealing Regulation (EEC) No.4056/86 laying down detailed rules for the application of Article 85 and 86 to maritime transport, and amending Regulation(EC) No.1/2003 as regards the extension of its scope to include cabotage and international tramp services, COM(2005) 651 final.

将其纳入欧盟一般竞争法的规制框架内,①并于 2008 年 7 月出版了《关于欧共体条约第 81 条适用于航运服务的指南》(以下简称"指南")。② 欧盟在国际航运竞争规则方面的这一改革对其他实施航运反垄断豁免机制的国家产生了重要的影响。虽然反响不一,但是班轮公会存在的合理性基础无疑受到极大的冲击与挑战,其在航运市场中的作用也相应地削弱。传统上以班轮公会协议为主的航运竞争合作方式也向多元化的航运协议(诸如协商协议、运营协议、联盟协议、共享协议等)转变。

由此可见,在经历了早期的产业政策优先之后,班轮公会这一典型的国际航运垄断组织面临着严峻的生存危机,这其中固然有全球航运和贸易环境的影响,更重要的原因在于公会的协同定价行为所具有的反竞争效果已然阻碍了航运市场的良性竞争。因此航运反垄断豁免规制出现了逐渐从严的倾向,竞争政策上升到与产业政策并重的地位。但是这种市场自然选择的结果并非绝对意义上的摒弃豁免。一方面,从欧盟自身来看,虽然第 1419/2006 号条例取消了班轮公会协议的反垄断集体豁免,但是并不意味着国际航运垄断协议在竞争法领域的全面撤退。根据 2008 年欧盟"指南"的规定,特定类型的技术协议和有关执行环境标准的航运协议因未对竞争构成限制,不属于条约第 81 条的适用范围,仍然享有豁免。此外,第 823/2000 号条例赋予了航运联营体协议的集体反垄断豁免,并在其后的第 906/2009 号条例和第 697/2014 号条例中再次肯定了该制度,将对航运联营体协议的豁免有效期分别延至 2015 年 4 月 25 日和 2020 年 4 月 25 日。另一方面,从国际上看,国家自身特点和利益诉求仍是决定航运竞争立法的重要因素,故欧盟立法的改革并没有产生各国航运反垄断政策和立法的追随效应,建立严格限制条件的豁免制度仍是国际航运竞争立法的主流趋势。

---

① OJ L 269,28.9.2006,Council Regulation(EC)No.1419/2006 of 25 September 2006 repealing Regulation (EEC) No.4056/86 laying down detailed rules for the application of Articles 85 and 86 of the Treaty to maritime transport,and amending Regulation (EC)No.1/2003 as regards the extension of its scope to include cabotage and international tramp services.

② Commission of the European Communities,Guidelines on the application of Article 81 of the EC Treaty to maritime transport services,OJ 2008 C245/2.

(三)2009 年至今:竞争政策优先于产业政策,以一般竞争法规则为主导、以航运竞争法规则为补充的规制路径

欧盟第 1419/2006 号规则生效后,给国际航运市场竞争秩序的重构带来了重要的影响。一是引起许多国家在对取消豁免所带来的市场效果进行分析的基础上,重新衡量本国的航运反垄断立法;二是欧盟废除豁免与世界范围内仍然普遍存在的班轮公会集体豁免之间存在法律适用上的矛盾和冲突,如何从制度安排上进行协调与契合都是值得思考的问题。诚然,欧盟在国际航运市场上的相对优势地位是其航运竞争政策转变的原因之一,但即使如此,也存在着航运产业转移的顾虑和隐忧。

美国联邦海事委员会(FMC)2012 年发布的研究报告显示,在对北欧—美国、远东—欧洲和远东—美国三个市场进行计量分析的基础上,并没有发现欧盟废除班轮公会集体豁免产生了预期的积极效果,即运费的下降、服务质量的提高等,甚至在某些具体航线的班轮市场集中度不降反升。[①] 究其原因,仍然和航运市场的规模经济特点息息相关。虽然班轮公会的强制定价和信息控制被弱化,直接造成市场集中度的下降,但是随之而来的激烈竞争会使原先纳入公会保护伞下的一些班轮公司面临破产、兼并和收购的命运,加之较高的市场准入壁垒给潜在竞争者的进入设置了一定的障碍,这些都将促使市场集中度的回升,并可能产生垄断运价。[②] 因此,虽然很多国家都相应地展开了对本国航运竞争法的重新评估,并探讨是否应效仿欧盟取消对班轮公会反垄断集体豁免制度,但是从目前的全球航运业经济状况来看,运能过剩的矛盾持续恶化,市场回归供需平衡尚待时机,行业复苏的前景仍不明朗,故短期之内各国从立法上废除班轮公会及航运协议的反垄断豁免存在一定的障碍。同时,由于班轮航线具有双向性特点,[③]对远东—欧洲、欧洲—北美等主干航线而言,不可避免地会受到欧盟立法的影响。

如上文所述,欧盟并没有取消对航运联营体协议的反垄断集体豁免,因此

---

① FMC,Bureau Of Trade Analysis. Study of the 2008 Repeal of the Liner Conference Exemption from European Union Competition Law(2012),available at http://www.fmc.gov/assets/1/documents/fmc_eu_study.pdf,last visited on May 13,2015.

② 章晓卉:《小议欧盟第 1419/2006 号条例对班轮航运业的影响》,载《中国海商法年刊》2009 年 6 月。

③ 邹盈颖、丁莲芝、张敏:《国际班轮运输业反垄断豁免政策和立法之态势与启示》,载《上海海事大学学报》2012 年第 2 期。

相较于持续下降的班轮公会协议数量,以运价协商协议和船舶共享协议为代表的联营体协议逐渐成为班轮公司竞争合作的主流形式。国际航运市场进入"后班轮公会时代",全球性联营的航运联盟成为当前经济社会条件下的最佳组织模式。不同于班轮公会,航运联盟的特性主要体现在以下三个方面:首先,联盟不涉及承运人之间的运价调控。其次,联盟策略主要为运力共享、联合经营,市场营销等管理功能由各自负责。再次,航运联盟注重同业成员的竞合关系,与竞争排他性的传统公会理念相比,淡化同业排斥性。联盟对弈的格局对航运竞争法律体系形成连锁反应。在市场机制趋于完善和企业竞争力得到提高后,对于航运垄断协议的法律规制更加侧重于权衡协议本身的限制竞争效果与效率改进、技术创新、环境贡献、企业利益、消费者福利以及法律执行成本等多重因素之间的相互协调。各国监管机构更强调考察企业合作行为对航运市场的动态影响,监管思路由原来的纯粹规范性分析方法转向以合理的经济原则为基础的经济分析方法。

随着经济全球化和海运自由化的发展,自由竞争的理念日渐深入人心,传统的倾斜式产业政策被逐步摈弃,取而代之的是借助利率、税收等市场化手段,通过市场机制的运作来调整产业结构,优化产业组织的水平式产业政策。确立竞争政策的相对优先地位,并不意味着取消或废弃产业政策,而是在强调市场机制的基础性作用前提下,发挥产业政策的补救性作用,以矫正市场失灵和弥补市场缺陷。作为产业政策的一种常用实施手段,推进企业整合重组对应对当前航运业低迷态势,缓解企业经营下滑压力具有积极的作用。具体到我国而言,虽然海运船队总运力规模居于世界前列,但是整体实力和世界海运强国仍存在较大差距,2014 年 9 月出台的《国务院关于促进海运业健康发展的若干意见》指出,要加快兼并重组,促进规模化、专业化经营,推动海运企业转型升级。[①] 2014 年 10 月,交通运输部印发《贯彻落实〈国务院关于促进海运业健康发展的若干意见〉的实施方案》,其中提出推动海运企业健全现代企业制度,深化国有海运企业改革,积极发展混合所有制海运企业,并完善统一开放、竞争有序的市场体系。[②] 从上述产业政策的指导思想来看,产业结构调整更多依赖的是开放和竞争的市场,而非直接干预。只有承认竞争政策的优先地位,尊重市场机制的运行规律,水平产业政策才能真正发挥实效。

---

① 《国务院关于促进海运业健康发展的若干意见》。
② 《交通运输部关于印发贯彻落实〈国务院关于促进海运业健康发展的若干意见〉的实施方案的通知》。

从以上分析可知,以欧盟第 1419/2006 号条例为契机,各国航运竞争法律规制路径出现了分化。面对航运市场的激烈竞争和各国产业结构和地区发展不平衡的长期存在,各国航运反垄断立法通过日趋严格的豁免条件和宽松自由的独立行动权,直接削弱了班轮公会的市场影响力,以航运联营体协议为主的合作方式发挥着日益重要的作用。取消班轮运输业的反垄断豁免并非实现有效竞争的必要途径。在尊重航运业的成本递减性和规模经济性基础上,反垄断执法机关通过对各类航运协议在反竞争效果、经济效率、社会福利等方面的差异性评估来决定其是否构成对各国竞争政策的违反以及是否适用豁免制度。从这个意义上来看,这种灵活性也体现了反垄断执法过程中对产业政策因素的考虑,一定程度上有利于促进航运业的良性竞争和持续发展。但是值得注意的是,由于反垄断法本身的不确定性,在相关市场的认定、违法后果的确认、垄断行为对市场影响的界定、域外效力的适用等方面缺乏客观标准。对航运业这样一个高度国际化的产业而言,尤其是跨区域的航运联盟整合,在竞争法监管层面很容易造成对案件裁决结果的不一致。[①] 因此如何建立各国航运反垄断监管机构之间的协同机制也成为今后航运竞争法律规制所应考虑的重要方面。

第三节　航运竞争法与相关法律部门的关系

一、与《反垄断法》之间的关系

《反垄断法》作为市场一般竞争规则,适用于所有市场领域(不包括适用除

---

① 典型案例有:2013 年 6 月,运力规模全球排名前三的马士基航运、达飞和地中海航运三家公司宣布将在东西向航线上组建名为 P3 网络的长期运营联盟。欧盟认为 P3 联盟的性质是一种船舶共享协议,其成员之间仍是商业竞争主体,不会损害海运业的健康竞争,P3 联盟为客户提供的创新服务应该得到支持。美国 FMC 也于 2014 年 3 月 24 日投票决定批准"P3 联盟"协议。但 2014 年第 46 号《商务部关于禁止马士基、地中海航运、达飞设立网络中心经营者集中反垄断审查决定的公告》中,商务部认定 P3 联盟具有紧密型联营的法律性质,将产生排除、限制竞争的效果,且无法通过附加条件进行反竞争因素的剥离。最终 P3 联盟因未能通过中国监管机构的审查而终止。

外领域),而以《国际海运条例》及《国际海运条例实施细则》为代表的航运竞争规则具有鲜明的行业性,适用于国际海上运输经营活动以及与国际海上运输相关的辅助性经营活动。因而相对于《反垄断法》来说,在航运垄断行为的法律规制方面更具有针对性和具体性。

探讨两者之间的法律关系,其意义在于两个方面:一是如何协调一般法之《反垄断法》和特别法之航运反垄断条款之间的关系;二是在立法模式的选择上究竟是采取双轨制抑或是单轨制。针对第一个问题,根据我国《立法法》第83条的规定,①明确了对同一机关制定的同位法而言,"特别法优于一般法""新法优于旧法"的原则。我国目前尚未出台涉及国际航运竞争规则的行业性法律,《国际海运条例》及《实施细则》仅是过渡性质的零散的行业规范性文件,法理上是《反垄断法》的下位法,并不具有优先适用的法律效力。然而,由于《反垄断法》自身的局限性,缺乏可以应用到航运市场的具体操作标准,仅凭现有规定难以胜任调整航运市场垄断行为的任务。因此,有必要借鉴其他国家在这方面的经验,构建我国国际航运竞争法律规制制度。

至于立法模式,从世界范围来看,主要有两种:一是将航运市场纳入一般性竞争规制的调整范围并制定相应的实施性规则,即所谓的"单轨制立法",例如美国航运法在沿用《谢尔曼法》等一般反垄断规则的基础上调整公会等航运协议组织的豁免适用以及欧盟第1419/2006号条例出台后的欧盟现行航运竞争法律体系。二是在一般性竞争规则之外,制定相对独立的航运市场竞争规则,即所谓的"双轨制立法",例如欧盟第4056/86号条例和第823/2000号条例将班轮公会和联营体作为《欧共体条约》基本竞争规则第81条和第82条的例外。单轨制立法侧重考虑的是竞争法内部结构的完整性和系统性,双轨制立法倾向于将行业的特殊性与专门性作为优先考虑的价值目标,两者各有利弊,要综合权衡本国的产业特点、市场结构和具体国情来加以选择。

二、与《航运法》之间的关系

我国《航运法》的起草工作始于1996年,至2004年共起草了11稿,并于2011年重启起草工作。作为中国航运法律体系的"龙头法"之一,《航运法》旨

---

① 《立法法》第83条规定:同一机关制定的法律、行政法规、地方性法规、自治条例和单行条例、规章,特别规定与一般规定不一致的,适用特别规定;新的规定与旧的规定不一致的,适用新的规定。

在通过对航运经济关系的调整,建立竞争有序的航运市场秩序,实现航运经济的良性运行。从《航运法》的基本规则体系来看,包括政府航运管理体制、航运市场准入制度、航运市场运行规则、市场宏观调控制度、违法行为调查与处罚等五大模块的内容。其中航运市场运行规则的核心是航运市场竞争规则,即对航运垄断协议、航运领域滥用市场支配地位、经营者集中等航运垄断行为如何进行法律规制,以及是否享有反垄断豁免的类型和条件等。[①] 因此航运竞争法律规则应定位为《航运法》的重要组成部分,是实现《航运法》立法目的和根本目标的有效保障。

三、与《海商法》之间的关系

我国目前的航运法律体制面临着公私失衡的客观现状,以调整航运活动中平等主体的权利义务关系为内容的《海商法》等私法规范较为发达,而国家对航运市场进行管理和监督的航运公法还有待完善,尤其是以航运竞争规则为核心的航运经济法规范极为欠缺。虽然《海商法》第一章中包含若干公法性质的内容,例如沿海运输权、船舶登记、海上运输管理等,但是这些片段化、零散化的规定缺乏系统性和协调性,不能涵盖航运市场运行中存在的具体问题。究其原因,和两者的法律定位密切相关。《海商法》作为民法的特别法,其调整对象仍然是以横向的法律关系为主,而航运竞争法从严格意义上属于经济法的一个分支,其调整对象是以纵向的法律关系为主,即通过国家对航运市场竞争行为的介入和干预,确保良性有序的竞争格局和竞争环境。

本章小结

"物竞天择、适者生存"的竞争法则早已成为现代市场经济国家奉行的至高教条,其源自于客观资源稀缺与主体需求无限之间的矛盾。由于两者之间的矛盾无法避免,主体为了维系自身发展的可持续性竭尽全力加入对资源的

---

① 胡正良、郑丙贵:《中国〈航运法〉制定中几个基本理论问题之研究》,载《中国海商法研究》2012 年第 1 期。

争夺之中。因而,"竞争是一种普遍现象"①。作为确保竞争机制正常发挥作用的价值评判体系,竞争法以法治思维和方法对主体之间的角逐行为进行矫正和规范,从而提高经济效率和社会福利。本章作为本书的开篇,主要对航运竞争法律规制的基本理论问题进行梳理,为后文的展开奠定基础。

　　航运竞争法根植于航运市场的特殊性且与竞争法理论的普适性有着密切的联系。其内涵和外延的明晰源于对航运市场竞争行为的多维审查。近年来,随着国际海运自由化进程的推进,航运联盟发展迅速,逐渐取代班轮公会成为国际海运经营人整合与重组的主要途径。联盟合作方式也由传统的班轮公会协议向复合多元化的航运协议转化。本章开篇介绍了国际航运市场的竞争结构以及运用经济学原理对航运竞争的特殊性进行了探索,并在此基础上通过梳理航运竞争法律关系中的主体、客体和内容阐释了航运竞争法的含义。航运竞争法作为竞争法的特别法,主要基于航运市场竞争的非常态特点,也使得一般竞争法在适用过程中遇到了瓶颈和障碍,在世界范围内形成了以反垄断集体豁免权为代表的相对独立的一套规制体系。

　　相较于其他产业部门,航运业具有高度的开放性和重要的战略意义。作为典型的自然垄断行业,航运竞争政策往往被产业政策所压制。回溯航运竞争法的发展历程,经历了三个阶段,规制路径由早期的航运反垄断整体豁免转向后期的一般竞争法规制下的个别豁免。相对于欧美等航运发达国家,我国的航运竞争立法较为滞后,相当一部分是为了回应入世后所作出的海运服务贸易承诺而形成的,法律规范零散,且缺乏彼此之间的自洽性和妥当性,一定程度上阻碍了我国建设海运强国目标的实现。

　　最后,本章梳理了航运竞争法与《反垄断法》《航运法》《海商法》等相关法律部门之间的关系,以明确其法律属性和法律地位。

---

　　① 〔比〕保罗·纽尔:《竞争与法律——权力机构、企业和消费者所处的地位》,刘利译,法律出版社2004年版,第61页。

第二章

国际航运竞争规制的法律基础

第一节 全球性国际航运竞争相关法律制度

一、联合国《班轮公会行动守则公约》及其实施情况

关于航运竞争法律制度的全球性多边规定,主要集中在国际经济组织的相关文件中。其中最具影响力的当属联合国贸易与发展会议(The United Nations Conference on Trade and Development,UNCTAD)主持制定的旨在全面规范班轮公会活动的国际性法律文件《班轮公会行动守则公约》(*Convention on a Code of Conduct for Liner Conferences*,以下简称守则公约)。其产生的背景源于"二战"后,取得政治独立的发展中国家争取经济独立的诉求。对于西方发达国家所控制的国际垄断组织——班轮公会,因其在海运领域特定航线上的优势地位,严重损害了发展中国家发展对外贸易和本国商船队的利益,阻碍了实现经济独立的目标。因而 UNCTAD 于 1964 年 6 月成立航运委员会,以协商和寻求解决班轮公会问题的对策,并通过若干次全体会议于1974 年 4 月通过了守则公约,1983 年 10 月正式生效。我国于 1980 年 9 月 23日加入公约,但对我国与其他国家协商建立的联合航线作出了不予适用公约规定的保留声明。

(一)《班轮公会行动守则公约》的制定过程

UNCTAD 成立于 1964 年,是联合国大会常设机构之一,是审议国家贸

易与经济发展问题的国际经济组织,每四年举行一届大会,其第一次全体会议于 1964 年在日内瓦举行。会议对有关班轮公会等海运议题进行了讨论,并在听取各方意见的基础上发布了专门报告。[①] 报告肯定了班轮公会机制对于维持运价稳定和提供常态化海运服务方面的积极意义,同时指出为了更好地发挥其作用,应扩大承托双方之间的合作途径和范围。因此报告建议应建立托运人协会和相应的协商机制以反映托运人的请求,支持发展中国家在"健全的经济准则(sound economic criteria)"基础上发展国有船队并保障其平等加入班轮公会的权利。

UNCTAD 的这份报告促使公会和托运人之间在充分协商的基础上达成新的框架协议,但是对于报告中所提到的"健全的经济准则"这一标准,发达国家认为应理解为特惠措施的排除,如禁止公共补贴、国家援助以及货载保留等。[②] 该主张受到发展中国家的强烈反对和指责,认为发达国家奉行的实为双重标准,对于发展中国家而言,"健全的经济准则"最重要的应体现为对国有船队的所有权和独立的经营战略。

UNCTAD 第二次全体会议于 1968 年在新德里举行,在这次会议上就班轮公会问题发达国家与发展中国家达成了折中解决方案。该方案考虑了各方的利益诉权,主要内容体现在五个方面:一是要求班轮公会降低运费率;二是对发展中国家的非传统型出口货物实施特别费率;三是确保公会在其提供服务的发展中国家港口拥有足够的代理;四是公开运价和其他相关信息;五是接受发展中国家航运公司加入公会成为其商业合作伙伴。此后,UNCTAD 秘书处于 1970 年和 1971 年接连发布两份关于班轮公会的报告《公会体制》(*The Conference System*)[③] 和《班轮公会管理规则》[④](*The Regulation of Shipping Conferences*)。强调班轮公会的进一步发展对承托双方均有益,但是唯有建立世界性的国际规范和相应的争端解决程序才能更好地对其活动施以有效控制。对于班轮公会所存在的不足和弊端,秘书处也草拟了相应的对策,这些对策成为守则公约的雏形。具体包括:(1)国家航运公司有自动加入

---

①　Sturmey, S.G. Workbook on the Application of the UNCTAD Code, 2nd edn, Seatrade Academy(1985), p.187.

②　Farthing, RB, *International Shipping: an Introduction to the Policies, Politics and Institutions of the Maritime World*, Lloyd's of London Press Ltd,1987, p.130.

③　UNCTAD Secretariat Report (1970).

④　UNCTAD Secretariat Report (1972).

涉及该国贸易航线的班轮公会的资格;①(2)公会所经营的航线上的货载份额应由航线两端国家的会员航运公司分享,如有第三国航运公司参加,其可获得至少 20% 的份额;②(3)相关公共机构应加强对班轮公会活动的监管。

值得指出的是,在守则公约的制定过程中,除了 UNCTAD 自身经过详细调查所出具的报告之外,还受到其他组织和机构的影响,其中有代表性的当属"罗奇代尔报告"(Rochdale Report)和《欧洲国家船东协会班轮公会守则》(CENSA Code of Practice for Conference,以下简称 CENSA Code)。"罗奇代尔报告"是成立于 1937 年 7 月的英国航运调查委员会 1970 年发布的一份调查报告,因该委员会由罗奇代尔子爵主持,故名为"罗奇代尔委员会"(Rochdale Committee),这份报告也随之称为"罗奇代尔报告"。该报告中提到,虽然经过协商,托运人增加了对公会活动的参与性,但是承托双方之间的关系仍然缺乏制度化,因而建议对于涉及英国港口航线的公会成员应制定并采用公会行动守则,以作为享有限制性协议豁免的前提条件。守则的内容应由政府部门、船东、货主三方代表协商达成,建议包含:船公司入会资格的认定、公会运价政策的公开、承托双方之间的定期协商机制以及政府提供必要的便利等。③ 虽然报告只是针对英国的,但是委员会同时认为一旦采用公会守则将对国际社会产生重要的衍生影响,直接体现为 CENSA Code 的出台。

为了更好地发挥"罗奇代尔报告"中建议的作用,英国作为航运协商组织(Consulation Shipping Group,CSG)自成立以来的执行秘书处所在国,于 1971 年 2 月在东京召集 CSG 13 个成员国开会,并推出了 CENSA Code。作为世界上第一个规范班轮公会活动的指导性文件,CENSA Code 基本上贯彻了"罗奇代尔报告"的建议内容,重点在于协调公会和托运人之间的关系。然而,CENSA Code 存在的问题也是显而易见的。它被贴上了纯粹西方发达国家的标签,并不是在和发展中国家协商的基础上达成的,此外,也并不是以国家的名义签署的。更重要的是,从内容来看,并未包含核心的航线上货载份额分配的内容。凡此种种,都成为发展中国家抵制和反对的理由。在此背景下,UNCTAD 加快了制定新的公会规则的步伐。

1972 年 4 月,UNCTAD 第三次全体会议于智利首都圣地亚哥召开,会议

---

① UNCTAD Secretariat Report (1972) 22-23,paras 130-132.

② Ibid 22-23,paras 133-35,该建议最后吸纳进守则公约,成为著名的 40:40:20 货载分配原则。

③ Rochdale Report (1970) 134-135,para 81.

经过发达国家和发展中国家的激烈讨论,最终采纳由发展中国家组成的77国集团草拟的《班轮公会行动守则公约草案》作为大会决议案,并于1974年4月投票表决通过。

(二)《班轮公会行动守则公约》的主要内容

守则公约分为目标和原则、7章54条和1个附件。主要内容包括以下几个方面:

1.明确公约的制定目标和基本原则。公约在序言中指出,基于便利国际海上货运的有序发展、促进班轮运输更有效地为国际贸易服务和保证承托双方之间的利益平衡之目标,并在考虑发展中国家的特殊需要和问题之基础上制定本公约。基本原则体现为三点:一是非歧视原则,即对任何国家的船东、托运人或对外贸易不得有任何歧视;二是充分协商原则,即公会应与托运人组织、代表和托运人就共同关心的事项进行协商,有关当局经请求亦可参加;三是公开原则,即应向关系方公开活动资料和相关情报。

2.明确公约所涉及相关概念的含义。公约第一章"定义"中对9个概念进行了界定,分别为班轮公会或公会、国家航运公司、第三国航运公司、托运人、托运人组织、公会承运的货物、有关当局、促进贸易型运费率和特别运费率。根据公约的定义,班轮公会的性质为经营相同航线班轮运输服务的承运人之间达成的卡特尔组织,其目的在于消除价格竞争。为此,通常采用共同的运费率和统一安排营运等手段经营业务。此外,公约对于国家航运公司和第三国航运公司的分类,也在货载份额的分配和会员资格的取得方式等方面产生了显著的差别。

3.协调公会会员公司之间的关系。公约第二章"会员公司间的关系"包含6条,分别为会籍、货载分配、决定程序、制裁、自我管制和公会协议。其中最重要的为前两条。第1条会籍针对的是班轮公会的入会资格取得方式。相较于传统的封闭式班轮公会,守则公约所提供的是一种更为宽容的接纳体制。在封闭式公会下,会外船公司一般需取得大多数甚至全体成员的同意才允许加入,而守则公约的入会资格类似于"半开放式",即对于国家航运公司采取开放式,对于第三国航运公司采取封闭式。只要国家航运公司满足第1条第2款所定标准的条件,"证明其有能力和愿望,在公会营运范围内,长期地经营定期的、适当的和有效率的航运服务",并当协议中有提供财务担保的要求时能够接受,就有权成为公会的正式成员。① 然而,如果是第三国航运公司,除了要满足第1条第2款的标准之外,还要符合第1条第3款所列条件并遵守第2条关于货载份额的规定,才有权成为正式会员。这就取决于公会经营航线的现有货运量及对预期供求关系的评价,公会需要评估现有运力是否能够满足运输需求以及接纳后对航运业务的效率和质量可能产生的影响,因而是否允许第三国航运公司加入公会具有极大的不确定性。

作为守则公约最著名和最具争议性的条款——货载分配条款,体现在公约第2条中,充分反映了发展中国家发展国家航运公司的迫切愿望,既为发展中国家的货载保留政策提供了法律依据,又为促进本国商船队的形成和壮大提供了有力保障。根据该条规定,班轮公会承运的货载实行40∶40∶20的分配制度,即航线两端加入公会的国家航运公司(如果一国有几个航运公司加入公会,那么把它们合起来作为一个国家航运公司,参加货载分配)对于班轮公会承运的两国间货物,在运费和运量上享有同等权利,一般各有权获得上述货载的40%。参加公会的第三国航运公司有权获得上述货载的20%。② 然而,对于该条款中货载范围的界定,发展中国家和发达国家存在不同的解释。发展中国家认为,根据第2条第17款的规定,货物应作广义解释,除了国防用途的军事装备之外,都应纳入分配范畴,也就是说不仅包括班轮公会所承运的部分,还应包括公会外独立船公司所承运的部分。因此,国家航运公司所获得的40%货载份额应依据航线上所有货物的数量,而非仅依据班轮公会承运的货物数量来计算。③ 例如,如果班轮公会占据航线上80%的市场份额,20%由独立承运人经营,那么按照公会承运货载的40%计算,实际上只相当于全部贸易量的32%。独立承运人所占有的市场份额越大,国家航运公司分配到的比例就越低。发达国家对此持不同意见,守则公约第2条第4款已经明确指出,货载份额的分配适用于班轮公会所承运的货载,不包括散货、非班轮货。不仅如此,从整个公约的适用范围来看,都应局限为公会的活动,不应作扩大解释。显然,无论从文本释义还是从公约的基本精神来看,都难以解释为可以约束独立承运人的活动,因此从这个意义上看,发展中国家的国家航运公司所获得的

---

① Art 1(2) of the Code.

② Art 2(4) of the Code.

③ Luis Ortiz Blanco, *Shipping Conferences under EC Antitrust Law: Criticism of a Legal Paradox*, translated by Andrew Read, Oxford/Portland: Hart Publishing, 2007, p.75.

货载比例实际上更多是相对份额,取决于公会在航线上的垄断程度。

4.协调公会与托运人之间的关系。公约第三章"与托运人的关系"包含5条,分别从忠诚信约、托运人的特免、公会行动的透明度、协商机制等方面加以规定。其中第7条指出,公会有权与托运人订立忠诚信约,对托运人给予优惠运价,以换取托运人将根据贸易合同由他掌握的全部货载交由公会会员航运公司承运的保证。[①] 此外,在透明度方面,守则并没有要求公会将费率表、有关货运条件和年度报告等材料向社会公开,而只是应托运人、托运人组织和相关当事方请求向其公开,这与后文中所要阐述的信息公开协议不同,反竞争效果的认定也存在差异性。关于两者之间的协商机制,公约从主体、内容、时间、条件等方面做了相应的规定,力图促成双方之间商业协议的达成。

5.明确运费率的确定标准。公约第四章"运费率"针对运费率的确定、分类、提高、促进贸易性运费率、附加费和货币变动等进行了专门规定。根据第12条的规定,运费率应在"商业可行范围内尽量确定在最低水平,同时应使船东有合理的盈利"且应在考虑"货物性质、货物体积与重量的关系,以及货物价值"的基础上加以确定,对托运人不得有不公平的差别待遇。此外,对费率提高的通知程序、时间间隔以及附加费的收取等均有明确的规定,结合前述与托运人之间的协商机制,大大削弱了班轮公会的运价垄断效果。

(三)《班轮公会行动守则公约》的发展现状

守则公约产生于班轮公会这种航运垄断组织发展的鼎盛时期。虽然班轮公会对于稳定航运秩序和维护贸易发展具有积极的意义,但是公会强烈的垄断色彩不得不促使监管部门对其进行愈加严格的法律规制,以减少其反竞争效果,这从公约的核心内容即可窥见一二。随着班轮运输方式的变革和不断的技术革新,班轮行业的高准入壁垒也随之打破。加之,20世纪80年代以来,各国对航运市场的准入限制逐渐放松,受益于政策红利,大批独立承运人进入班轮市场,并不断发展壮大,改变了国际航运市场的竞争格局。公会成员在利益驱动下,纷纷开展各自行动,传统的班轮公会面临凝聚力下降、市场控制能力减弱的困境。[②] 伴随着班轮公会影响力的日渐式微,不涉及运价调控、淡化同业排斥性的航运联盟成为班轮公司之间合作的主要方式。

---

① Art 3(7) of the Code.

② 张辉:《国际航运竞争形态的转变及其法律规制》,载《武汉理工大学学报(社会科学版)》2009年第2期。

在这样的背景之下,班轮公会的垄断豁免特权受到严重的挑战。典型表现为从 2008 年 10 月 18 日起,欧盟正式取消对班轮公会的反垄断集体豁免,将其重新纳入欧盟竞争法的规则框架。欧洲班轮事务协会(ELAA)取代了远东班轮公会(FEFC)。功能上由原先的协调运价、运力转为管理班轮公司业内的信息流动。全球航运竞争升级为联盟之间的竞争,联盟对弈的格局对整个航运监管体制形成连锁反应。因此,守则公约的法律适用效力产生了一定程度的削减,同时由于各国在加入公约时作出了不同程度的保留,进一步弱化了公约的统一作用。简而言之,守则公约在班轮运输业发展的现实背景下面临着边缘化的尴尬处境。但是即便如此,并不意味着守则公约就退出了历史舞台。作为一个具有广泛影响力的并且经过多年谈判和多方利益博弈而达成的国际性条约,在新的国际航运法律体系构筑之前,仍然是全球班轮运输法律体系的基础。相反,在各国的航运保护政策更加巧妙、联盟协议更加隐蔽的今天,如果缺乏必要的国际干预和控制,很难有效矫正国际航运组织提供的负向外部性问题和保证航运资源的有效配置。

二、WTO 有关航运竞争的规定

世界贸易组织(World Trade Organization,WTO)是处理国家间贸易规则的具有"司法造法"性质的全球性国际经济组织,其涵盖的范围非常广泛。WTO 的目标之一是保障国际贸易和服务在没有副作用的基础上更加自由地流动。关于航运竞争,WTO 主要通过服务贸易总协定下对海运服务的市场准入、项目分类、垄断行为主体以及商业惯例等方面加以涉及。

海运服务作为运输服务的一个分支,在国际服务贸易中占据着重要的地位,然而在乌拉圭回合谈判结束时,海运服务是少数未能达成协议的服务部门之一。原因在于各方在围绕海运服务自由化进程议题时,对于开放承诺与要价之间存在较大的分歧。各国就海运业提出了较多的豁免申请,请求在一定时期内豁免承担给予其他成员国最惠国待遇的义务,并且由于海运发达国家和发展中国家态度不一,海运服务业谈判一度搁浅。

在海运服务贸易管制的法律框架下,WTO 并没有形成全面处理海运问题的综合性协定,但是 GATS 体系下的最惠国待遇原则(MFN)、国民待遇原则(NT)、透明度原则、市场准入原则、逐步自由化原则和发展中国家更多参与原则对航运市场的竞争秩序不可避免地会产生实质影响。例如,GATS 的第 8 条"垄断及专营服务提供者",虽然对垄断服务者的创建和维护不予干涉,但是要求各缔约方应确保在其境内任何服务提供者,在提供垄断服务方面不应采取与 MFN、NT 及市场准入方面所承担义务不一致的行动。若一缔约方认为另一缔约方的垄断服务提供者所采取的行动与上述要求不一致,可向服务贸易理事会提出,理事会有权要求建立、发展或批准上述服务提供者的缔约方提交与其运营有关的具体资料。

受制于各国的开放程度,尤其是对于海运不发达国家来说,在实施非歧视性原则时,成员方往往附加一定的条件或设置一定的例外,来限制外资进入本国的海运服务市场,保护本国的航权和国内航运企业的垄断地位。虽然GATS 赋予了发展中国家在海运服务贸易自由化安排上一定的自由度和灵活性,但是并不意味着 GATS 允许海运服务领域存在实质上或形式上的歧视。对于 GATS 基本原则的减损是受到一定时间限制的,因此成员方有义务在 GATS 的法律框架下制定和完善相关航运法规、政策,并采取必要措施来防止不公平竞争,逐步消除竞争抑制因素,保证海运服务贸易的有序进行。

由于运输成本的高低直接影响着商品价格,高昂的运输成本不仅损害了消费者的利益,而且对于一国的国际贸易及国际收支平衡都将产生负面影响。根据世界银行发展研究课题组的报告《国际海运服务贸易:与政策的关系》,[1]海运服务的开放会直接导致运输成本的下降,因而对于航运领域中限制竞争、扭曲贸易的商业习惯性做法应置于更广泛的 GATS 语境之下进行探讨,并逐步废除政府所施加的阻碍因素,以确保海上运输的公平竞争。对于 GATS 第9 条"商业惯例"应采取更严格的解释,[2]建议通过成员方的国内立法取消对合谋协议的豁免并赋予缔约方在另一缔约方法院就此类行为寻求司法救济的权利。

虽然相较于其他国际经济组织而言,WTO 拥有一个无法比拟的优势即运行良好的争端解决机制,但是在 WTO 体制下建立竞争政策规制的国际框架也并非易事。一方面,各成员之间经济发展水平、产业政策、法律文化等存在显著的差异性,国内竞争规制是否能遵循共同的原则具有不确定性;另一方面,WTO 与国家/区域竞争主管部门之间的关系如何协调与衔接同样值得思

---

[1] Carsten Fink, Aaditya Mattoo, Ileana Cristina Neagu, Trade in International Maritime Services: How Much Does Policy Matter?, *The World Bank Economic Review*, Jan 2002, Vol.16.

[2] GATS 第 9 条仅规定对于抑制竞争和服务贸易发展的某些商业惯例,应一缔约方的请求,另一缔约方应就取消这些惯例与之进行磋商。同时应对这类请求给予"充分的和同情的考虑",并"通过提供与此事有关的、公开的、非机密性的资料予以合作"。

考。多边竞争协议是否意味着国家/区域竞争主管部门一定程度上的权利自抑或让渡？WTO是否具有超国家的反垄断执法能力？这些实质意义上的反垄断多边合作和协调问题在现有的WTO框架下还未达成共识。① 具体到航运竞争领域，目前WTO层面的谈判重点仍围绕海运服务自由化、逐步削减准入壁垒、非歧视性地使用港口等基础设施以及提供海运辅助服务等基础议题。着重规制的是国家政策、措施，解决国家海运服务贸易的公平问题。至于规制私人之间包括企业、个人的航运垄断行为仍有赖于各成员方的国内航运立法加以解决。

三、OECD有关航运竞争的规定

经济合作与发展组织（Organization for Economic Co-operation and Development，OECD）成立于1961年9月30日，总部位于法国巴黎，目前共有34个成员，主要由发达市场经济国家组成。其目标旨在共同应对全球化带来的经济、社会和政府治理等方面的挑战，促进国际贸易快速发展和全球人民福祉。OECD作为政府间组织，在竞争政策和法律方面通过一系列的机制安排，逐渐成为反垄断全球多边合作和协调的重要平台。

OECD不仅致力于竞争法的实体规则框架、标准以及执行体制、程序规则的研究、推广工作，而且还关注竞争法在不同部门或领域的适用。OECD在不同的行业竞争报告中明确指出，应考虑不同部门、领域、行业的特点结合竞争法的目标，探索特殊的监管规则或措施，同时还应考虑国家经济安全、消费者福利和经济运行效率等，平衡竞争与监管的关系。② 在航运方面，该组织通过发布报告和统计数据，以及对各国的航运竞争法治环境进行评估来探讨竞争法的适用问题。如在2002年的《班轮运输竞争政策》报告中，③OECD建议航运竞争政策应保障三个方面的自由：首先，在个体保密的基础上协商利率、附加费和其他运输条款的自由；其次，最大限度地保护承托双方服务合同中关键合同条款的自由；再次，在没有产生过分市场力量的前提下，承运人之

---

① 刘宁元：《反垄断法域外管辖冲突及其国际协调机制研究》，北京大学出版社2013年版，第349～350页。

② 刘宁元：《反垄断法域外管辖冲突及其国际协调机制研究》，北京大学出版社2013年版，第297页。

③ OECD：Competition Policy in Liner Shipping，Final Report，Directorate for Science，Technology and Industry，Division of Transport，April 16，2002，pp.78～80.

间达成以提高运营效率，优化运力配置为目的的协议的自由。

此外，在自由主义航运政策的影响下，OECD 的《资本自由流动准则》（*Code of Liberalisation of Current Invisible Operations*，*CLIO*）和《航运政策共同原则》（*Common Principles of Shipping Policy*）也为 OECD 成员之间的班轮运输提供了法律规制的基本框架。CLIO 于 1961 年 12 月由 OECD 理事会通过，并经过若干次更新和修订。其内容覆盖了不同的服务行业和部门，如保险、银行、交通和旅游等，其目的旨在消除 OECD 成员方之间从事贸易和服务的障碍。其附件 A 强调：应保障海运服务领域自由、平等的竞争环境，避免受到汇率、港口、税收等因素的影响和制约。① 《航运政策共同原则》可以视为 CLIO 的补充，是由 OECD 下设的海运委员会（MTC）于 1987 年发布的，全称叫作《理事会关于成员国航运政策共同原则的建议》。② 该建议包含了 13 个共同原则，以协调和统一 OECD 成员国关于国际航运政策和惯例的做法，此外还提供了针对非 OECD 国家保护主义航运政策下所采取的歧视性做法的应对手段和措施。值得指出的是，为了有效适应国际航运形势的新变化，《共同原则》也作出了相应的修订，增加了海上辅助服务、国际多式联运、国际海运安全等三个方面的内容。③

总体而言，OECD 所倡导建立的是一个开放、便利的国际航运环境并且尽可能地提供政策支持。对于成员国出于保护国家利益和安全目的所采取的货载保留、沿海航运权以及船舶登记等具有明显扭曲市场因素的措施，OECD 认为对于整个班轮运输市场的影响有限，但仍然建议国家主管部门建立有效的监管框架，将负面效果最小化。毋庸置疑的是，虽然 OECD 的研究报告或建议仅供相关国家参考而无法强制实行，但是其对于营造自由开放的航运市场，推动各国政府在相互合作与协调的基础上，有效执行各自的航运竞争政策和法规，促进以市场为导向的改革具有重要的意义。

---

① OECD: Code of Liberalisation of Current Invisible Operations，2002 Edition，available at http://www.oecd.org/dataoecd/41/21/2030182.pdf，last visited on 10 August，2015.

② OECD Doc. No. （87）11（Final），Council Recommendation Concerning the Common Principles of Shipping Policies for Member Countries，February 13，1987.

③ OECD Doc. No. C（2000）124/Final，Recommendation of the Council Concerning Common Principles of Shipping Policies for Member Countries，September 28，2000.

第二节　欧盟及相关国家的航运竞争法律制度

一、欧盟航运竞争法律制度

(一)欧盟航运竞争法律制度的历史沿革

欧洲联盟(European Union,简称欧盟 EU)的前身是欧洲共同体,是西欧国家推行欧洲经济、政治一体化,并具有一定超国家机制和职能的国际组织。1958 年生效的《罗马条约》(以下简称《条约》)第 84 条规定,"运输"章节中的条款适用于铁路、公路和内河运输。海运和空运由理事会另行规定。1968 年制定的第 1017/68 号理事会规则中也明确指出:"罗马条约的竞争法则仅适用于铁路、公路和内陆水域。"[①]由此可见,早期欧盟竞争法的一般规则是排除适用于海运领域的。究其原因主要在于三个方面:其一,从历史发展的角度来看,海运行业极强的国际性促使欧洲各国海事监管部门采取相对自由宽松的态度,更偏向于市场的自动调节机制(self-regulation)而非法律手段来加以规制。[②] 其二,从政治考量的角度来看,航运产业与国家政治、军事、经济战略密切相关,各国从本国利益出发长期采取航运保护主义措施,对欧共体内部的共同海运政策尚未达成共识。其三,从地理区位的角度来看,最初的欧盟六国都是内陆国家,优先考虑的是陆地运输而非海上运输,倾向于对海运行业采取独立行动。随着英国、丹麦、希腊的加入,海运的重要性才逐渐凸显出来。[③] 直到 1974 年欧洲法院在 Commission v. French Republic,"French Merchant

---

① 　Council Regulation (EEC) No. 1017/68 of 19 July 1968 applying rules of competition to transport by rail,road and inland waterway,O.J. 1968 L 175/1.

② 　Ortiz Blanco,Luis,*Shipping Conferences under EC Antitrust Law：Criticism of a Legal Paradox*,translated by Andrew Read,Oxford/Portland：Hart Publishing,2007,p.45.

③ 　Ortiz Blanco Luis /Van Houtte,Ben,*EC Competition Law in the Transport Sector*,Oxford：Clarendon Press,1996,p.4.

Seamen"（欧共体委员会就法国海上劳动法的船员规定诉法国案）①中针对《条约》的普遍性问题作出判决，认为《条约》的一般规定适用于欧共体内部所有的经济活动，包括运输领域，海运亦不例外。在之后的"Nouvelles Frontières"②案中再次重申"欧共体竞争规则作为《条约》的一部分同样适用于班轮公会活动"。

　　随着1974年《班轮公会行动守则公约》的出台，其中40：40：20的货载分配规定，与《条约》所倡导的服务自由化原则不符，加之共同海运政策的缺位，欧盟各成员国对此出现严重的意见分歧。为了协调守则公约和《条约》之间的矛盾和冲突，欧盟于1979年通过了《关于成员国批准、加入联合国班轮公会行动守则公约的954号理事会条例》。③第954/79号条例的核心内容是要求欧盟成员国在批准、加入守则公约时的强制保留义务，即守则公约中的货载份额规定不适用于欧盟成员国之间的班轮运输，或者在互惠的基础上，不适用于成员国与其他属于守则公约参加国的OECD国家之间的班轮运输。作为第一个重要的欧盟海运政策，第954/79号条例侧重解决的是守则公约与《条约》的兼容性问题，对于班轮公会这一典型的国际航运垄断组织如何纳入欧盟一般竞争法的调整框架仍未能给出答复。

　　实质意义上的欧盟航运竞争政策源于1986年相继出台的四个条例，分别是第4055/86号条例、第4056/86号条例、第4057/86号条例和第4058/86号条例。第4055/86号条例的全称是《关于成员国之间和成员国与第三国之间适用自由提供海运服务原则的第4055号理事会条例》。④该条例规定了自由提供海运服务原则的适用对象仅针对国际海上运输，不包括成员国港口之间

---

①　ECJ 4 April 1974，case 167/73（Commission v. French Republic，"French Merchant Seamen"），［1974］E.C.R.359.本案起源于法国政府1958年颁布的《CODE DU TRAVAIL MARITIME》，规定由法国商船运输部（Minister of the Merchant Fleet）以命令形式设立的船舶，船员必须雇佣法国人。尽管该案主要关于船员雇佣问题，该案件的核心问题却是罗马条约是否适用于海运业，最终法院认可了条约的普适性。

②　ECJ 30 April 1986，joined cases 209 to 213/84（Ministére Publique v. Lucas Asjes and Others，"Nouvelles Frontières"），［1986］E.C.R.1425.

③　Council Regulation（EEC）No. 954/79 of 15 May 1979 concerning the ratification by Member States of，or their accession to，the United Nations Convention on a Code of Conduct for Liner Conferences，O.J. 1979 L 121/1.

④　Council Regulation（EEC）No. 4055/86 of 22 December 1986 applying the principle of freedom to provide services to maritime transport between Member States and between Member States and third countries，O.J. 1986 L 378/1.

的沿海运输。成员国可以保留沿海运输权,但通过成员国与第三国双边协议达成的货载份额应予以废除或调整。①

第 4056/86 号条例的全称是《关于条约第 85 条、第 86 条适用于海运的实施细则的第 4056 号理事会条例》。② 该条例作为欧盟海运政策的核心组成部分,建立了竞争法规则适用于海上运输领域的基本框架。主要内容包括两个方面:一是班轮公会协议可以有条件地享有《条约》第 85 条和第 86 条规定的反垄断集体豁免;二是对违反竞争法一般规定的情形,欧共体委员会进行调查和处理的具体程序。然而,第 4056/86 号条例并未涉及合资企业与联营集团的反垄断集体豁免权,也未包含旅客运输、不定期船运输、托运人协议等内容。从外延来看,还留下很多未决空间有待后续立法的完善。

第 4057/86 号条例的全称是《关于海上运输中的不公平定价行为的第 4057 号理事会条例》。③ 该条例明确了欧盟海运领域的"不公平定价行为"及"正常费率"的界定应在考虑欧盟的对外贸易政策、海运政策的基础上由理事会根据具体案件加以衡量,对第三国船东造成欧盟利益重大损害的行为可以处以罚款。

第 4058/86 号条例的全称是《关于保证自由取得远洋运输货载的共同行为的第 4058 号理事会条例》。④ 该条例的目的在于授权成员国采取一致行动以防御第三国的威胁或损害自由竞争的行为。一致行动的方式包括外交抗议以及强制许可、强制征税等对抗行为。

从上述条例的内容可以看出,欧盟航运竞争法律制度侧重于维护公平竞争、自由提供海运服务的市场环境。此外,欧盟委员会还从船员雇佣、船舶登记、政府补贴、市场准入、船舶安全、海洋环境保护、港口基础设施一体化等方

---

① 随着第 3577/92 号条例的通过,自 1993 年 1 月 1 日起,自由提供海运服务原则适用于成员国之间的沿海运输,沿海运输权的保留也将逐步取消和废止,海运自由化原则的范围得到进一步扩展。Council Regulation(EEC)No. 3577/92 of 7 December 1992 applying the principle of freedom to provide services to maritime transport within Member States (maritime cabotage),O.J. 1992 L 364/7.

② Council Regulation(EEC)No. 4056/86 of 22 December 1986 laying down detailed rules for the application of Articles 85 and 86 [now 81 and 82] of the Treaty to maritime transport(liner shipping conferences),O.J. 1986 L 378/4.

③ Council Regulation(EEC)No. 4057/86 of 22 December 1986 on unfair pricing practices in maritime transport,O.J. 1986 L 378/14.

④ Council Regulation(EEC)No. 4058/86 of 22 December 1986 concerning coordinated action to safeguard free access to cargoes in ocean trades,O.J. 1986 L 378/21.

面研究和发布相关指南和白皮书,不断丰富和完善欧盟航运竞争法律体系的内容。① 随着集装箱运输的发展和航运联营体的壮大,对于联营体之间旨在提高班轮运输的服务效率和促进技术发展为内容的商业安排如何定性也随之纳入欧盟委员会的讨论范围,并于 1992 年通过了第 479/92 号条例,将此类协议合法化并赋予其反垄断整体豁免权。② 该条例也是世界上最早关于航运联营体的专门立法。此后的第 870/95 号条例,第 823/2000 号条例、第 611/2005 号条例、第 906/2009 号条例和第 697/2014 号条例中均再次肯定了该制度,并在 5 年有效期届满时以更新的形式将对航运联营体协议的豁免有效期最终延至 2020 年 4 月 25 日。

回溯欧盟航运竞争政策的发展历程,有两个重要的时间节点,除了 1986 年之外,另一个当属 2006 年。欧盟委员会在征求各方意见和形成白皮书的基础上,发布了第 1419/2006 号条例,宣布正式废止第 4056/86 号条例,在两年过渡期届满即自 2008 年 10 月 18 日起终止班轮公会的反垄断集体豁免,将其纳入欧盟一般竞争法的规制框架内。③ 作为世界上第一个终止班轮公会反垄断豁免的法律文件,第 1419/2006 号条例对其他国家航运竞争法律制度产生了巨大的冲击。

(二)欧盟航运竞争法律制度的组成

欧盟航运竞争法律制度主要由两大部分组成:一是一般竞争规则,主要体

---

① Paixao A.C., Marlow,P.B., A Review of the European Union Shipping Policy, *Maritime Policy & Management*,Vol.28, 2001, pp.191-198.

② Council Regulation (EEC) No. 479/92 of 25 February 1992 on the application of Article85(3) of the Treaty to certain categories of agreements, decisions and concerted practices between liner shipping companies (consortia), O.J. 1992 L 55/3.

③ OJ L 269,28.9.2006,Council Regulation(EC)No.1419/2006 of 25 September 2006 repealing Regulation (EEC) No.4056/86 laying down detailed rules for the application of Articles 85 and 86 of the Treaty to maritime transport, and amending Regulation (EC)No. 1/2003 as regards the extension of its scope to include cabotage and international tramp services.

现在《欧共体条约》第 81 条和第 82 条中。① 从法律地位上看,这两条是欧盟规范企业竞争行为的核心法律条款。从内容和对象上看,第 81 条针对的是两个或多个企业之间以排除、限制竞争为目的而达成的协议、决议或一致行动;第 82 条针对的是单个或多个企业滥用市场支配地位的行为。为了更好地理解和执行这两个条款,欧共体又相继出台了《关于执行欧共体条约第 81 条、第 82 条竞争规制的第 1/2003 号条例》《关于在欧共体条约第 81 条、第 82 条下处理申诉的委员会通告》《关于欧盟委员会根据欧共体条约第 81 条、第 82 条调查程序的第 773/2004 号决议》《关于实施条约第 81 条第 3 款的指南》等一系列实体和程序规定,并通过法院的相关判例作出大量的司法解释,这些均构成欧盟竞争法基本法律框架的重要组成部分。尽管这两条法律规定在早期并不调整海运领域的竞争秩序,直到 1986 年的第 4056/86 号条例的出台,才真正得以适用,航运联营体则到 2000 年的第 823/2000 号条例才得以享受到第 81 条第 3 款的豁免,但是随着 2006 年第 1419/2006 号条例的实施,可以看出欧盟对航运市场竞争监管态度上的转变。班轮公司不得不在遵守欧盟一般竞争规制的前提之下寻求多样化的合作途径以增强企业竞争力。

二是特殊竞争规则,它包括欧盟各机构依其职权围绕海运领域所制定的各种条例(Regulation)、指令(Directive)、决定(Decision)及建议(Recommendations)和意见(Opinion)等。主要体现为第 4056/86 号条例、第 823/2000 号条例、第 1/2003 号条例和第 1419/2006 号条例。前两个条例针对的是对航运特定主体(前者为班轮公会;后者为航运联营体)的反垄断豁免规定,是欧盟最主要的航运竞争实体规则。作为 1986 年一揽子决议中最引人瞩目的部分,第 4056/86 号条例在前言中就充分肯定了班轮公会的作用,指出"考虑到海运业的特殊性以及班轮公会在稳定运费、保证托运人获得稳定服务的基础上,有必要给予班轮公会种类豁免"。该条例给班轮运输业带来的重要意义在于一方面提供了一种相对自由的监管体制,由于无须就固定运价以及协调运力协议进行报备,最大限度地减少了官僚主义的管理成本及政府的干涉;另一方面也提高

---

① 1992 年,欧共体成立后,《欧共体条约》进行了整理并重新编号,第 81 条和第 82 条为先前《罗马条约》的第 85 条和第 86 条。2009 年 12 月 1 日欧盟《里斯本规则》生效后,修订了两个基础条约——《欧盟条约》(*The Treaty on European Union*,TEU)和《建立欧洲共同体条约》,并将后者改名为《欧洲联盟运行条约》(*The Treaty on the Functioning of the European Union*,TFEU),《欧共体条约》第 81 条和第 82 条变成了 TFEU 第 101 条和第 102 条,内容没有变化,本书为了与其他条例相衔接,仍采用《欧共体条约》第 81 条和第 82 条的提法。

了法律适用的确定性,避免了欧盟一般竞争规制与成员国国内海运政策之间的矛盾与冲突问题。[①] 也正因为如此,该条例构成欧盟航运竞争法中最具代表性的法律文件。

第 1/2003 号条例则是针对前两项实体规则的程序内容作出相应的规定和修改,成为现行最主要的航运竞争程序规则,与实体规则共同构成欧盟航运竞争法律体系。第 1419/2006 号条例的重要意义在于其取消了班轮公会反垄断豁免,因而对于欧盟进出口航线只有联营体和少数符合豁免条件的协议才具有合法地位。班轮运输业者达成的航运垄断协议的种类和内容也将出现较大的分化,具有运价和运力协调内容的协议很难再继续享受豁免待遇。此外,传统的备案监管模式也将受到挑战,监管部门需要结合个案分析,来判断某一协议是否符合授予反垄断豁免的条件。[②] 在适用范围上,第 1419/2006 号条例还突破了传统的国际班轮运输,将竞争规制扩大到沿海运输和国际不定期船运输,对于由此引起的国际性法律冲突如何解决也成为评估政策后续效果的重要因素。

基于以上考虑,为了更好地实施对航运市场的有效监管,推动航运业管理体制的变革以及探索欧盟一般竞争规则对海运领域的具体适用途径,2007 年 9 月,欧盟起草关于将《欧共体条约》第 81 条适用于海运领域的指南草案,并于 2008 年 7 月 1 日批准通过。[③] 指南的目的在于帮助承运人评估各种市场协议是否违反《欧共体条约》第 81 条第 1 款所禁止的范畴,以及是否满足该条第 3 款豁免的条件。这种自我评估机制不仅要求船公司对法律规定的准确理解,还需要对市场效果进行复杂的经济分析。

从协议的类型上看,指南重点对技术协议(Technical Agreements)、信息交换协议(Exchanges of Information)和航运分摊协议(Shipping Pools)这三类水平垄断协议的效果及考量因素进行界定。对于其他类型的航运垄断协议,还应结合其他相关指导规则来加以规制,例如《关于欧共体条约第 81 条第

---

① Kreis, Helmut W.R., European Community Competition Policy and International Shipping, 13 *Fordham International Law Journal* (1989—1990), pp. 418~419.

② 郏丙贵:《欧盟航运竞争规则新体系探讨》,载《上海海事大学学报》2009 年 3 月。

③ Commission of the European Communities, Guidelines on the application of Article 81 of the EC Treaty to maritime transport services, OJ 2008 C245/2.

3 款适用的指南》①、《关于欧共体条约第 81 条适用于水平合作协议的指南》②、《关于欧共体条约第 81 条第 3 款适用于特定类型协议的第 2658/2000 号条例》③、《关于欧共体条约第 81 条第 3 款适用于垂直协议和一致行动的第 2790/1999 号条例》④以及《关于垂直约束的指南》⑤等。

　　总体而言，欧盟航运竞争政策的价值目标是以欧盟整体经济和社会公共利益为立足点，追求航运市场竞争的自由和秩序的和谐。传统上依靠市场机制的资源配置方式和崇尚个人权利本位的私权制度并没有积极促进航运市场的高效和服务水平的提高，这从客观上推进了欧盟反垄断法律制度在航运领域的扩张，但是由于航运垄断行为的溢出性，超出了单个国家或区域反垄断法之管辖范围，因而对于欧盟航运竞争政策的变革是否能取得国际社会的普遍共识还存在较大的不确定性。不可否认的是，虽然欧盟吹响了海运业放松管制的号角，但是仍然保留了某些必要的垄断因素。反映到法律制度层面上，便是反垄断法中的适用除外制度，尤其是对航运联营体的豁免，这也将在下文中展开详细的论述。

二、美国航运竞争法律制度

(一)美国航运竞争法律制度的历史沿革

　　美国的航运竞争立法主要体现在其航运法中，至今共有三部航运法，分别为《1916 年航运法》《1984 年航运法》和《1998 年航运改革法》。其中《1916 年航运法》作为世界上第一部严格意义上规制班轮公会和班轮运输领域的卡特

---

　　①　Commission Guidelines on the application of Article 81(3) of the Treaty OJ 2004 C101/97.

　　②　Guidelines on the applicability of Article 81 of the EC Treaty to horizontal cooperation agreements OJ 2001 C3/2.

　　③　Commission Regulation (EC) No.2658/2000 on the application of Article 81(3) of the Treaty to categories of specialization agreements OJ 2000 L304/2.

　　④　Commission Regulation No.2790/1999 on the application of Article 81(3) of the Treaty to categories of vertical agreements and concerted practices OJ 1999 L336/21.

　　⑤　Commission Guidelines on Vertical Restraints OJ 2000 C291/1.

尔行为的专门立法,是在 1914 年《亚历山大报告》所提出的建议基础上形成的。[①] 在对待班轮公会的态度上,美国竞争监管当局从一开始就认为尽管考虑到国际班轮运输的市场结构和班轮公会的积极意义,也不能赋予公会在美国进出口贸易运输中享受过分的自由,应该对其活动施加一定的限制并置于公共控制之下。为此,成立了全新的监管机构——美国海运理事会(United States Shipping Board,USSB)。[②] 依据《1916 年航运法》,班轮公会不得采取战斗船和延期回扣制,合同运费制只有在一家公司经营的独占航线上才视为非法。对于限制竞争协议应向 USSB 备案,由主管机关根据个案分析其对市场的反竞争效果以决定是否享有豁免。此外,还要求涉及美国进出口航线上的班轮公会采取开放式,通过这种不同于传统封闭式公会的自由进出机制削减对市场竞争的负面影响。

在此背景下,班轮公会在美国对抗独立承运人的主要手段转为合同运费制,即通过规定合同运价和非合同运价两种价格来争取货载,控制双方交易。随着合同运费制的普遍使用,也引起了反垄断法的关注。1958 年美国最高法院受理了联邦海运理事会诉爱斯布朗森一案(FMB v. Isbrandtsen Co.)。[③] 爱斯布朗森是一家经营美国东海岸—日本航线的独立承运人,与日本/大西洋和海湾班轮公会存在着直接的竞争关系。因其采取的低价策略,获得了该航线上 30% 的市场份额。为此,班轮公会为了保持竞争优势,通过降低运费和合同费率的手段来捆绑货主。爱斯布朗森诉至 FMB,认为公会的做法违反《1916 年航运法》。FMB 驳回控诉,理由是合同运费制未被相关法律所禁止。该案诉至美国最高法院并获支持,判决认为:公会所采取的合同运费制,其目的在于扼杀竞争和市场机制的活力,阻碍经济运行效率,因其危害性构成违法性。然而,美国国会考虑到该案的潜在影响力,在暂时保留合同运费制的基础上授权两个国会委员会展开了对班轮运输业的全面调查。一个是议员波纳主持的航运与渔业委员会下属的特别小组委员会,负责审查合同运费制;另一个是议员塞勒主持的司法部反垄断小组委员会,负责审查班轮运输业中的一般

---

① Luis Ortiz Blanco, *Shipping Conferences under EC Antitrust Law: Criticism of a Legal Paradox*, translated by Andrew Read, Oxford/Portland: Hart Publishing, 2007, p.30.

② USSB 在 1950 年改名为联盟海运理事会(Federal Maritime Board,FMB),这也是现在美国联邦海事委员会(Federal Maritime Commission,FMC)的前身。

③ FMB v Isbrandtsen Co, 356 US 481(1958).

竞争问题。[①] 最终两个委员会出具调查结论,波纳委员会认为:传统的竞争规制不适用于班轮运输领域,美国的海运政策应保留对班轮公会的特殊优惠待遇,认可合同运费制的合法性。塞勒委员会在认可前者结论的基础上指出,班轮运输领域一定程度的限制竞争是有必要的,但是应适度。虽然班轮公会体制会影响有效竞争和经济效率,但是考虑到国际航运环境和美国自身利益不建议取消对其的豁免。同时,还建议强化主管机关的监管职权。

基于以上两个报告,美国国会于 1961 年颁布了航运法修正案,即所谓的"波纳法案"(Bonner Act)。[②] 根据该法案,设立联邦海事委员会(FMC),负责监管外贸海运业务。继续保留对班轮公会的反垄断豁免,合同运费制在一定条件下被承认合法。公会运价本要提交 FMC 报备并公之于众,FMC 对于向其报备的公会协议予以批准的标准在《1916 年航运法》第 15 条的基础上增加了"公共利益"(public interest)标准。依据 FMC 和美国最高法院在 Svenska 一案中的解释,"公共利益"首先应考虑协议是否符合反垄断法中对于垄断行为的认定,其次应考虑该行为是否为国际班轮运输以及为确保重要公共利益所必需,并且有助于促进监管目标之达成。[③] 在权衡利弊的基础上,决定是否授予豁免。

"波纳法案"强化了 FMC 对公会运价的直接干预,激化了承运人的不满情绪。异议集中在两个方面:一是公会协议的报备批准程序太过复杂,影响承运人及时快速地根据市场变化采取相应的对策;二是审批标准不够明确具体,是否获批无法预见,即便批准,仍有可能卷入反托拉斯诉讼程序。[④] 以英国为首的一些欧洲国家和日本也对此提出抗议,认为美国的规定侵害了他国的司法管辖权。在当时国际班轮运输仍处于较宽松的反垄断规制背景之下,"波纳法案"所采取的相对严格的反垄断审查政策并没有刺激美籍商船队的地位和承运比例,反而自 20 世纪 70 年代以来面临持续下降的不利局面。[⑤] 为了克服前述不足和适应国际航运市场发展的需要,并缓和与航运协商组织(CSG)成员之间的紧张关系,《1984 年航运法》应运而生。从内容上,该法再次重申

---

　　① Report of the Advisory Commission on Conferences in Ocean Shipping,April 10,1992,Washington,D.C. pp.7~8.

　　② Pub. L. 87-346,§2,75 Stat 762,763(1961).

　　③ FMC v Aktiebolaget Svenska Amerika Linien 390 US 238(1968).

　　④ 於世成:《美国航运法研究》,北京大学出版社 2007 年版,第 29 页。

　　⑤ 王杰、王琦:《国际航运组织的垄断与竞争》,大连海事大学出版社 2000 年版,第 98 页。

了班轮公会的附条件豁免权,并将之扩大到多式联运协议。通过独立运价制和特约合同制来弱化班轮公会的垄断色彩,禁止公会采用忠诚契约的手段争揽货源。为了平衡承托双方之间的关系,还赋予托运人协会以合法地位。另外还进一步明确了报备、调查、听证、审批程序以及豁免条件等方面的制度设计。在协议审查标准方面,由 FMC 负责举证证明"协议对运输服务水平可能产生不合理的降低或者对运输成本产生不合理的上涨"①。"波纳法案"中的"公共利益"标准不再适用。通过放宽审查标准和重新分配举证责任来顺应国际海运自由化的发展趋势。

《1998 年航运改革法》,全称为《1998 年远洋航运改革法(修正 1984 年航运法)》[The Ocean Shipping Reform Act of 1998 (modifying The Shipping Act of 1984),以下简称为 OSRA],于 1999 年 5 月 1 日生效。根据该法第 2 条立法宗旨的声明中可知,相较于《1984 年航运法》,OSRA 增加了一项内容,即第 4 款:"通过竞争的、有效率的、更大程度上依赖于市场机制的远洋运输,促进美国出口的增长和发展。"②其核心目的在于提高美国国际航运市场的竞争程度。为此,通过改革服务合同制度、取消船公司的运价登记、实行更广泛和灵活的独立行动等措施以建立公平竞争机制,禁止公会对托运人协会、货运中间商和无船承运人采取歧视性行为以及禁止公会限制其成员订立个别服务合同的自由。从 2001 年 FMC 发布的中期报告来看,③OSRA 的实施明显提升了美国国际航运市场的竞争活力,涉及美国航线的班轮公会数量从 1997 年的 32 个下降到 2000 年的 22 个。大部分承运人协议的内容也由原先的价格相关转为服务相关,运费率和服务条件变得更加市场化。FMC 所采取的电子化备案模式也导致了标准格式合同条款向个性化方向发展。综观 OSRA,其秉承了美国政府一贯主张的放松管制、促进公平和商业基础的自由竞争之立法理念,对于振兴美国商船队,保护和促进开放贸易具有积极意义。但是,该法并没有取消对班轮公会的反垄断豁免制度,取而代之的是更为严格的监管策略。

(二)美国航运竞争法律制度的组成

美国航运竞争法律制度主要由两个层次组成:一是国会制定的法律,即以

---

① Shipping Act 1984,s 6,46 USC 1705(g).

② Ocean Shipping Reform Act of 1998,s 2(4).

③ The Impact of the Ocean Shipping Reform Act of 1998(Federal Maritime Commission,Washington DC,September 2001),p.41.

《1984 年航运法》和《1998 年航运改革法》为主,还包括其他法律中涉及国际航运竞争管制的内容;二是联邦海事委员会制定的实施规章。[①] 两者共同构成美国航运市场竞争规则的核心内容。

相较于欧盟航运竞争法律制度,美国的航运竞争法具有如下特点:

1.仍然保留了班轮公会和其他国际航运协议组织的反垄断豁免制度,并没有追随欧盟采取激进的改革措施,将班轮公会的活动纳入一般竞争法规则的调整框架之下。反垄断豁免的范围也更为广泛,并将之延伸到码头业务。

2.采取集中式的特别立法模式,即通过专门的航运市场秩序维护法——航运法来加以调整航运市场经济关系,包括航运垄断行为、运价管理制度、反垄断豁免制度、监管程序以及法律责任等。

3.从审查程序来看,美国采取的是事前审查机制。对于远洋公共承运人之间的协议、海运码头经营人协议应向 FMC 报备。FMC 依据 OSRA 第 5 条的规定对此类协议进行审查,决定是否批准。相对而言,欧盟则采取的是事后审查机制,依据第 1/2003 号条例,协议无须提前报备反垄断监管部门,而是通过相关指南和条例等明确承运人协议享受反垄断豁免的前提和条件,通过法律的明确指引来发挥承运人的自我评估机制。反垄断主管机关通过事后的效果评价即是否具有"阻碍、限制或扭曲共同体市场内部的竞争为目的或产生此类效果"抑或"可能影响成员国之间的贸易"为依据来决定是否纳入第 81 条和第 82 条的管辖范围。

4.从竞争效果分析来看,欧盟对于航运经营者协议的强行法介入很大程度上依赖于对市场边界和市场份额的界定,通过从地理和产品上对协议或一致行动影响的市场进行经济分析来对案件进行处理。但从 OSRA 的规定来看,类似的市场解构并没有清晰地体现出来,依据 OSRA 第 10 条对于禁止行为的规定来看,FMC 更多侧重的是考察航运垄断行为的类型以及是否具有限制竞争的目的、是否满足相应的程序条件来加以判定。

---

① FMC 制定的实施规章共计 21 个,其中与航运市场竞争规则直接相关的有第 520 节——承运人运价本自动公开系统、第 525 节——海运码头经营人收费规则、第 530 节——服务合同、第 531 节——无船承运人服务协议、第 535 节——远洋公共承运人和码头经营人协议等,具体内容可参见於世成:《美国航运法研究》,北京大学出版社 2007 年版,第 35～37 页。

三、澳大利亚航运竞争法律制度

澳大利亚作为传统的原料生产大国,一直以来十分关注航运与贸易的传导关系。一方面,海运运费的稳定有助于本国产品的出口。另一方面,运费的价格竞争给欧美竞争对手的工业制成品涌入本国市场提供了便利,给本国产业的发展带来了冲击。因此,在其竞争法——《1974 年贸易行为法》(*Trade Practices Act 1974*,TPA)中有专门针对国际班轮货物运输管制的内容,即该法第 10 章,也被称为《国际班轮货物运输法》。

《1974 年贸易行为法》集竞争法与消费者权益保护法于一身。在该法第10 章规定了班轮公会的反垄断豁免制度,给予豁免的理由同样是出于维护运价和服务的稳定性。1999 年 9 月,澳大利亚生产力委员会发布了关于《1974 年贸易行为法》第 10 章的评估报告。[①] 报告肯定了班轮公会对提供规律性班轮运输的积极作用,并认为其构成解决班轮运输市场不确定性的有效手段。同时指出,取消班轮公会将导致航运经营者在激烈的市场竞争环境下通过并购等形式以谋求市场的垄断地位,市场的集中化程度并不会因此而下降。因此,建议仍然保留对班轮公会的反垄断豁免。随着国际班轮运输业的发展,监管机关也意识到班轮公会协议对国际班轮市场的限制,并重新审视现有的第10 章对澳大利亚海运业的影响,于 2005 年 10 月再次发布评估报告。[②] 报告建议,应在衡量公共利益和限制竞争效果的基础上,有选择地采取个别豁免的模式来批准承运人协议。只有存在"净公共利益"(net public benefit)[③]的前提下才可以授权协议享受豁免。

2010 年,澳大利亚发布了经修订的 1974 年贸易行为法第 10 章,共分为

---

① Productivity Commission,International Liner Cargo Shipping:A Review of Part X of the Trade Practices Act 1974,Report no. 9,15 September 1999,at XXIV-XXVI.

② Productivity Commission,2004 Review of Part X of the Trade Practices Act 1974:International Liner Cargo Shipping,Report no. 32,Feb. 23,2005,available at http://www. pc. gov. au/inquiries/completed/cargo-shipping-2005/report/partx. pdf,last visited on Aug 20,2015.

③ "净公共利益"取决于对航运经营人协议的"双刃剑"效应进行评估,如果其对于班轮运输服务质量的提高所带来的影响超过其利用市场支配力所攫取的超额收益,那么可以认定为具有"净公共利益",具体的评价标准有待监管部门加以细化,并通过通知、备案、授权等一系列程序规定加以体现。

15 个部分。其中第 5 部分第 13.14 条规定了可以豁免的公会协议类型，[①]包括涉及澳大利亚航线的海上货物运输服务、装卸服务以及澳大利亚范围之外的运输服务。如果港口之间的运输构成进出澳大利亚的班轮运输的一部分，也可以豁免。就提单运输费用和运输服务设定条件的协议亦可豁免，但并不包含公会成员和第三方海运辅助人之间签订的单独协议。此外，豁免协议必须到澳大利亚运输与地区服务部（Department of Transport and Regional Services，DOTARS）进行报备，并且在登记之后需经过 30 天等待期方可享受。如果协议变更，应重新报备。另外，第 10.41 条还要求报备的公会协议应在与托运人协商谈判的基础上达成，以保护托运人的利益。

四、日本航运竞争法律制度

日本是一个典型的海岛型经济国家，从明治维新以来，对具有重要战略意义的航运产业一直奉行的是保护主义色彩浓厚的海运政策。根据 1949 年制定，2015 年最新修订的《海上运输法》第 28 条至第 32 条，符合一定条件的国际班轮运输协议可以纳入《禁止私人垄断及确保公平交易法》的豁免范围，理由主要基于三点：保障班轮运输服务的稳定性、促进本国班轮运输经营者推行国际化战略、与国际立法经验相接轨。[②] 从豁免的条件来看，协议不得对运输服务使用者的利益造成不当损害、不得采取歧视性待遇、不得对加入和退出协议施加不当的限制以及应具有实现目的的最低要求。对于不符合条件的协议，国土交通大臣可以命令当事人变更或者取消。[③] 此外，无论是批准抑或是取消豁免，都应报备公平交易委员会，通过双重审查机制来确保航运市场竞争的有序进行。

针对欧盟航运竞争立法的变革，日本公平交易委员会下属的政府管制与

---

① Trade Practices Act 1974，Act No.51 of 1974 as amended (Compilation prepared on 19 Apr.2010)，available at https://www.comlaw.gov.au/Details/C2010C00331/Html/Volume_2，last visited on Aug 20，2015.

② 外航海運における船社間協定に係る調査報告書，日本海事センター，海運問題研究会・海運経済問題委員会，平成二十年（2008 年）4 月，http://www.jpmac.or.jp/research/pdf/93.pdf，p.9.

③ 海上運送法(昭和二十四年（2012 年）六月一日法律第百八十七号)最終改正：平成二十七年（2013 年）六月二六日法律第四八号，第二十九条，http://http://law.e-gov.go.jp/htmldata/S24/S24HO187.htm.

竞争政策研究会在征求各方意见的基础上于 2006 年 6 月发布了一份《外航海运的竞争现状及竞争政策问题》的调研报告,并建议在给予一定宽限期基础上取消对国际班轮运输的反垄断豁免制度。[①] 为此,公平交易委员会会同国土交通省在综合评估各国立法动态、国际航运市场形势以及对日本经济的影响等多重因素之后,作出现阶段仍然保留豁免的决定,但是禁止双重运费制并通过提高经济处罚的标准以及严格监管程序等措施来限制协议对航运市场的负面影响。

五、新加坡航运竞争法律制度

新加坡位于马六甲海峡的东部,具有得天独厚的地理区位优势,但其被世界公认为重要的国际航运中心更取决于准确的政策定位。新加坡实行的自由港政策,包括自由通航、自由贸易、允许境外货物、资金自由进出,对大部分货物免征关税等都积极促进了航运服务业的迅速发展,并衍生了诸多附加业务和功能。航运业对新加坡的社会经济贡献巨大。

正是因为一直以来采取的航运自由化政策,新加坡对国际班轮运输并无专门立法。2004 年 10 月 19 日新加坡议会通过了《竞争法》(*Competition Law*),但是电信、新闻、交通、邮电、能源、环保等 10 个"重要行业及领域"并未纳入调整范围,而是由所属行业的管理机构根据行业立法加以调整。2006 年 1 月生效的《竞争(班轮运输反垄断豁免)条例》,给予国际班轮运输协议反垄断豁免。[②] 新加坡竞争委员会(Competition Commission of Singapore)对此给出的解释是,考虑到航运业的国际化程度以及对新加坡的重要意义,对班轮运输业给予某种程度的豁免是国际航运竞争立法的长期惯例。虽然存在取消豁免的政策变化,但是从班轮运输业整体的法律环境来看,结合新加坡的具体情况以及承托双方的意见,保留豁免将有助于新加坡航运市场的稳定。

---

① 外航海運の競争実態と競争政策上の問題点について,政府規制等と競争政策に関する研究会,平成十八年(2006 年)6 月,http://www.jftc.go.jp/soshiki/kyotsukoukai/kenkyukai/kiseiken/jokyo/061124.files/061124siryo1-1.pdf.

② CCS Explanatory Note on the Competition(Block Exemption for Liner Shipping Agreements)Order 2006,available at https://www.ccs.gov.sg/legislation/~/media/custom/ccs/files/legislation/block％ 20exemption％ 20order/explanatory20note20website. ashx,last visited on Aug 25,2015.

本章小结

　　本章的主要任务是研究国际航运竞争的法律基础,这部分包含国际立法与国内立法,为后面章节专门探讨航运竞争实体和程序规则提供制度性指引。"他山之石,可以攻玉。"要弥补本国法律的不足,需要学习和借鉴相关国际立法经验,但是法律移植乜需要考虑文化土壤和移植时机,简单的复制可能会带来"橘生淮南则为橘,生于淮北则为枳"的变异。基于航运竞争法的产生背景和全球化趋势,无论是以欧美为代表的航运发达国家,还是像我国这样的发展中国家,在对待航运领域的反垄断行为的态度上具有很大的相似性。"变异"并非来源于基本理念,往往产生于配套制度的滞后。因而,有必要从立法思想、关键概念的理解和立法技术等方面剖析国际航运竞争的法律框架:

　　首先,在国际层面上,《联合国班轮公会行动守则公约》作为唯一全面规范班轮公会的国际性法律文件对班轮公会这一国际航运垄断组织本身以及世界各国相关法律的制定产生了重要的影响。此外,世界贸易组织、经济合作组织也有相关规定涉及航运垄断与竞争,并倡导和推进海运服务自由化进程。

　　其次,在区域层面上,欧盟作为最具影响力的区域性组织,在航运竞争领域从早期缺乏对共同海运政策的共识依赖于自我调节机制到现在的纳入一般竞争法的调整框架,其政策与法律的多元化和前瞻性以及区域合作方面的丰富经验,给其他国家的政策制定与修改提供了可供参考的样本。虽然从整体上看,欧盟一贯秉持开放的市场理念,但是并不排斥采取折中的产业保护措施,例如延缓在沿海运输领域引入充分竞争、承认一定条件下的补贴和国家援助措施,公共服务义务的豁免等,这些都体现了产业政策与竞争政策的融合与协调。

　　最后,在国家层面上,美国作为传统的货主大国,在反托拉斯的法律框架下通过专门的航运立法,对班轮公会及其限制竞争政策采取严格的管制措施。随着国际航运业的放松管制趋势,美国通过《1998 年航运改革法》在保留班轮公会反垄断豁免的前提下,进一步削弱班轮公会的控制力,发挥市场机制的导向作用,以促进国际航运市场的竞争。作为重要海运国家,澳大利亚、日本和新加坡的航运竞争法律制度同样值得关注。

第三章

航运竞争法之实体法律制度

第一节　航运垄断协议及其法律规制

古典经济学家亚当·斯密在其代表作《国富论》中对垄断协议有一段经典的论述："从事相同贸易的人们即使是为了娱乐和消遣也很少会集会在一起,聚会的结果不是阴谋对付公众,就是筹划抬高价格。"[①]从目前的航运实践来看,航运经营者往往采取合作协议的方式来加强彼此之间的联合,以抵御市场风险,增强企业竞争力。

其成因主要基于以下几点:(1)国际航运市场尤其是班轮运输市场具有寡头垄断的结构特性。市场集中程度较高,运力规模由少数几家企业占据支配地位,因而竞争者之间的市场关联度和竞争依存度也相对较高,垄断协议的订立和维持所需的交易成本相对较低。(2)航运市场的需求弹性有限。按照经济学的一般理论,市场需求和价格之间呈现负相关的逻辑关系,经营者可以通过降价策略以获得更多利润。然而航运需求作为贸易的派生需求,且具有一定的经济周期性,即使经营者采取降价竞争行为,也未必能刺激消费者的需求量,反而引起其他竞争对手的报复性削价行为。因此,为了避免恶性竞争,采取垄断协议更能保障经营者之间的切实利益。(3)运力过剩的市场供给条件。对规模经济效应的不断追求,导致了船舶大型化趋势的愈演愈烈,三大主力船型的单船吨位屡创新高。新船订单的接连交付和节能减排技术的运用使得运力严重超出市场需求,航运经营者面临着沉重的成本压力。这也促使经营者

---

① Adan Smith, *The Wealth of Nations*, Canaan ed, 1937, p.128.

为争取更多市场份额,采取联合策略,从事协同性行为。(4)国际航运成本结构的差异性较小。从航运成本的构成来看,尽管因船舶类型和航行区域等方面的不同会有所差异,但从总体上看,航运企业的成本结构一般由资本成本、经营成本和航次成本三部分组成。相似的成本结构和产品差异性,有助于最优卡特尔价格的达成,也越容易达成垄断协议。因此,航运垄断协议成为各国航运竞争法的重点规制对象。下文拟从航运垄断协议的概念和特征入手,采取类型化研究的方法,结合相关典型案例,分析现行国际航运垄断协议的法律规制路径。

一、航运垄断协议的概念

要探究航运垄断协议的概念,首先应明确何谓"垄断协议"。虽然各国竞争法在基本原则及理论依据方面存在诸多相似性,但是因各国文化传统、法律体系、市场经济发展程度以及立法目的等因素上的客观差异,对于垄断协议的界定还是有所不同的。因此,通过考察典型市场经济体对垄断协议的内涵与外延之表述,总结和梳理航运垄断协议的概念范畴。

从国内外层面来看,对于经营者之间合意限制竞争行为的称谓,主要有以下几种表述:(1)美国《谢尔曼法》第 1 条中使用的合同(contract)、联合(combination)以及共谋(conspiracy),此外还有学者所使用的协议(agreement)、横向协议(horizontal agreements)、纵向协议(vertical agreements)、横向限制(horizontal restraint)和纵向限制(vertical restraint)等用语。[①] 这类行为的目的在于为达成限制贸易或商业而共同计划实施的相互约束,并产生了阻碍或减少竞争的效果。(2)《欧盟运行条约》(*Treaty on the Functioning of the European Union*)第 101 条(原《罗马条约》第 81 条)中使用的一致行动(concerted practice),并通过一系列案例确立了一致行动的判定标准,即不需要形成协议,只要有通过合作来消除相互竞争风险的意图,并巩固了一致行动者的市场地位,同时限制了消费者的选择自由就构成所禁止的对象。[②] 此外,还有

[①]　［美］E.吉尔霍恩:《反垄断法律与经济》(影印本),中国人民大学出版社 2001 年版,第 223、286 页。

[②]　典型案例有欧洲法院在"染料案"(Dyestuffs Case)中指出,协同行为的目的在于将《罗马条约》第 81 条第 1 款的禁止性规定扩大到企业间尚未达成协议的协调方式。参见：ICI v. Commission (Case 48/69),［1972］ECR 619,para.64. 其他类似案件还有：［1972］ECR 655；CMLR 622；［1975］ECR 1916；CMLR 405.

经营者之间的共谋行为(collusive behavior),包括横向协议(horizontal agree-ments)和纵向协议(vertical agreements)。这些协议因产生市场排斥力(market foreclosure),故而成为反垄断法的规制对象。(3)德国 2005 年修订后的《反限制竞争法》第 1 条规定:"企业之间达成的协议、企业联合组织作出的决议以及联合一致的行为,如以阻碍、限制或扭曲竞争为目的或使竞争受到阻碍、限制或扭曲,则予以禁止。"(4)法国《公平交易法》第 7 条使用了"非法联合行为"这一用语,侧重从行为的效果即阻碍、限制市场竞争来加以判断企业联合行为的合法性。(5)日本《禁止私人垄断及确保公平交易法》第 2 条第 6 款将该类协议界定为"不正当交易限制",除了强调行为的反竞争效果,还对行为方式进行了列举式说明,如"共同决定、维持或提高交易价格,对数量、技术、产品、设备或交易对象等加以限制"。(6)韩国《规制垄断与公平交易法》第 19 条使用的"不正当的共同行为",列举了 8 种禁止结成或维持的行为类型。(7)我国《反垄断法》第 2 章明确将经营者之间的合意限制竞争行为界定为"垄断协议",具体指排除、限制竞争的协议、决定或其他协同行为。除此之外,还有在实践中大量使用的"卡特尔协议"这一术语。

不难看出,虽然各国关于垄断协议的称谓或命名纷繁各异,但是其中还是存在诸多共性的:第一,从垄断协议的主体范围指出,垄断协议是由两个或两个以上且相互独立的经营者或行业协会达成的。主体具有复数性和独立性。第二,从垄断协议的行为类型指出,垄断协议包括决定、决议、协议或其他协同行为。第三,从垄断协议的法律约束力指出,垄断协议是主体之间合意达成的且具有相互制约性的行为,这也是区别于其他竞争手段例如滥用市场支配地位的重要体现。[①] 第四,从垄断协议的竞争抑制效果指出,垄断协议在相关市场产生了限制、扭曲市场竞争的后果。因此,结合以上分析,垄断协议是复数经营者或行业协会之间合意达成的,以限制或减损竞争为目的且具有相互制约性的决议、协议或其他协同行为。具体到航运领域,航运垄断协议也应符合垄断协议的构成要件,即两个或两个以上相互独立的航运经营者或航运组织之间经过意思表示一致达成的具有相互约束力的,以妨碍、限制航运市场竞争为目的的协议或其他协同行为。

---

① 王玉辉:《垄断协议规制制度》,法律出版社 2010 年版,第 16 页。

二、航运垄断协议的种类及反竞争效果

航运垄断协议的类型化研究,主要有两种模式:一是以宏观视角下的组织形态作为划分标准,将航运垄断协议分为班轮公会协议、协商协议、运营协议、航运联营体协议、码头经营人协议等。典型表现为欧盟第 1419/2006 号条例取消了对班轮公会协议的整体豁免,但仍然保留了对航运联营体协议的整体豁免。二是以微观视角下的协议内容作为划分标准,将航运垄断协议分为固定价格协议、技术合作协议、信息交换协议、统一运输条件协议、合理化协议、联合抵制交易协议等。① 由于组织形态本身的边界不清,真正给竞争带来损害和威胁的是垄断行为而非垄断结构,因此采取以协议内容为主要分类标准的行为主义规制模式更具有科学性和合理性。

(一)固定价格协议

根据 1998 年经合组织发布的《理事会关于打击核心卡特尔的有效行动建议》(以下简称《建议》),固定价格(Price Fixing)协议作为核心卡特尔(Hard Core Cartel)的典型形态,一般是指竞争者之间达成的提高、固定或维持其产品或服务价格的协议。② 固定价格协议往往附带有限制产量协议,原因在于价格上涨容易刺激产量的增长,而产量的增长不利于维持价格协议的稳定性,因而经营者通过最大限度地控制产品的供给量来取得稳定的高价。由于班轮运输市场具有寡头垄断的市场结构,加之长期面临慢性产能过剩的矛盾和高昂的固定成本压力,船公司之间的相互依存度较高。在此背景下,容易导致竞争的不稳定。因而,接受一个价格—产量分配规则,允许航运经营者在获得一个竞争性的回报率的同时来提供服务,将会是更好的选择。但是,背离此类协议的动机也很强,相关市场内的运力或运价的变更要考虑竞争对手的反应,一旦价格削减到接近于边际成本,将使得航运企业难以获得足够的收益以维持运营和投资于固定资产。为了避免激烈竞争而引起的价格战,船公司往往联

---

① 王秋雯:《论国际航运垄断协议之竞争规制》,载《中国海商法研究》2014 年第 4 期。

② Council of OECD, Recommendation of the Council Concerning Effective Action against Hard Core Cartels (adopted by the council at its 921ˢᵗ Session on 25 March 1998 [C/M (98) 7/PROV]), c(98) 35/FINAL, OLIS:13-May, Dist.: 14-May-1998.

合起来采取共同的运价策略。

固定价格的目的可以通过多种手段达成,其中最有效的无疑是直接固定商品或服务的市场价格,作为班轮公会基本政策的运价协议即是体现。按照公会成员的"多数表决通过原则"制定运价,以公会运价本(表)的形式公布,各成员必须依据运价本(表)的规定收取运费。运费结构由基本运费和附加运费组成。基本运费是对任何托运货物所计收的运费,根据基本运价和计费吨计算。附加运费主要包括燃油附加费(Bunker adjustment factor,BAF)、货币贬值附加费(Currency adjustment factor,CAF)、码头作业费(Terminal handling charges,THC)、港口拥挤附加费(Port congestion surcharges,PCS)等,是依据货物种类和服务内容,结合不同情况加收的运费。

由于运价竞争对运费率的上涨具有显著的抑制效应,因而运价协议成为减少公会内部竞争的有效手段而被广泛使用,并有助于公会成员获取正常竞争之外的超额利益。为此,在公会内部还建立相应的组织机构和惩罚、监督机制来禁止成员破坏卡特尔垄断的行为。① 然而,由于卡特尔的天然不稳定性以及托运人组织所施加的压力,价格协议中还包含有运价调整程序的内容,并且通过运价动议制和独立行动权制来赋予公会成员一定的自由,以维持班轮公会对运价的控制。② 此外,随着班轮公会逐步衰弱而出现了一种更加开放式的,保证运价和盈利水平的运价稳定协议,虽然未直接制定并强制执行统一运价,但是通过自愿遵守(Self-Policing)原则,允许协议方自由讨论运价的制定和遵守,实质上仍然是一种运价操纵手段。

由于固定价格协议限制和损害了市场的价格机制,扭曲了市场的价格信号,市场丧失了合理配置资源和实现消费者福利的原动力。不仅不利于社会福祉的实现,还阻碍了相关商业贸易的健康发展。③ 对于发展中国家而言,航

---

① Trans-Atlantic Conference Agreement,n. 3,supra,Art. 5(1)(c)(1);Far East Trade Tariff Charges and Surcharges Agreement,n.7. supra,Annex Ⅱ.

② 运价动议制是指当会员外船大幅降价导致公会在该航线的承运份额下跌至 70% 以下,任一成员公司可以提出议定新运价的动议,只要有另外一两家公司同意并附议,新运价即可在附议 30 天后生效,效力及于全体成员,这种做法主要见于欧洲班轮公会;独立行动权制是指允许成员公司独立采取与公会不同的运价,在发出通知 30 天后生效,此种做法主要见于美国班轮公会。具体内容参见,王杰、王琦:《国际航运组织的垄断与竞争》,大连海事大学出版社 2000 年版,第 14 页。

③ 金美蓉:《核心卡特尔规制制度研究》,对外经济贸易大学出版社 2009 年版,第 29～30 页。

运市场的国际性使得国界成为划分相关市场且不易被发现的天然平台,各国不同的司法制度又为航运垄断组织逃避司法管辖提供了良好的契机,因此固定价格协议成为阻碍其参与国际竞争的屏障和壁垒。也正因为如此,固定价格协议被视为国际社会公认的危害最为严重的卡特尔行为之一,也被各国普遍单列出来作为反垄断豁免的特别适用对象。

(二)技术合作协议

随着集装箱班轮运输的发展,一方面船舶大型化带来了显著的规模经济效应;另一方面,不同于其他有形产品,运输服务具有不可储存性,边际成本较低,因而舱位的合理使用成为船公司追求利润增长所需要切实考虑的问题。然而,协调规模经济与舱位利用率之间的矛盾,保证服务的稳定性和规律性并非仅靠公司内部就能解决,更多依赖的是航运企业之间通过港口互补、船期协调、舱位互换、信息共享等技术合作协议来加以解决。

从目的上看,技术合作协议旨在实现技术改进和技术合作,而非限制与扭曲正常竞争。因而往往成为各国反垄断豁免的适用对象。例如欧盟 2008 年《有关海上运输适用欧共体条约第 81 条的指南》中就明确指出,不涉及价格、运力或其他竞争要素的特定类型的技术协议和执行环境标准的航运协议可以属于豁免的范畴。[①] 欧洲法院也通过一系列决定和案例肯定了这一点。[②] 虽然并没有从立法上明确技术合作协议的内涵与外延,但是普遍认为,技术合作协议不涉及统一定价,而是通过多种形式的联营来整合船舶与陆上设施等相关资源,实现优势互补,并以较少的投入来享受规模经济的好处并满足托运人的需求,故其对于服务质量的提高和透明度的完善有益。

(三)信息交换协议

随着各国在航运领域反垄断执法力度的加大,以固定运价、运力和划分市场份额为核心的水平协议因其显著的反竞争效果成为重点规制对象。航运企业直接达成垄断协议的违法成本和风险较高,因而更具有隐蔽性的信息交换

[①] Guidelines on the Application of Article 81 of the EC Treaty to Maritime Transport Services, OJ C 245, 26.9.2008, Para.35.

[②] Far Eastern Freight Conference(FEFC), OJ 1994 No. L 378, pp.17~36; Far East Trade Tariff Charges and Surcharges Agreement (FETTCSA) decisions, OJ 2000 No. L 268, pp.1~34; CASE T-229/94 Deutsche Bahn v Commission [1997] ECR, II-1689.

协议（Information Exchange Agreements）成为国际航运经营者协调与控制市场的有力工具。就某种意义上而言，航运联盟的有效性取决于成员信息交换的可能性。只有承运人之间共享关于配载计划、日程安排和其他一系列操作问题的信息时，才能优化船舶共享。只有在合作伙伴协调公平分配成本和利润的基础上，才能实现持续合作。这些都依赖于对竞争对手成本结构的了解。然而，并非所有的信息交换协议都具有竞争抑制之目的，同样存在竞争中立甚至有助于效率提高之协议。因此，如何对国际航运经营者之间交换的敏感信息和反竞争效果进行界定，成为探讨信息交换行为适法与否的关键。

航运企业间信息交换协议是具有直接或间接竞争关系的经营者之间，以特定的方式，相互交换相关市场信息的行为。交换信息的方式具有多样性，既可以是双边的，也可以是单边的，例如通过行业协会组织论坛为会员交换相关市场信息提供平台，或者通过行业网站提前发布价格上涨通知或行业新闻访谈等诸多形式来传递价格信号。固定价格协议并非价格卡特尔的唯一途径，航运经营者之间协调价格策略的信息交换协议也可能产生价格同盟的效果。因此，目前各国反垄断执法机关对于价格协议的审查重点由直接的固定价格（price fixing）转为间接的释放价格信号（price signalling）所引起的反竞争效果评估。例如，欧盟委员会 2013 年 11 月 22 日宣布正式启动对几家集装箱班轮运输公司的反垄断调查，其认为公司关于价格变动的公开声明（public announcements）可能违反《里斯本条约》（TFEU）第 101 条和《欧洲经济区协议》（EEA）第 53 条的规定。[①] 这些公司通过官方网站或专业的贸易出版机构定期公布运价上涨的意图，并包含上涨幅度和实施日期，公告通常于实施日期前几周发布。委员会担心这种做法将公司未来的价格意向在竞争者之间传导，达成合作以消除相互竞争风险的目标，限制消费者选择经营者的自由。

总体而言，考察信息交换协议的适法性，要结合个案综合考虑协议的整体内容和实施情况，包括交换信息的敏感度与透明度、市场结构、信息交换的频率等。[②] 由于经济行为之间具有相互依赖性，搜集竞争对手关于市场地位及商业运营计划等方面的信息对于制定各自的市场战略具有重要意义。如果是

---

① "Antitrust：Commisssion opens proceedings against container liner shipping companies"，IP/13/1144，22 November 2013，available at http://europa.eu/rapid/press-release_IP-13-1144_en.htm.

② Guidelines on the Applicability of Article 101〔TFEU〕to horizontal cooperation agreements〔2011〕，OJ C 11/1，para.74-75.

在一个高度竞争的市场环境中,信息透明不致构成影响竞争的绝对威胁。[1]
但是,对于国际班轮运输市场这样一个高度垄断的市场结构,信息交换协议的
存在将有助于通过商业安排来减少本应存在于市场上的一些不确定因素,并
且通过提前预测使一致行动(concerted practice)简易化,将自主竞争导向共
同定价的经营策略。其中涉及的关键问题之一在于经营者之间交换的敏感信
息之界定。法院的司法实践表明,信息的商业敏感度越低,承运人之间的信息
交换协议违反反垄断法的可能性就越低。[2] 一般而言,关于运价、运力等重要
经营信息以及涉及未来商业计划,尤其是定价计划和调整幅度等方面的信息
往往被认定为属于敏感信息。在某些特定情况下,有关运力统计、市场份额排
名等未涉及运价的非个体化信息(non-individualized information)也有可能产
生实际或潜在的反竞争效果。对于此类信息的效果评估还应结合相关市场的
结构加以判断,例如采用经济学中的"比例增减法"(sliding scale),即相关市
场的竞争程度越低,共享的信息构成商业敏感信息的可能性就越高。

(四)统一运输条件协议

除了价格因素之外,班轮运输的服务水平也是重要的竞争要素,在运价趋
于一致的情况下,托运人可以通过考察不同班轮公司所提供的运输服务来选
择更具竞争优势的承运人。然而,当班轮运输经营人达成统一运输条件协议
或者组织联合销售服务时,实质上变相剥夺了更具有效率的承运人的潜在优
势地位,给效率欠佳的承运人提供了保护的温床,同时限制了托运人选择的自
由。从协议内容来看,主要针对运输条件、承运人责任、提单条款、运费支付条
款、服务合同条款、船舶舱位配置、港口装卸等内容采用一致的货运单证格式
来统一服务标准。[3] 值得注意的是,随着集装箱运输的普及和发展,服务质量
方面的竞争正逐步弱化。原因在于采用集装箱这一标准化的运输方式之后,
对于运输工具和港口装卸方面的要求具有高度相似性,承运人之间所提供的
服务趋同化现象明显,因而服务质量因素在竞争中所占比重日渐缩小。

此外,协议各方班轮运输服务水平的整合还可以通过成立联合销售机构

---

[1]　Cases C-7/95 P & C-8/95 P John Deere v. Commission [1998] ECR I-13111,
[1998] 5 CMLR 311, para. 88.

[2]　Guidelines on the Application of Article 81 of the EC Treaty to Maritime
Transport Services, OJ C 245, 26.9.2008, Para.59.

[3]　Trans-Atlantic Conference Agreement, n. 3, supra, Art. 5 (c); United States
South Europe Conference Agreement, FMC No.202-011587, Art.5(1)(a).

或采取一致的市场营销策略来实现。这一手段有可能因限制成员方采取独立经营权而被纳入各国反垄断法的规制对象。因此,在这种情况下,评估协议各方是否享有独立制订市场运营计划的空间和自由成为界定适法性与否的关键,而不仅仅考虑其反竞争效果。例如欧盟法院在 Belasco 一案中指出,服务水平标准化协议和联合销售措施的目的如果旨在取消各成员方之间服务的差异性和消除彼此之间的竞争,将被认为违反 EC 条约第 81 条第 1 款的规定。[①] 虽然统一运输条件协议和技术合作协议都涉及运输服务水平的内容,但是相较于以优化航运资源配置,提升成员方整体服务质量为目的的技术合作协议,统一运输条件协议更加侧重的是在成员方之间达成服务标准的平衡,其所采取的是一个折中产物,即相对较低的各方都能接受的标准,因而不利于产业发展和竞争促进。

(五)合理化协议

由于航运垄断组织的成员公司所具有的市场份额、运力水平、服务质量、经营管理方针等有所不同,单纯对运价进行协商并达成一致的运价协议并非易事,因而对涉及商业运营事项的相关竞争要素进行协调并达成合理化协议(Rationalization Agreements)成为消除彼此之间成本和利润差异的有力工具。例如泛大西洋公会协议(Trans-Atlantic Conference Agreement,TACA)在其章程中明确指出,通过调节各会员的班期、班次、挂靠港口、货载份额、收入分配来缓解市场运力过剩的局面,以实现北大西洋航线的稳定。[②] 典型的合理化协议主要包括运力管理、市场分割以及收入分配三个方面的内容。

运力管理在实践中可以通过运力管理计划(capacity management pro-grammes,CMP)加以实现。其目的是通过人为限制市场运输供给,造成运力短缺的局面,使运价维持在期望水平。如前文所述,冻结运力往往与固定运价相联系,因而常被认为构成影响有效竞争的消极因素,与旨在减少额外成本开支,避免运力过剩的短期运力调整有所区别。相较于协定运价,运力管理更易在成员内部达成共识,对于维持运价水平更加有效,但是受运价上涨的刺激,违背 CMP 的风险和概率也随之加大,驱动成员方加大运力投放,又会带来新一轮的运价回落。然而,不可否认的是,基于国际班轮运输市场独特的市场结

---

① Belasco and Others v. Commission:Case No.246/86〔1989〕ECR 2117,〔1991〕4 CMLR 96,ECJ.

② Trans-Atlantic Conference Agreement,n.3,supra,Art.5.3.

构,当出现季节性或周期性航运市场萧条时,适当地削减运力不失为扼制恶性竞争、节约运营成本、优化资源配置的有效手段。因此,对于运力管理协议的反竞争效果评估不能一概而论,而是应结合市场情况、协议的目的和效果来综合加以判断。

市场分割的主要目的在于通过经营者之间的协议,分配各自的市场范围,相互约束彼此的经营活动,限制内部的货载竞争,从而维持共同的垄断利益。这种对相关市场的分割,一方面不利于技术革新,阻碍经济效率的提高;另一方面严重剥夺了消费者的选择权。从手段上看,市场分割多表现为地域市场分割(Geographic Market Sharing)和货载分配(Cargo-Sharing Agreements)两个方面。由于班轮运输是以航线作为营运区域的划分标准的,因此地域市场分割既可以存在于同一航线内部,也可以存在于不同航线之间。前者旨在划定成员方的装卸港口范围以限制其活动区域,后者旨在限制和阻止协议外部的独立承运人进入各自航线的活动区域。例如 CEWAL 一案,三家班轮公司 Cowac、Ukwal 和 Cewal 达成协议,各自在专属的航线内享有专有的经营权,其他经营者不得参与经营,从而将欧洲大西洋海岸划分为若干区域,达成排除、限制彼此间竞争的效果。[①] 至于货载分配,实质上是对相关产品市场的划分,往往出现在运力过剩的局面下,在协议各方之间划定一定比例的货载额度和浮动比例,浮动比例内的实际装运量将作为下一个时期分配比例的依据。相较于运力管理,货载分配更加具有灵活性,允许协议方根据航运市场变化加以调整且不依赖于各方达成的一致。值得指出的是,货载分配不同于货载保留。货载保留一般是作为国家航运产业政策,运用行政、法律和经济手段等保护本国航运企业的发展,以保障重要战略物资的安全运输。对于这样一种具有普遍意义的政策调节手段,往往不被列入反垄断法的适用范围。[②] 然而,当反竞争效果并非单纯由于国家强制行为所致时,同样将被纳入法律的调整框架之下。

收入分配一般与运力管理、市场分割紧密相联,它是将超过货载配额的成员运费收入用以弥补未达到货载配额的成员损失以及补偿前者运输超额货物

---

① Cewal, Cowac and Ukwal (CEWAL), Commission decision 93/82/EEC, OJ [1993] L034/20, n.84, supra, § 38.

② 典型案例参见:Case No. T-513/93 CNSD v. Commission [2000] ECR Ⅱ-1807, § 58; Case No. C-202/88 France v. Commission [1991] ECR Ⅰ-1223, [1992] 5 CMLR 552, § 55; Case No. T-228/97 Irish Sugar v. Commission [1999] ECR Ⅱ-2969, [1999]5 CMLR 1300, § 130.

所支出的相关费用。通过这种方式,可以有效避免成员之间因受制于配额限制而倾向于高价货物、舍弃低价货物的经营策略。因为收入分配机制的存在,使得所承运货物种类的选择变得并不那么重要,相较于经营管理水平更加高效的经营者而言,对于低效承运人显然更能从中受益。虽然收入分配有助于解决航运卡特尔协议因经营成本和利润分配机制等带来的不稳定问题,但是这种集体利益最大化的均衡一方面不利于技术革新和消费者福利的提高,另一方面容易催生显著的排斥外部竞争措施例如掠夺性定价。因此从反竞争效果而言,需要结合价格卡特尔、运力限制卡特尔和市场分割卡特尔等综合判断。

(六)排他性协议

以班轮公会为代表的国际航运垄断组织为了垄断市场和攫取稳定利润,往往通过排他性协议与托运人在交易时约定,交易方不得与自己的竞争对手进行交易,从而保证货源,减少竞争者的交易机会。由于该协议在一定程度上对提供同类具有竞争关系服务的航运经营者的经营活动施加了限制,并阻碍了托运人与第三方经营者交易的自由。作为这种选择权折损的对价,承运人往往提供相应的折扣费率。排他性协议的表现形式主要有运费延期回扣制(Deferred Rebate System)、忠诚契约(Royalty Contract)和双重运费制(Dual-Rate System)。

根据美国《1984年航运法》的定义,"延期回扣系指公共承运人返还某托运人之部分运费,以酬谢该托运人在一固定期间内交付其全部或部分货载给该承运人或其他公共承运人。此项回扣延迟至该支付运费的运送服务完成后,且托运人承诺未来将继续交付货物于该承运人或其他公共承运人时才予支付"。[①] 从该定义中可知,延期回扣制除了规定在指定期间(designated period)内,托运人应将所有货物交由公会船运送,为了领回一定比例的运费回扣,在与指定期间相连续的延长期间(deferment period)内,放弃与会外船交易的机会,仍使用公会船,才可取得。这种做法因构成了对替代性流通途径的限制,故成为各国反垄断法的规制对象予以禁止。

忠诚契约是指托运人与海上公共承运人所订立之合同或协议,依此托运人同意交付其全部或固定比例之货载给该承运人,借以取得较低之费率。[②]相

---

① US Shipping Act 1984,section 3(9).

② US Shipping Act 1984,section 3(13).

较于延期回扣制,忠诚契约施加给托运人一项排他性使用承运人服务的法律义务,并以契约形式加以固定,对托运人的约束力更强。双重运费制是采取合同运价和非合同运价的形式,如果托运人与公会签订将全部货物交由公会船运输的合同,托运人就可以享受比非合同运价更为低廉的合同运价。上述两种方式的共性在于托运人只要作出排他性承诺,就可以享受到直接的、即期的折扣费率,而且均以书面合同的形式加以订立。这两点也是区别于延期回扣制的主要不同。

对于排他性协议的反竞争效果评估,一般根据市场的相应结构予以认定,关键是判断同类竞争业者是否具有其他替代性的流通途径。除此之外,还需要考虑托运人选择其他公共承运人的运价优惠是否能抵消其所面临的违约成本的问题。介于公会在其运营航线上的优势地位,一方面给其他竞争业者设置了一定的进入障碍,另一方面即使其他竞争业者具有替代性的流通途径,也未必能吸引托运人以破坏排他性协议,承担其中的惩罚性条款为代价与之订立运输合同。故有必要根据个案结合相关市场的集中程度、承运人市场支配力的强弱以及其他竞争者参与市场自由竞争的影响程度来综合加以判断。

(七)联合抵制交易协议

联合抵制交易协议,又称为共同交易拒绝(Boycott),是指经营者与竞争者共同阻碍新经营者加入该市场或排除市场既存经营者的行为。航运领域中联合抵制交易协议的典型表现形式是战斗船(Fighting Ship)协议。战斗船系指在某一特定航线上远洋公共承运人或若干远洋公共承运人为排除、防止或减少竞争而将另一远洋公共承运人驱逐出该航线所使用的船舶。[①] 具体策略是当公会控制的航线上出现非成员公司的运营船舶时,公会派遣特定船只采取与会外船相同的船期、挂靠港口等,并以不高于会外船的运价来争夺货源。通过反复的削价竞争,不计成本与利润,直至将会外船逼出航线或接受公会条件,而战斗船的损失由其他公会成员承担。[②] 由于此类行为具有把被拒绝的航运经营者从特定航线排挤出去的恶性效果,往往被认为具有严重的竞争抑制性,从而成为各国反垄断法的规制对象,例如美国早在《1916 年航运法》中就已明确禁止采取战斗船的做法。

---

① US Shipping Act 1984,section 3(10).

② 王杰、王琦:《国际航运组织的垄断与竞争》,大连海事大学出版社 2000 年版,第 19 页。

三、航运垄断协议的法律构成

(一)主体要件

如前文所述,航运垄断协议是由复数且具有独立性的航运经营者或航运组织之间合意达成的。对于经营者之范围界定成为判断航运垄断协议是否存在的前提和基础。从各国的反垄断立法实践来看,主要采取概括式和列举式两种立法模式。前者如我国《反垄断法》第 12 条规定:"本法所称经营者,是指从事商品生产、经营或者提供服务的自然人、法人和其他组织。"后者如我国台湾地区"公平交易法"第 2 条规定:"本法所称的事业如下:(一)公司;(二)独资或合伙制工商行号;(三)同业公会;(四)其他提供商品或服务从事交易之人或团体。"此外,还包括通过典型案例而非立法来明确经营者内涵与外延之做法,例如《欧共体条约》第 81 条未对何谓经营者(undertakings)作出定义,而是通过一系列案例来确立经营者的认定标准可以依赖组织形态、权利能力等综合加以判定。[①] 由于国际海上货物运输所涉及主体众多,各主体之间法律关系复杂,在界定限制竞争的行为主体时,是仅指同一交易阶段的航运经营者,还是包含不同交易阶段的经营者,例如港口和航运基础设施运营方通常为国有主体,其与航运公司之间处于不同的经济层次、没有直接竞争关系但是有买卖关系,对于这种上下游经营者之间的垂直协议是否应纳入航运垄断协议的范畴立法并没有明确。

以目前的司法实践来看,航运垄断协议的法律规制主要集中在对横向水平协议的限制上,但是随着航运反垄断立法的特殊规制路径如反垄断豁免特权的削弱,航运经营者之间的水平合作范围和内容都受到了很大程度上的制约,因而作为替代策略的垂直整合与合作的比例逐步上升。究其原因在于港口作为重要的国家基础设施,虽然越来越多的港口成为独立商业实体,但是在与承运人的谈判中仍处于显著优势地位,加之受到货载保留政策的影响,一些受制于靠泊条件和运力的港口,更容易强化其准垄断实体的法律地位。故对于船公司而言,要想在激烈的市场竞争中脱颖而出,加强与港口、码头的合作、大力发展港口增值业务以协调其全球物流服务网络成为重要的经营策略。垂

---

① A. Jones & B. Sufrin, *EC Competition Law: text, cases and materials*, 3ʳᵈ ed. Oxford: Oxford University Press, 2007, 128 et seq.

直整合的风险在于其可能降低整个运输系统的弹性。航运、码头装卸和内陆运输的集成将使得整个运输链掌握在少数几个参与者手中，为网络攻击创造了巨大的杠杆作用，如果运输链是用数据化连接的尤为如此。

　　航运领域的垂直垄断协议一般表现为纵向价格垄断协议和纵向非价格垄断协议两种类型。判定标准主要涉及港口在收取港口费用时是否构成剥削性（Exploitative conduct）或排他性行为（Exclusionary conduct）。[①] 前者针对的对象为消费者，采取诸如不合理的垄断高价，抑或是对不同的航运经营者采取歧视性定价等行为来产生市场排斥效果；后者针对的对象为竞争者，采取掠夺性定价、独占交易等利润挤压（margin squeeze）手段将同类型的其他港口排挤出下游市场。相较于剥削性行为，排他性行为的法律定性更多体现为滥用支配地位的行为，这部分将在下文中进一步阐述。

　　（二）行为要件

　　航运垄断协议的行为要件体现为经营者之间达成了某种形式的共谋，即基于共同的意思表示采取了相互制约彼此间经营活动的行为。这种意思表示可以通过协议、协同行为以及决议加以表现。协议（agreements）强调的是明示的合意，书面或口头均可。相较于合同而言更为宽泛和富有弹性，只需证明一方当事人自愿"限制其在与另一方进行活动中的自由"即可构成。[②] 此外，协议的意思表示一般系平行，需求具有同一性，这与合同的意思表示系对立，需求则互为相反不同。[③] 从垄断协议的缔结目标来看，经营者旨在通过共同实施限制彼此之间的经营活动，来达到维护垄断利益之目的，因此从各国反垄断法律规定中一般都采用"协议"而非"合同"一词。

　　协同行为（concerted practice）又称为"默示共谋"（tacit collusion），强调的是默示的合意，即经营者之间事前通过意思联络，事后实施了限制经营活动的共同行为。协同行为的违法性更为隐蔽，执法机关或相关当事人取得直接证据加以认定的难度更大。而且，对于协同行为的认定很容易与平行市场行为（parallel market conduct）和追随行为相混淆。三者区别的关键在于是否

---

　　① Christian Filippitsch & Ian Giles. Vertical Issues: Dominance，Cooperation and Vertical Integration. In Philip Wareham（Ed.），*Competition Law and Shipping*，Cameron May Ltd，2010，pp. 240-243.

　　② 孔祥俊：《反垄断法原理》，中国法制出版社 2001 年版，第 361 页。

　　③ ［日］林诚二：《民法债篇总论》，中国人民大学出版社 2003 年版，第 18 页。

存在意思联络。如果没有主观的合作意图,在事先并无共谋的情况下其他市场主体也同时采取相同或相似的市场行为,或者因单个经营者采取市场行动,而引起的其他经营者的追随行为,不构成协同行为,也不受反垄断法有关垄断协议规定的规制。这一点在国际班轮运输市场体现得尤为明显,原因在于班轮公司作为资本密集型企业,进入和退出壁垒高,行业内任何一家企业变更运力或运价均会给竞争对手带来连锁反应。在这样一个寡头垄断市场,价格博弈是主要的竞争手段和经营策略。因此对于意思联络的认定成为判断协同行为是否存在的前提和基础。

(三)效果要件

作为主管机关考量航运垄断协议是否可以享有反垄断豁免的重要因素,对相关市场有无产生限制竞争的效果往往成为判断的主要依据。因而,就法律构成而言,效果要件是必不可少的组成部分。例如 EC 条约第 85 条第 1 项规定:"禁止可能给成员国之间的贸易带来影响,并妨碍、限制、扭曲共同体市场的竞争机制,或达到同样效果的协议、决议及协同行为。"对航运垄断协议的效果分析,一般借助经济学方法对利益关系方所产生的实际影响来加以衡量。主要包括承运人、托运人和整个社会公共福利。

对于承运人来说,航运垄断协议的目的在于两个方面:一是通过航运资产联合扩大服务的特定贸易航线以降低市场风险、节约运营成本、提高服务水平;二是通过市场控制力的集中来对运费等进行限制,以获取稳定的利润。协议对于竞争的影响取决于市场控制力的强弱,这既需要考虑协议的凝聚力,即"内部竞争"的程度,又需要考虑承运人的市场占据率的总和在全体市场中的比例。由于航运垄断协议的类型具有多样性,对市场竞争机制的侵害作用各有不同,对市场支配力进行判断时,相较于单纯以市场份额的量作为基准,更侧重的是对市场整体所带来质的变化,例如给其他经营者带来实质性阻碍、是否产生追随性的协同行为等。

对于托运人来说,航运垄断协议所带来的影响也并非都是负面的,也有可能因此而受益。通过整合服务网络和规模化经营,承运人提高运营效率,以较低的运费率提供更优质的运输服务,这必然传导给服务的使用者。而且随着托运人组织话语权的提升,其在协议缔结的过程中愈来愈多的参与和互动,也有助于平衡和抑制承运人单方市场力量的扩张,达成妥协的立场。因此,航运垄断协议的效果评估还应考虑与托运人之间的利益关联性。

除了承、托双方之外,还有一个重要的评价对象就是对社会公共福利的影响。如前文所述,航运垄断协议可以使承运人降低运营成本,从规模和范围上提供更优质的服务,但是同时过度追求市场力量也会给航运市场的竞争秩序带来严重的危害。尤其是当航运垄断协议的主体是外国航运经营人时,还应考虑对本国航运产业的冲击。从对竞争减损效果的评价指标来看,除了考察市场份额、准入壁垒、对关联市场的潜在影响之外,监管部门在批准时还会考虑是否有不至于引起同样竞争损害的其他可供选择的替代手段,例如"协商协议"或"航线稳定化协议"在反竞争风险方面就比传统的以运价、运力控制为主要手段的班轮公会协议要小得多。

四、航运垄断协议的法律规制路径——类型化基础上的制度构建

(一)航运垄断协议的违法判定规则

反垄断法作为市场经济国家的基本法律制度,其任务在于"防止市场上出现垄断,以及对合法产生的垄断企业进行监督,防止它们滥用市场优势地位"①。然而,并非所有的垄断行为都纳入《反垄断法》的规制对象范畴。文本的规范供给和规制的法治需求之间的矛盾,需要制定相关的标准来限制那些应该禁止的行为类型。因此,虽然凝结了不同的价值追求,但是总体而言,垄断协议的违法判定规则主要有本身违法原则②和合理原则两种。前者是指不论垄断协议的限制竞争效果如何,只要有这类协议就视为违法,强调事实定位;后者指垄断协议被确认为违法必须导致对竞争的不当排除和限制,既包括"排除、限制之目的",也包括"排除、限制之效果",因而需要进行具体的市场分析,侧重价值判断。两者的主要分歧在于对市场行为的定性是否应考虑目的和效果。

本身违法原则的优势在于可以给案件的处理提供明确的指引并具有可预见性,提高司法裁判的效率。适用于具有实质性的严重危害市场竞争的行为,具体到航运垄断协议而言,固定价格、统一运输条件、市场分割、战斗船协议等

---

① 王晓晔:《反垄断法律制度》,载王晓晔:《王晓晔论反垄断法》,社会科学文献出版社 2010 年版,第 7 页。

② 本身违法原则(per se illegal rule)是美国法院在长期反垄断司法实践中逐步发展而来的,在各国的反垄断法中普遍为为认定垄断协议违法与否的判断标准,名称有所差异,如在日本名为"原则违法原则",德国称为"禁止原则",欧盟为"黑色豁免条款"等。

因其明显的反竞争效果且无助于经济效率和社会福利,往往被反垄断执法机关认定为违法。但是由于缺少必要的经济分析,采取一刀切的方式认定行为违法,在一定程度上忽略了垄断协议达成时复杂的经济社会因素,而且因航运企业的限制和反竞争行为的国际化,这些行为的经济影响容易跨越国界而不受一国法律的束缚。因此从公平正义的理念出发,在合理原则的框架下更能对航运垄断协议的违法性进行准确界定,也可以有效协调法律规制的刚性和政策弹性之间的矛盾。但是,合理原则需要复杂的经济分析,增加了诉讼成本,具有一定的不确定性,很大程度上依赖于反垄断执法机关自由裁量权的行使。正是因为两者各有利弊并相互补充,从现代反垄断法的立法趋势来看,都注重对两个原则的融合与协调。① 既可以避免因法律封闭性与现实案件的具体情势不相容而造成判决结果的不合理,也可以避免因多元"可变价值"而衍生的不确定性。

结合上文分析,随着产业政策向竞争政策的转型以及放松管制的国际化趋势,以运价、运力控制为主要手段的航运垄断协议逐渐失去法律的庇护,托运人更追求可预见和透明的航运成本和实际服务价格。因此,对于严重窒息内外竞争的传统班轮公会协议,因其损害非垄断成员以及广大消费者的利益,在司法实践中通常适用本身违法原则,认定其构成对契约自由的滥用,不具有合法性。然而,对于通过运力共享、挂靠港口互补等技术合作协议和信息共享协议为主的航运联盟协议,执法者需要综合分析其福利影响才能作出是否违法的判断。如果限制竞争的行为未产生实质性的负面影响,抑或是虽然在一定程度上限制和阻碍了竞争,但是其实施有利于消费者福利和社会公共利益,有利于推动竞争在更高层次上运行,经过权衡利大于弊的,都可视为合法。② 行为的垄断表象并不必然等同于限制竞争的实质。例如航运联盟通过资源共

---

① 典型表现有美国司法实践中的"附随性限制论"(ancillary restraint doctrine),即如果协议的目的是正当的共同经营活动,其结果给竞争带来附随性限制时,该协议的合法性应按照合理原则进行判断。但是,如果目的是直接对竞争进行限制,那么依据本身违法原则认定。具体内容参见王玉辉:《垄断协议规制制度》,法律出版社 2010 年版,第 164～166页。此外,美国司法部和联邦贸易委员会 2000 年 4 月发布的《竞争者之间合谋的反托拉斯指南》中也提到了合理原则与本身违法原则之间在适用上并没有确定的界限,两者的实质都在于分析限制措施对竞争的影响,另外还规定了"安全区"以提高合理原则的可预见性,即协议各方的市场份额不超过相关市场的 20%,一般不会受到执法机构的指控。王先林:《竞争法学》,中国人民大学出版社 2009 年版,第 246～247 页。

② 王保树:《经济法原理》,中国社会科学文献出版社 1999 年版,第 230～231 页。

享降低了运营成本,扩大了服务范围,强化了生产要素的配置效能,在提高服务质量的同时也有助于经济效率的实现。因而,在航运竞争法架构中宜做反垄断豁免的处理。通过界定本身违法原则和合理原则的适用情形,针对不同种类和性质的航运垄断协议采用繁简程度不同的处理模式,可以更加准确和灵活有效地运用反垄断执法资源。

(二)航运垄断协议的证据规则

经济学家侧重于对反垄断行为引起的市场效果进行成本收益分析,通过一系列理论模型的解构,来得出市场机制运行的最优或较优的结论。然而,反垄断执法或司法机关在对垄断行为进行法律规制时,更加注重的是经营者之间达成的协议或意思联络的证明,即合意的证据。[1] 证据是证明案件事实的依据,是诉讼的核心问题,全部诉讼活动基本上都是围绕着证据的搜集和运用来进行的。从各国立法实践来看,单方行为(unilateral conduct)和集体行为(collective conduct)的证据规则是存在显著差异的。[2] 两者的区别主要在于证明的侧重点不同,前者只有在利用市场支配地位达到对市场竞争的控制与操纵时才纳入监管范围;后者主要通过协议或默契配合等形式达到限制竞争的目的,因此证明参与企业之间存在串通合谋的合意(concurrence of wills)是适用反垄断法进行规制的前提和重点。

目前全球海运市场仍处于漫长的调整期,受航运贸易格局的变化和经济结构调整的影响,供求失衡、运价低迷、成本上涨、利润空间紧缩等现实问题倒逼航运企业通过不断的产业链整合和企业合作来谋求生存和发展。从班轮航运业的合作方式来看,主要有企业间的横向合作协议和向上下游延伸的纵向合作协议。由于垂直一体化战略对企业的整体经济实力要求较高,尤其是在航运业这一典型的资本密集型领域,实现难度较大。因而,仍以横向合作协议为主。

从上文对航运垄断协议的行为要件分析可知,经营者之间共谋的意思表示可以通过协议、协同行为以及决议加以表现。按照证据的证明作用和方式,可以分为直接证据和间接证据。对于涉及运价和运力调整的班轮公会协议、承运人协会的决定及相关会议记录、参加协议的当事人的证人证言等,都可以

---

[1] 王玉辉:《垄断协议规制制度》,法律出版社 2010 年版,第 195 页。

[2] [美] E.吉尔霍恩:《反垄断法律与经济》,中国人民大学出版社 2001 年版,第 223页。

作为认定航运垄断协议存在的直接证据。但是，由于直接证据面临的反垄断指控风险较大，采取更加隐蔽和不易察觉的方式更加有助于协议目的的实现。例如，通过竞争对手释放的价格信号和评估相关市场条件来预测今后的价格走势并采取一致的定价策略。在这种情况下要证明存在意思表示一致的构成要件并非易事。尤其对于互相依存的寡头垄断市场而言，由于价格信息公开程度较高加之竞争者数量有限，经营者的降价策略会刺激需求的大幅扩张，进而影响竞争对手的市场份额，此时其他竞争者会对市场形势作出快速反应同步施以相应的降价对策以抵消前期的竞争压力。① 正因为预计到了这一点，班轮运输经营人往往用合作来消除相互竞争风险的意图，而且无须形成协议就能达到普遍共识。因此如何判断经营者之间的一致行为究竟是独立的商业决策还是垄断协议范畴下的协同行为成为反垄断法实践中面临的重要问题。

意识到依据直接证据规制垄断协议之不足后，法院在实践案例的积累和摸索中，不断总结得出默示共谋(tacit collusion)的可能出现情形。例如，成本降低时的共同提价、人为限制产品供应、规定非正常的销售条件等。通过对大量间接证据②的推理得出经营者之间存在相互关联而非独立地进行商业决策，并导致竞争风险丧失的事实结论。典型表现有经营者通过参加行业会议讨论价格产量等信息，了解彼此的态度和策略等。③ 欧盟委员会在Dyestuffs④一案中认为，分散在欧洲5个国家的染料生产大企业试图将染料价格稳定在一个非竞争水平，并巩固一致行动者的现有地位，损害了共同体市场中商品有效的自由流动，限制了消费者选择供应商的自由，这种不具有协议的联合限制竞争行为违反了欧共体竞争法的禁止性规定，应受到处罚。该案强调了意思联络在认定协同行为中的作用，这种意思联络的证据可以通过诸如主导企业的预先声明，相关市场参与者行为一致等客观事实加以推定。

因此，从证据标准的构建来看，应基于"意思联络＋信赖预期"的模式加以

---

① L. O. Blanco, translated by A. Read, *Shipping Conferences under EC Antitrust Law：Criticism of a Legal Paradox*, Hart Publishing, 2005, pp.586～590.

② 美国证据法上将其称为"情况证据"(Circumstance Evidence)，日本称为"状况证据"，还有学者译为"环境证据"，参见肖建华：《美国证据法上的情况证据》，载《人民法院报》2004年第6期。

③ 陈云良、陈婷：《垄断协议中协同行为的证明问题研究》，载《政治与法律》2008年第10期。

④ 关于Dyestuffs一案的情况，参见王晓晔：《欧共体竞争法》，中国法制出版社2001年版，第94～100页。

主客观衡量。正是卡特尔成员之间相互信赖的存在,共谋才是一个理性的策略,也是区分垄断协议与个体行为的关键。[①] 此外,从举证责任的承担来看,由于垄断协议的行为主体较之受损害一方相对强势,加上公开的卡特尔行为隐性化,由原告来证明协议的存在或者被告在某一非法安排上达成了合意较难实现,不利于受控的违法行为得到有效遏制。故结合国际立法经验,适当吸收和借鉴其他部门法中的举证责任倒置不失为理性选择。《最高人民法院关于审理因垄断行为引发的民事纠纷案件应用法律若干问题的规定》第7条明确指出,被诉垄断行为属于《反垄断法》第13条第1款第(1)项至第(5)项规定的垄断协议的,被告应对该协议不具有排除、限制竞争的效果承担举证责任。欧洲法院在 SACEM 案[②]中也采取了举证责任倒置的方法,如果被告能够证明相同行为是基于对市场分析而采取的合理经营行为,协同行为不能被假定为存在,否则可以推定行为具有违法性。

(三)航运垄断协议的监管模式

政策法规的实施、航运市场的管理、航运行为的规范离不开有效的航运监管。根据航运活动的特点,航运监管是政府利用行政资源和行政手段,从维护航运主体的公共利益和国家整体利益出发,纠正或缓解市场失灵与市场缺陷带来的不经济和不公正,从而维护航运市场秩序的稳定。[③] 从监管的手段和工具来看,主要有审核审批、标准认证和规划管理。

根据世界航运竞争两大监管法域欧盟和美国的经验来看,其对航运垄断协议的监管呈现两种不同的模式。欧盟将航运垄断协议交由竞争监管机构负责,采取事后监管模式。第4056/86号条例对航运垄断协议实行双轨制管理。一方面针对技术合作协议,不适用欧共体条约第81(1)条,因为这类协议的目的在于设置船舶、设备等的统一标准,有助于航运服务的改善和透明化,而非限制和扭曲市场竞争。[④] 另一方面针对非技术性协议,例如固定运价、统一运输条件、收入分配、运力管理等,其目的在于改变市场竞争格局,从而使垄断协

---

① [英]奥利弗·布莱克:《反垄断的哲学基础》,向国成等译,东北财经大学出版社2010年版,第134页;[美]基斯·N. 希尔顿:《反垄断法——经济学原理和普通法演进》,赵玲译,北京大学出版社2009年版,第109页。

② Valentine Korah, *Cases and Materials on EC Competition Law*, Sweet & Maxwell, 1996, p.196.

③ 王学锋:《航运公共管理与政策》,上海交通大学出版社2011年版,第59页。

④ Article 2 of the Regulation 4056/86 (a) and (f).

议的主体利益最大化。因此,对于此类协议的豁免需要进行严格的限制。一是在没有正当理由的前提下不得滥用联合力量对托运人及港口方造成不合理的歧视。[①] 二是对于忠诚契约的使用,不得阻碍托运人自由选择其他附属服务如内陆运输、码头仓储等,即禁止市场力量从海上延伸到其他与之相联的附属市场。[②] 此外,对于申请豁免的航运垄断协议若委员会未提出反垄断兼容性方面的异议则在 90 天届满时授予。

第 1/2003 号条例生效后,协议的主体无须事先通知,但需要在协议实施前进行潜在违法风险的兼容性检查,即针对法律风险的自我评估。为了帮助协议方进行有效的自我评估,欧盟委员会 2007 年 10 月发布《关于海上运输适用〈欧共体条约〉第 81 条的指南》。虽然指南没有法律约束力,但是却具有重要的指导价值。指南将可以享受豁免的航运垄断协议分为三大类:(1)狭义的技术协议,即旨在实现标准化合作且不在第 81(1)条调整范围之内的协议。(2)合乎竞争规则的信息交换协议,例如共享文件系统、协调时间表等,具体评估因素需考虑市场结构(集中程度的高低)、所交换信息的敏感程度(是否涉及成本、运价、运力等)、所交换信息的数量以及频率等。(3)联营协议,结合市场份额及其他市场因素加以判断。

整体而言,欧盟对航运垄断协议的法律监管体现了竞争规则特点,在运力持续过剩的市场背景下,对无效率船东的保护无疑不利于营造和维护良性有序的竞争环境。在尊重“相互排斥”的竞争过程和“优胜劣汰”的竞争结果的基础上,通过竞争法规和相关明确具体的实施指南,以明确“正当利益”“相关市场”、集中申报标准、豁免适用情况等诸多问题,对航运经营者进行规制和引导,使其依法进行市场竞争活动。

相较于欧盟,美国作为联邦制国家实行的是统筹管理的水上交通运输管理体制,由隶属于国会的联邦海事委员会对航运垄断协议实施监管。采取以协议报备制度为基础的事前监管模式。满足反垄断豁免实体性条件的航运垄断协议还需向联邦海事委员会航线分析署(Bureau of Trade Analysis,BTA)进行报备或登记。报备的目的在于提前审查有关协议的适法性,预先避免存在对市场竞争秩序造成妨碍的协议内容。[③] 根据《1998 年航运改革法》第 5 条的规定,收到报备协议后,联邦海事委员会应对远洋公共承运人达成的协议和

---

① Article 4 of the Regulation 4056/86.

② Article 5 para.3 of the Regulation 4056/86.

③ 於世成:《美国航运法研究》,北京大学出版社 2007 年版,第 80 页。

有关活动进行审查和管理,并依据可获得性和准确性标准对承运人的运价本公布系统进行监督。① 在协议报备或生效之后,仍可基于市场分析,对实质上构成反竞争和扭曲市场的行为寻求适当的禁止性救济(injunctive relief)。② 鉴于美国现代航运立法的目标由产业保护转向追求竞争高效、更大程度上依赖了市场机制的运输体系以满足对外贸易和国家安全的需要。因此立法上也逐步减少对远洋公共承运人的行政控制,将监管降至最低限度。航运垄断协议不得阻碍协议成员与托运人订立服务合同的自由,但可以就合同条款和程序规定自愿性指导规则(voluntary guidelines),这类规则应以保密方式向委员会备案。

虽然欧盟和美国对于航运垄断协议的法律监管体现了不同的规制路径,但是都反映了国际航运业放松管制的立法趋势,即保护主义和政府干预的逐渐减少。典型表现诸如严格限制对航运垄断协议授予反垄断豁免的条件、对班轮公会成员独立行动权以及服务合同私密性的维护、确保公会成员无障碍退出等。航运市场自由竞争所带来的经济高效有助于为托运人提供更好的个性化服务,但也会边缘化部分中小承运人和港口运营商,进而加剧航运市场力量的集聚。在此背景下无疑会加强对竞争规制的依赖。因而从航运垄断协议的监管模式来看,事后规制相较于事前规制方式更符合航运市场的特点,有助于对航运垄断行为的全方位管理,也体现了航运垄断协议的公法规制模式的未来走向。

第二节 航运领域滥用市场支配地位及其法律规制

一、航运领域界定相关市场的维度与权衡因素

竞争法的核心目标在于构建和维护良性有序的竞争格局和竞争环境,因而对于经营者扰乱市场竞争秩序的行为要通过反垄断法律规范及相关政策来加以规制和引导。界定一个市场主体的行为是否属于法律所禁止的不合理垄

① OSRA,Section 5(a)(b)(c).
② OSRA,Section 6(h).

断行为,往往将其置于一个具体的市场背景之下来进行判断,即所谓的"相关市场"。可以说,"相关市场"的范围确定是反垄断执法机关及法院对市场行为进行准确定性的前提和基础。OECD曾明确指出:"任何类型的竞争分析的出发点都是'相关市场'的界定。"①只有在合理确定相关市场之后,才可以进一步明确企业是否具有支配地位及是否具有滥用性质。

对于航运领域滥用市场支配地位的垄断行为而言,首先需要考虑的是行为本身与考察的市场范围即竞争区域之间的关系。一般而言,如果市场范围越大,企业的支配地位越不容易获得,竞争性企业之间难以构成竞争约束,获得反垄断执法当局批准的可能性就越高。否则,构成不合理垄断行为的概率就增大。但是,市场范围是一个具有裁量性质的主观判断,具有一定的不确定性。从各国司法实践经验来看②,界定相关市场所选择的方法主要采取二分法即从产品和地理两个维度进行划分,关键在于寻求一个对涉案产品具有替代效用的最大产品范围或者最大地域范围。

(一)航运领域相关产品市场的界定

航运业隶属于交通运输服务业中的水运行业,因而从严格意义上说,航运领域相关产品市场实为相关服务市场。从目前大多数国家和地区的反垄断执法机关在界定相关产品市场时所侧重的分析思路来看,都倾向于依据产品替代性的程度来权衡相关市场的外延。例如欧盟1997年12月发布的《关于欧共体竞争法界定相关市场的委员会通知》指出,"相关产品市场是指根据产品的特点、价格以及用途,被消费者认为它们是可以相互交换或相互替代的产品和/或服务"③。在大西洋货柜航运公司诉欧盟委员会(Atlantic Container

① OECD, Glossary of Industrial Organization Economics and Competition Law, p. 54.转引自孔祥俊:《反垄断法原理》,中国法制出版社2001年版,第279页。

② 例如美国1997年横向兼并指南认为,"市场可以定位为一种产品或一组产品及生产和销售这种(些)产品的一个地理区域";欧盟《市场界定通告》规定,相关市场通常是指当事人在其中从事经营活动时的有效竞争范围和判定在各个当事人所经营的产品或服务之间是否存在竞争关系的场所。参见 Market Definition, Measurement and Concentration, Horizontal Merger Guideline, Section 1, para.3, revised on April 8, 1997; Commission Notice on the concept of concentration under Council Regulation (EEC) No.4064/89 on the control of concentration between undertakings [1998] OJ C66/5, [1998] 4 CMLR.586.

③ EU, Commission Notice on the Definition of Relevant Market for the Purposes of Community Competition Law, Ⅱ Definition of Relevant Market, Art.7. OJ C 372, 9.12. 1997.

Line AB v. Commission)一案中，[1]申请人认为委员会将相关服务市场界定为北欧—美加港口之间的集装箱班轮运输市场不准确，其所主张的集装箱运输可以替代散装运输，然而散装运输却并非集装箱运输的合理替代选择，这种单向替代(one-way substitutability)的思路不符合普遍接受的双向替代的经济分析方法。委员会则认为随着集装箱运输的普及和发展，一旦客户习惯并接受集装箱运输这种方式，很难再转向散装运输，除非货物种类不适于装箱，如超重超大的钢铁产品、建筑材料等。此外，受制于港口服务水平和交通基础设施也会影响集装箱运输的使用。但是，综合考虑到这两种服务的可替代性程度较低，因而仍属于不同的市场。在此之后的马士基/铁行渣华案(Maersk/PONL)中，[2]欧盟委员会仍然以单向替代的思路来分析冷藏集装箱和散货冷藏船之间的可替代性问题并得出相似的结论。

由此可见，航运业的相关产品市场需要考虑不同运输形式之间的技术可替代性(technical substitutability)，而且这种可替代性的界定往往局限在一个有限的范围。例如尽管集装箱运输的责任区间为门到门，涉及多式联运并包含陆路运输，但两者仍分属于不同的产品市场。[3] 回归到海运服务领域，货物类型(type of cargo)、船舶结构(type of ships)、服务种类(type of service)这三个主要的替代性分析因素对于相关产品市场的外延确定具有重要的价值。因此，反垄断执法机关或法院在处理此类案件时，需要借助物理特征分析货物在包装、装卸、积载、配载等方面对运输形式和船舶构造等方面的需求，以及消费者在选择定期船运输或是不定期船运输方面的偏好差异，并以此来确定与涉案企业的产品/服务具有替代性的相关产品/服务及它们在替代性方面的紧密程度。

除了上述对于不同运输形式之间的技术可替代性分析之外，还有一个重要的权衡因素是不同航线上服务的地理可替代性(geographic substitutability)。值

---

[1]　Case T-191 and 212 to 214/98，Atlantic Container Line AB and Others v Commission，[2003] ECR II-03275.

[2]　Commission Decision of 29 July 2005 declaring a concentration to be compatible with the common market(Case No.IV/M.3829 – MAERSK/PONL) according to Council Regulation（EEC）No.4064/89，para 13

[3]　典型案例还有 EATA 案，欧盟委员会认为虽然跨西伯利亚铁路运输也是一种替代方式，但是两者不构成有效竞争关系，因而不宜划入同一个相关产品市场的范畴。参见：Europe Asia Trades Agreement（EATA）：Commission decision 1999/485/EC，OJ [1999]L 193/23，paras 39 and 63.

得注意的是,此处的地理可替代性与下文相关地理市场的含义并不相同。海上运输服务是以航线为单位来进行运营的,即装卸两港的地理位置是界定相关产品市场的内在要义。相关地理市场则是指被诉企业进行产品或服务活动的区域,该地区的竞争条件充分同质,并与相邻地区的竞争条件明显不同。[①]因此,对地理可替代性的分析应侧重于对具体贸易航线的分析,如果航线两端的货源不平衡以及港口装卸效率水平上的差异都有可能被界定为不同的产品市场。在上文所提到的大西洋货柜航运公司案中,申请人认为地中海沿岸的欧洲港口可以和跨大西洋航线上的北欧港口替换。然而,欧盟委员会否定了这一点,认为由于消费者的需求不同,难以构成竞争关系,因而成为相关产品的可能性较小。[②]总而言之,在界定航运领域相关产品市场时,即使满足技术可替代性的要求,但是由于目的地位于不同的地理区域,也往往认为不具有可替代性,分属于不同的相关产品市场。

(二)航运领域相关地理市场的界定

依据欧盟《关于海上运输适用〈欧共体条约〉第 81 条的指南》第 3 条的规定,相关地理市场是指提供运输服务的区域,通常由一系列位于各服务终端的港口,大小由港口重叠服务区的范围加以确定。[③]从其内涵来看,既可以指航线本身,又可以包含航线两端的腹地区域。从范围来看,相较于前述地理可替代性所依据的装卸两港之间的单向航线要更广。如 TAA 一案中,[④]欧盟委员会认为协议所涉及集装箱班轮运输服务的相关地理市场为北欧和美国港口之间的水域,托运人根据到港的距离和内陆运输成本来加以选择,欧洲境内的具体范围包含爱尔兰、英国、丹麦、荷兰、比利时、卢森堡、德国和法国中北部。

影响航运领域相关地理市场的替代性分析因素主要有运输成本、产品价格和港口等配套基础设施条件。消费者选择运输服务的偏好很大程度上由交通便捷和运输成本来决定,因此,运输成本的高低将不同程度影响相关产品的销售区域,两者呈现负相关的关联关系。随着互联网＋进入传统海运市场,一

---

① 许光耀:《欧共体竞争法通论》,武汉大学出版社 2006 年版,第 373 页。

② Case T-191 and 212 to 214/98,Atlantic Container Line AB and Others v Commission,[2003] ECR II-03275,para 884.

③ Guidelines on the application of Article 81 of the EC Treaty to maritime transport services,OJ 2008 C245/2.

④ Trans-Atlantic Agreement(TAA decision):Commission decision 94/980/EC,OJ [1994] L 376/1,paras 67-68.

方面带来信息技术和营销手段的革新,大数据的匹配更为精准;另一方面也使寡头垄断市场的价格机制更加透明。这也迫使现代航运企业持续加强航运上下游延伸服务的建设,进一步完善航线网络。此外,运输成本对相关地理市场的影响往往和地区之间的产品价格紧密相联。[①] 如果运输成本不足以影响区域间的价差,那么在认定时往往将这些不同的区域纳入同一个相关地理市场,因为不同区域之间是具有可替代性的,反之,则很难得出相同的结论。值得指出的是,在具体个案中,反垄断执法机关还会考虑港口的特性,诸如是否受制于季节、码头等级、航道条件、法律政策等因素,并在此基础上综合权衡相关地理市场的边界。

二、航运领域市场支配地位的认定标准

市场支配地位(dominant market position),是指经营者在相关市场上拥有的一种能够控制产品的质量、价格和销售等,进而可以减少甚至消除竞争的力量或地位。市场支配地位的产生原因很多,包括供求关系的失衡,资本规模的差距以及法律授予的特权等。受近年来兴起的行为主义思潮影响,市场支配地位本身并非反垄断法所要规制的对象,只有对竞争形成实质性损害或有故意取得和维持市场支配地位的行为,才可能构成垄断,实施该行为的主体也应承担相应的法律责任。[②] 因此,采用何种标准对市场支配地位进行界定是其后构成滥用行为认定的前提和基础。

市场支配地位的认定并没有统一的标准,往往是结合各国(地区)自身的实际情况和政策导向来进行规定的,比如依据对市场产生的结果、市场行为的特点以及对市场结构的影响来综合加以判断。其中最普遍采用的是市场份额标准,并在此基础上考虑企业的垄断力(monopoly power)对相关市场内有效竞争的实质阻碍。拥有较大市场份额的企业常被推定具有进行非法"垄断化"或者滥用"垄断力"的能力。按照 OECD《竞争法基本框架》对市场支配地位的阐述,根据一定的市场形势,一个占有 35% 以上市场份额的厂商,能独立地在一段较长时间实质性减少或限制某一市场中的竞争,才能被认为处于支配地

位。① 欧盟委员会 2008 年发布的《适用欧共体条约第 82 条查处支配地位企业滥用排挤行为的执法重点指南》中指出,在判断支配地位时,除了考虑市场的竞争格局之外,还需要特别考虑实际竞争者对涉案企业所产生的牵制作用,以及支配地位企业对实际竞争者扩大产能或潜在竞争者的进入所施加的限制和对消费者议价能力的限制。② 我国《反垄断法》第 18 条对于认定经营者具有市场支配地位所依据的要素作了较为全面的规定,包括:(1)该经营者在相关市场的市场份额,以及相关市场的竞争状况;(2)该经营者控制销售市场或者原材料采购市场的能力;(3)该经营者的财力和技术条件;(4)其他经营者对该经营者在交易上的依赖程度;(5)其他经营者进入相关市场的难易程度;(6)与认定该经营者市场支配地位有关的其他因素。

虽然市场支配地位和市场占有率紧密联系,但是对于不同个案来说,市场份额的比例是有显著差异的,而且维持支配地位应持续一段较长的时间。例如在泛大西洋公会协议(TACA)一案中,欧洲初审法院(CFI)认为 TACA 协议实施后达到 60% 的市场份额并超过 3 年仍然不足以构成推定市场支配地位的有效证据。③ 此外,即使在认定支配地位后,对于航运经营者逐步削减市场份额的行为,也不足以证明支配地位的消失。一般而言,相关市场内其他竞争者的市场占有率越低,越有可能构成支配地位,因为此时涉案企业的反竞争行为对市场的危害性越大。

在评估市场支配地位时主要考虑三个变量:市场份额、市场需求弹性和同业竞争者的供给弹性。④ 如果后两个变量维持一定的稳定,即当涉案企业出现一定幅度运价上涨或利润超过正常的市场竞争水平时,其他航运经营者的转换供给抑或扩展供给在不同程度上对假定垄断者的行为产生抑制作用,并且对于潜在竞争者未构成市场进入障碍,那么原则上可推定涉案企业的市场

---

① 王先林:《竞争法学》,中国人民大学出版社 2009 年版,第 265 页。

② DG Competition, Communication from the Commission, Guidance on the Commission's Enforcement Priorities in Applying Article 82 EC Treaty to Abusive Exclusionary Conduct by Dominant Undertakings (Brussels, 3 December 2008), available at http://ec.europa.eu/comm/competition/antitrust/art82/guidance.pdf, last visited on Sep 13,2015.

③ Trans-Atlantic Conference Agreement (TACA decision): Commission decision 1999/243/EC, OJ [1999] L 95/1, [1999] 4 CMLR 1415, n.9, supra, §§920-921.

④ Hovenkamp H., *Federal Antitrust Policy: The Law of Competition and Its Practice*, 3rd ed, St Paul, MN: West, 2005, p.81.

力(market power)未被滥用。

此外,托运人的需求替代性也是重要的衡量因素。如果托运人的消费转移成本包括搜寻成本、商谈成本以及违约费用很高,对特定承运人形成较强的"锁定"效果,那么该承运人认定为市场支配地位的概率就越大。按照新凯恩斯学派代表人物加尔布雷思的抗衡力量理论(theory of countervailing power),制衡经济力量最优化的既存答案就是建立抗衡力量。当班轮运输公司在航运市场已经拥有强大的初始力量时,如果以托运人协会为代表的消费者联盟形成了与之相对抗的抗衡力量,那么这种初始力量可以被抵消。这种抗衡力量取决于托运人的规模、对承运人的商业重要性以及切换其他服务供应商的交涉能力。[1] 这种从托运人的话语权视角出发来评估假定垄断者的市场支配地位的方法,需要比较相关市场的供求结构,若托运人的议价能力只限于保护特殊的或有限部门的客户利益,则不能够成为对抗承运人优势地位的有效制约力量。

三、航运领域滥用市场支配地位的表现形式及规制路径

禁止滥用市场支配地位在反垄断法中属于结构性行为规制的范畴。根据行为的性质和特点,主要从三个层面加以考察:一是滥用的前提是经营者具有市场支配地位,该行为在有效竞争的市场环境下不可能实现;二是滥用的后果给相关市场的有效竞争带来危害;三是滥用的形式包括剥削性滥用(Exploitative Abuse)和妨碍性滥用(Exclusionary Abuse)。[2] 前者是针对交易相对人的,包括价格歧视、垄断性高价、拒绝交易和强制交易等;后者是针对同业竞争者的,包括掠夺性定价、使用战斗船、独家交易、搭售、拒绝使用关键设施等。

从滥用市场支配地位的规制路径来看,需要判断行为主体是单独经营者还是共同经营者。一般而言,如果涉及复数经营者,需考虑是否存在协议行为并优先适用垄断协议的法律规制。只有当证据难以证明经营者之间有协议,且共同占有较大的市场份额,没有有效进行相互间实际或潜在竞争时,才可以

---

① Alla Pozdnakova, *Liner Shipping and EU Competition Law*, Wolters Kluwer, 2008, pp.265～266.

② 於世成、邹盈颖:《论禁止滥用市场优势地位制度在国际航运竞争法中的运用》,载《法学评论》2006 年第 5 期。

按照共同支配地位(collective dominance)来处理。[①] 反之,如果仅涉及单独经营者,在衡量其是否具有支配地位以及是否滥用了这一地位的基础上,才能作出是否违法的判定。

由于班轮运输市场的高度资本集中性,除了船队、集装箱、码头资产和设施所需投入巨额资金外,班轮公司还需要完善配套的岸上物流网络,因而从竞争策略上看,主要以博弈价格为主,从滥用市场支配地位的行为类型上看,可以分为涉及价格的滥用与非涉及价格的滥用两种。

(一)涉及价格的典型滥用行为

1.垄断性高价(excessive price)

按照经济学的观点,当经营者在正常经济条件下不可能获得的远远超出公平标准并与产品的经济价值没有合理联系的价格,就构成垄断性高价。其实质是利用支配地位对消费者进行剥削,获取垄断利润。为了保护交易相对人的合法利益,反垄断法将这种行为纳入规制对象范畴。对于垄断性高价的界定,从法院的司法实践来看,侧重在成本分析(cost-based analysis)的基础上,通过衡量生产成本与售价之间的关系来判断涉案企业所制定的价格较其所提供的服务或产品的实际经济价值过高这一事实。但是,界定产品或服务的边际成本以及市场需求弹性并非易事,下文将针对航运市场的成本结构展开阐述。

航运成本是航运企业从事客货运输所发生的费用,是船公司制定运价的基础和依据。成本水平的高低与航运企业的经济效益紧密相联。从经济学意义上看,航运成本可分为资金成本、经营成本和航次成本三个部分。[②] 资金成本是指航运企业为购置或拥有船舶所发生的各项费用,包括贷款、利息、税金和船舶折旧。经营成本是航运企业为维持船舶适航状态所发生的经常性维持费用,包括船员成本、消耗品和物料费、日常维修和保养费用、保险费、管理及其他费用等。航次成本是指船舶在具体航次过程中所发生的费用,包括燃料费、货物处理费、港口使用费、拖船费、领航费和运河费等。

---

① 共同支配地位在某种程度上可以用"非共谋型寡头"(Non-collusive oligopolies)来表述。详见:Lennart Ritter & W. David Braun, *European Competition Law: A Practitioner's Guide*, 3rd edition, Kluwer Law International, 2004, pp.412~413.

② 王彦、吕靖:《国际航运经济与市场》,大连海事大学出版社2013年版,第130~131页。

除了上述生产成本(production costs)之外,鉴于航运产业的特性,在运用成本分析理论辨别非法定价行为时还需考虑沉没成本和机会成本。一方面,航运资产的流动性、通用性、兼容性较其他产业更薄弱,沉没成本所占比例相对较高,容易形成对在位企业的退出壁垒,引发过度竞争,而且为了提供和维持稳定的航运服务,航运经营者在进行未来投资决策时,往往会将新船订造、设备更新等费用纳入运费计算的考虑因素。尽管从严格意义上说,这些并不属于生产成本的范畴。另一方面,作为国际贸易的衍生需求决定了航运服务受季节、地理条件等周期性因素的影响,航运经营者不得不考虑用旺季的营业利润来补贴淡季船舶闲置期间的机会成本损失。[1] 因此,结合上文分析,在确定垄断性高价时,反垄断执法机关首先需要明确实际发生的成本即生产成本与运价之间的差额是否不合理过大。其次,该运价是否不公平,是否在有实质性竞争的背景下作出,定价过程中双方的议价机会和议价能力是否严重不均衡。[2] 在赫尔辛堡港案中,两家渡轮经营人对港口费用提出申诉,委员会通过横向比较不同港口之间的平均可变成本,认为没有足够证据表明港口方收取了超出经济价值的不合理的港口费用,不构成垄断性高价行为。[3] 值得指出的是,即使港口收取的服务费用超出了服务的经济价值也未必会认定为不合理,因为还需要考虑托运人个体航运需求的异质性,例如对运输条件、装卸方式、运输方向、运输距离、运输时间、送达速度等的不同要求,会导致对运价的承受能力也各有不同,故很难用统一的标准来衡量,应根据个案的具体情况来加以判定。

2.掠夺性定价(predatory pricing)

掠夺性定价是指具有支配地位的企业为了排挤竞争对手,在一定范围的市场上和一定时期内,以低于成本的价格销售某种商品获取竞争优势的行为。按照成本分析理论,一个竞争性的企业在短期边际成本之下进行定价是违背常理的,除非该企业有望在未来通过垄断价格将成本追回。因此,经营者在可

---

① M.Stopford, *Maritime Economics*, 2nd ed, Routledge,1997, p.346.

② Alla Pozdnakova, *Liner Shipping and EU Competition Law*, Wolters Kluwer, 2008, p.300.

③ Sundbusserne v. Port of Helsingborg, Commission decision(COMP/36.570), available at http://ec.europa.eu/comm/competition/antitrust/cases/index.html, last visited on Sep 17,2015.

合理预见的短期边际成本之下定价应推定为违法。[①] 掠夺性定价对市场竞争的危害具有双重性,一方面阻碍竞争对手的生存和发展,另一方面从长远来看,当经营者达到独占市场的目的之后为了弥补前期的损失并获得垄断利润,势必损害消费者的利益。

理解掠夺性定价的法律构成,需要明确两个基本问题:其一是客观层面上要有经营者低于成本销售商品或提供服务的事实并妨碍了正常的竞争机制和市场结构,故对于短期边际成本的核算成为认定掠夺性定价行为的前提和关键。对于班轮运输而言,采用边际成本作为评价标准并不理想。首先,边际成本作为理论状态下的假设概念,在实践中不容易计算,通常依据与其接近的平均可变成本来判断定价是否构成滥用。其次,班轮运输市场的高固定成本和低边际成本,决定了在一定运量范围内,班轮运输的边际成本大大低于平均成本,以边际成本来定价,很难弥补固定成本的投入,必然导致班轮公司的亏损。再次,由于班轮运输的货运总需求缺乏价格弹性,然而货物对个别经营者的需求却具有弹性,且与价值呈正比。[②] 因此按照交叉补贴(Cross Subsidization)理论,班轮运输可以针对价值不同的货物收取不同的运价来扩大服务需求,实现规模经营,以达到充分利用船舶资源,降低运输成本的目的。尤其是在运力过剩的市场格局之下,若采取货物价值定价的方式,将进一步降低班轮运输的边际成本,基于此来判定运价构成掠夺价格显然有失偏颇。

从目前的国际竞争法实践来看,无论是美国反托拉斯法的"阿里达·特纳"(Areeda-Tuner)规则[③]还是欧盟的"AKZO"标准[④],都强调通过比较产品

---

① [美]欧内斯特·盖尔霍斯、威廉姆·科瓦契奇、斯蒂芬·卡尔金斯:《反垄断法与经济学》,第五版,任勇、邓志松、尹建平译,法律出版社 2009 年版,第 133~134 页。

② 费维军:《论班轮运输的定价理论与实践》,载《集装箱化》1997 年第 1 期。

③ "阿里达·特纳"(Areeda-Tuner)规则是美国经济学家阿里达和特纳在 1975 年提出的边际成本定价规则,该规则的主要内容是一个价格如果低于可以合理预见的短期边际成本,就很可能构成掠夺性定价,由于边际成本在实践中不易计算,建议采用平均可变成本替代,即如果经营者将价格定在平均可变成本之下,与追求利润最大化的经济目标不符,可以认定具有排挤竞争对手的目的。参见:Philip Areeda, Donald F. Turner. Predatory Pricing and Related Practices under Section 2 of the Sherman Act, Harvard Law Review, 1975,88(4), p.733.

④ "AKZO"标准来源于欧盟竞争法关于掠夺性定价的典型案例 AKZO 案。在该案中,欧盟法院指出,如果产品价格低于平均可变成本,或者虽然高于平均可变成本,但是低于平均总成本,且支配企业具有排除竞争者的目的,那么构成掠夺性定价行为。具体可见,孙虹:《竞争法学》,中国政法大学出版社 2001 年版,第 69 页。

或服务价格与平均可变成本和平均总成本的关系来衡量定价策略的合理性。因此,在班轮运输定价过程中,应考察具有市场支配地位的航运经营者是否基于班轮运输的成本构成即船舶相关固定成本、货物集疏运成本、集装箱相关成本与管理成本来进行运价的制定,并充分考虑沉没成本、机会成本、可避免成本等以及时间的因素对平均可变成本的影响。一般来说,如果运价的设定低于该航次运输服务的平均可变成本,那么可以直接推定为构成掠夺性定价行为,除非承运人可以证明合理性。如果运价的设定介于该航次运输服务的平均可变成本和平均总成本之间,那么应当综合考虑行为的目的和对有效竞争的抑制效果来判定。如果运价的设定高于该航次运输服务的平均总成本,即使存在降价行为,也往往视为承运人的商业自主定价策略,除非当事方能够证明该降价具有不合理性。

其二是主观层面上需证明经营者实施掠夺性定价行为的目的是排挤竞争对手或独占市场。对于经营者主观意图的证据采集,既包含直接证据例如差别性价格本身以及涉案企业的经营战略方针等书面文件,[①]又包含其他间接证据例如是否采取选择性的降低运价,是否同时还有其他排挤同业竞争者的手段,是否在降价同时进行运力扩张,运价下降的幅度和持续时间以及从其他行为中弥补损失、获得补偿的可能性等。需要注意的是,即使同业竞争者没有被排挤出市场,但是取而代之的是迫于压力采取了与价格领导者——支配企业一致的定价策略,仍然很有可能被认定为滥用行为。典型表现为班轮公会早期使用的"战斗船"(Fighting Ship)行为。

3.歧视性价格(discriminatory price)

歧视性价格又称为价格歧视,是指经营者在提供或接受产品或服务时,对不同的客户实行与成本无关的价格上的差别待遇。美国《罗宾逊-帕特曼法》第1条规定:"从事商业的主体在其商业过程中,直接或间接地对同一等级和同一质量商品的买者实行价格歧视,并实质上减少竞争或旨在形成对商业的垄断,或者妨碍、破坏、阻止同那些准许或故意接受该歧视利益的主体之间的竞争,或者是同他们的顾客之间的竞争,则违法。"我国《反垄断法》第17条禁止具有市场支配地位的经营者从事的滥用行为中包括"(六)没有正当理由,对条件相同的交易相对人在交易价格等交易条件上实行差别待遇"。

一般而言,违法的歧视性价格需要具备以下构成要件:(1)行为人占支配

---

① Discussion paper on the application of Article 82 of the Treaty to exclusionary abuses,n.158,supra,§112.

地位;(2)存在价格歧视行为;(3)价格歧视具有不合理性;(4)该行为实质性地损害了竞争。[①] 价格歧视不同于价格差别。价格差别仅是对客观事实的一种描述,并非反垄断法意义上的歧视性价格。价格歧视既具有差别性定价的外在表现,又具有无法用成本和需求水平的变化来证明其合理性的内核。如果基于一些合理因素而导致的差别性定价就不应认定为价格歧视行为,也就是说允许具有市场支配地位的经营者在定价行为中考虑不同的市场条件。例如从海运运费的影响因素来看,不同的货物数量、地区、航线、货币汇率水平、港口条件、装卸方式等都会导致差别性定价,尤其是集装箱运输普及之后的门到门运输,内陆运输物流网络的便捷性也会影响到运价。

歧视性价格所涉及的规制行为分为两类:第一类是针对同业竞争者实施的,即所谓"一线竞争损害"(primary line injury),例如掠夺性定价中的选择性降价行为;第二类是针对行为人交易对方实施的,即所谓"二线竞争损害"(secondary line injury),例如承运人针对具有竞争关系但竞争实力不均等的货主收取不同的运价或给予不同的折扣,典型表现为运费延期回扣制(Deferred Rebate System)。通过这一捆绑托运人的做法,使得托运人为了获得折扣自由选择交易对方的权利受限,承运人实际取得托运人货物的专有运输权,从而达到排挤竞争对手的目的。

值得指出的是,折扣制度可以区分为正常商业交易手段的"功能性折扣"和构成滥用支配地位的"歧视性折扣"。两者的划分标准主要体现在两个方面:一是限制性,即是否限制了交易相对人的选择权,抑或限制了其他同业竞争者进入相关市场;二是歧视性,即是否存在阻碍公平竞争的可能。歧视性价格的直接后果是导致经营者的交易机会不平等,尤其不利于中小企业的公平竞争,给其带来人为的竞争劣势(competitive disadvantage),并可能造成市场进入的障碍。在 Compagnie Maritime Belge 案[②]中,西非海运班轮公会(CEWAL)通过有针对性地降低相关航线运价来排挤非会员 Grimaldi 和 Co-belfret 的进入,欧盟法院认为 CEWAL 作为具有市场支配地位的经营者,尽管其采取的运价并未低于成本,不构成掠夺性定价。但是其目的是消灭竞争对手,这种差别性价格实质阻碍了新企业的加入,因而构成滥用行为。

---

① 王晓晔:《竞争法学》,社会科学文献出版社 2007 年版,第 311~312 页。

② Compagnie Maritime Belge v. Commission, Case C-395/96 P [2000] ECR I 1365; 4 CMLR 1076.许光耀:《欧共体竞争法经典判例研究》,武汉大学出版社 2008 年版,第 121 页。

国际海运运价体系包括不定期船运价和班轮运价两种类型。由于前者的费率水平基本由航运市场的供求关系来决定,并且是在租约双方充分协商的基础上达成的,因而构成价格歧视的概率不大。然而,班轮运价主要由班轮公会和班轮经营人单方决定,因而作为被动接受格式合同条款的托运人因其谈判地位的不平等往往不得不接受承运人的运输条件。

一般来说,班轮运价的确定原则主要有以下三个:(1)运输服务成本原则(The Cost of Service),即以运输服务所消耗的所有费用及一定的合理利润为基准加以确定班轮运价,体现的是班轮运价的下限。(2)运输服务价值原则(The Value of Service),即以运输服务所创造的价值多少进行定价,体现的是班轮运价的上限。(3)运输承受能力原则(What the Traffic Can Bear),即按照商品的价值来进行运价确定,通过高价商品的高费率来补偿低价商品的低费率。[1] 在传统的件杂货运输方式下,由于货物种类繁杂,实际单位成本的差异性较大,因而运输承受能力原则相较于前两种方式更为普遍地被班轮公司所接受。但是随着集装箱运输的普及和发展,运输工艺的规范化和标准化使得服务水平更加均一,货物价值对单位运输成本的影响越来越小。采取从价计收运费的方式,因背离运输成本,有可能构成承运人剥削消费者实现利润最大化的手段。因而被学者视为价格歧视并构成滥用市场支配地位行为。[2] 需要指出的是,上述涉及价格的滥用行为,虽然都提到了定价与成本之间的关系,但是相较于有形产品而言,航运企业提供的运输服务之运价组成,还涉及各国航运市场结构的差异性,因而衡量运价不仅仅依赖于成本分析,还需要借助于横向比较法考虑相关市场的"正常合理水平"并且结合滥用行为相应的损害竞争效果来加以认定。

(二)非涉及价格的典型滥用行为

国际航运市场中非涉及价格的典型滥用行为主要体现为具有支配地位的航运经营者没有正当理由的拒绝交易行为。包括拒绝关键设施的使用许可、拒绝提供运输服务、附加不合理的合同条件等。现拟对这些行为的竞争规制

---

[1]　国际集装箱海运运价,载中国国际海运网,http://info.shippingchina.com/hyzs/index/detail/id/2785.html,下载日期:2015 年 9 月 17 日。

[2]　Jan Owen Jansson, Dan Shneerson, Liner Shipping Economics, Chapman and Hall, 1987, p.94,转引自王秋雯:《国际航运企业与组织滥用市场支配地位行为之竞争规制》,载《中国海洋大学学报(社会科学版)》2015 年第 4 期。

标准逐一分析：

1. 拒绝关键设施的使用许可

关键设施（essential facility）是指某些特定产业中各竞争性企业从事经营和竞争所必须具备的基础设施，如果缺乏该基础设施，经营者将无法从事经营活动或将被迫退出市场竞争。随着全球航运产业链的升级，航运企业为弥补主业下滑带来的经营压力，迫切需要沿供应链上下游进行垂直整合。一些大型航运企业纷纷调整各自的产业链战略，投资兴建港口装卸码头和区域货物集散中心，通过建立航运数据信息服务系统并完善内陆物流网络来进一步掌控海运话语权。

按照美国反托拉斯法中的"垄断杠杆"（monopoly leverage）理论，如果在某一特定市场具有支配地位的经营者利用该市场支配力在该市场的相邻市场扩大市场势力并谋求垄断化，那么应判断其违法。[①] 对于航运业来说，市场的多元化和身份的多重化加之自然垄断的行业属性使得拥有关键设施并占据市场支配地位的企业很容易通过拒绝竞争对手使用这些设施，或者即使未拒绝但通过施加一定的限制条件或征收过高价格，来强化自己的竞争优势。例如在 Sealink/B&I Holyhead 一案中[②]，Sealink 和 B&I 均为汽车渡轮运营商，Sealink 通过其子公司控制了 Holyhead 港的所有权。由于 B&I 的泊位位于港湾口且因航道狭窄，当 Sealink 的船只进出时不得不停止装卸作业并系泊码头。Sealink 故意改变其轮渡日程给竞争对手 B&I 的日常作业造成了损害。欧盟委员会肯定了 Holyhead 港的关键设施性质，Sealink 作为港口的所有者具有支配地位，不得歧视性地改变 B&I 适用港口的条件。在此后又一起涉及 Holyhead 港的案件中[③]，Sea Containers 公司要求 Sealink 允许其使用港口以提供渡轮服务并最终获得许可，委员会认为许可是合理的且不存在歧视，并重申在一个经营者拥有构成另一市场关键设施的市场支配地位的情况下，该经营者有义务在非歧视基础上允许竞争者进入并向该竞争者提供该设施，但是应在衡量此种进入的利弊基础上作出许可命令。

鉴于港口等基础设施的自然垄断属性，一般是由国家出资兴建的，并为公

---

① 戴龙：《滥用市场支配地位的规制研究》，中国人民大学出版社 2012 年版，第106～107 页。

② Commission decision in Case No. IV/34.174 Sealink/B&I Holyhead（Interim measures）［1992］5 CMLR 255.

③ Sea Containers v. Stena Sealink-Interim Measures：Commission decision 94/19/EC，OJ［1994］L 15/8，［1995］4 CMLR 84.

共所有。国家可以通过法律规定拥有或使用该设施的公共企业不得垄断对设施的使用,或者保障公共网络的互联互通。但是,考虑到港口公有公营的弊端,不仅增加政府的财政负担,也在一定程度上减损了港口的竞争力。因此,在国际多式联运产业的"综合物流一体化"和跨国海运公司的国际化战略背景下,港口私有化趋势逐渐增强。在此背景下,能否限制私人企业的缔约自由,对其施加强制的准入义务值得深入思考。按照所有权理论和交易自由的原则,私人企业有权拒绝竞争对手使用其投资兴建的基础设施,这也是出于保护投资者利益和创新机制的内在要求。但是,如果不对这种行为加以法律规制,追求利润最大化的商业动机势必驱使关键设施的拥有者作出拒绝许可的决策,进而导致市场封闭,从长远来看不利于航运产业的健康发展。[1]

　　因此,对拒绝使用关键设施的行为规制应在适用条件上进行严格的限制。首先,对于关键设施的界定。对于航运业来说,关键设施通常是指港口、码头等因其战略性位置或正当的保护理由,而被视为对于商业需要来说至关重要的基础设施。由于其具有的不可复制和不可或缺性,竞争对手无法寻求其他的替代手段来从事经营活动。其次,关键设施被某个垄断者控制,且利用这种支配地位取得了在下游市场的竞争优势。由于相邻市场存在紧密联系(close associative links),例如海运和内陆运输服务市场。利用杠杆作用导致的垄断力延伸(monopoly-extending)可能带来市场结构的改变。[2] 再次,关键设施的垄断者拒绝其竞争对手使用该设施,且无正当理由。如果由于关键设施的负载能力或者技术上的限制不能为竞争对手所用,抑或许可使用会带来成本的

---

[1]　Herbert Hovenkamp, *Federal Antitrust Policy*:*The Law of Competition and Its Practice*,4th edition, Thomson Reuters,2011,pp.339~340.转引自王秋雯:《国际航运企业与组织滥用市场支配地位行为之竞争规制》,载《中国海洋大学学报(社会科学版)》2015 年第 4 期。

[2]　这一点从欧美的判例法实践可以发现在适用关键设施理论的标准方面还是趋于严格和谨慎的态度,例如美国的 Alaska Airlines 案中,法院认为两家被告联合航空和美利坚航空利用其电脑预约系统(CRS)市场的支配地位获取在下游运输市场的竞争优势不构成滥用,只有在下游市场的竞争具有被消灭的可能性时才能被视为关键设施。欧盟法院倾向于认为应取决于下游市场的既存竞争条件来判断其消极影响,如果对下游市场的竞争不存在显著的影响那么不能被视为关键设施,除非其提供的是一种明显区别于既存竞争者的商品或服务。参见:Lang, J.T. Defining Legitimate Competition:Companies' Duties to Supply Competitors and Access to Essential Facilities. *Fordham Int'1 L.J.* 18 (1994—1995), p.492.

实质性上涨,影响设施拥有者的经济效率,那么不构成滥用行为。① 复次,该关键设施具有让竞争对手使用的可能。最后,拒绝使用关键设施会扼杀竞争和市场机制的活力,不利于消费者福利的实现。

2.拒绝提供运输服务

各国反垄断执法机关对于经营者的拒绝交易行为整体上日益宽容,原因在于拒绝交易在一定程度上体现了企业的经营自主权,有必要在尊重经营者自由选择交易对象的基础上结合经济分析方法和合理原则对客观市场环境进行具体分析。

鉴于国际班轮运输服务的"四固定一负责"之特点,其向社会公开发布固定的船期表并向不特定的交易对象收取固定的运费率,具有一定的社会公共性。而且航运领域的公共资源往往由政府通过行政许可、特许经营的形式授权给具备一定条件和资质的个人或企业运营,具有一定的公共利益性。此外,由于国际班轮运输合同的双方当事人地位不平衡,托运人面对承运人事先拟定的标准格式条款可供商谈的空间有限,加之班轮行业为追求规模经济而不断的并购重组,以提升垄断竞争力。对于交易相对人而言,实质意义的替代性选择难以实现。相较于租船运输合同而言,国际班轮运输合同的缔约自由权应受到很大的限制。

对于国际班轮运输承运人是否负有强制缔约义务的讨论,无论是在理论界还是实务界都尚无定论。有学者认为,《海商法》并未引入"公共承运人"概念,也未明确指出国际班轮运输承运人的强制缔约义务,应适用《合同法》第289条的规定,"从事公共运输的承运人不得拒绝旅客、托运人通常、合理的要求"。国际班轮运输承运人为了获取报酬而向公众开放,随时准备接受公众货物,不同于为个别货主服务的私人承运人,因此除非有合理的理由,否则无权拒绝提供运输服务。② 也有学者认为,应根据班轮运输市场环境对国际班轮运输公司的市场地位进行判断,对强制缔约的适用施以严格的条件限制,与其赋予其强制缔约的形式义务,不如从完善竞争规制的角度出发加强对班轮运

① John Temple Lang, Robbert Snelders, Essential Facilities in Maritime Transport. In: Philip Wareham, & Vincent Power, eds. *Competition Law and Shipping: The EMLO Guide to EU Competition Law in the Shipping and Port Industries*, CMP Publishing, 2010, p.229.

② 陈亚:《国际班轮公司作为公共承运人的强制缔约义务》,载《人民司法》2011年第14期;威廉·台特雷:《国际海商法》,张永坚等译,法律出版社2005年版,第35页。

输的市场监管更能保障货方的利益。[1] 在司法实践领域,"马士基及其厦门分公司与厦门瀛海实业发展有限公司、厦门外代有限公司国际海上货运代理经营权损害赔偿纠纷案"[2]中,各级法院对于国际班轮运输承运人的强制缔约义务的判定也存在认识的分歧。二审法院认为国际班轮运输承运人具有公共承运人的特点,负有强制缔约义务。一审和再审法院则不认为其具有公共承运人的公益性特征,并且认为国际班轮运输不具有垄断性,因而不负有强制缔约义务。笔者认为,强制缔约义务是国家干预契约自由的产物,应在法律明文规定的前提下且具有充分合理的理由才能对一方当事施加。对于商业交易的主体而言,无论是否具有支配地位,都有权选择交易对象。拒绝交易行为本身并不违法,一概否定不利于支配企业的投资决策和创新激励。具体到国际班轮运输,虽然其本质属于商事经营活动,不具有公益性特征,但是如果缺乏适当理由比如运力配置具有季节性或方向性上的不平衡,不得拒绝托运人通常、合理的缔约请求,尤其是对于居市场垄断地位且控制关键基础设施的企业更应如此。

根据美国反托拉斯法判例中的"Colgate原则",如果经营者单方实施拒绝交易行为,在不存在制造或者维持垄断的情况下,《谢尔曼法》不会限制生产商或贸易商从事完全私人性质的商业行为的自由,企业可以自由决定交易对象,但当拒绝交易的目的出于排除或限制第三者的竞争,则可能面临反垄断指控。[3] 该原则体现了以目的作为区分行为合法性的规制立场,对于原告而言增加了起诉的举证难度。欧盟委员会在2008年12月制定的《关于对支配地位企业的排挤滥用行为适用欧共体条约第82条执法重点指南》[4]中强调,启动政府干预一般需具备以下条件:拒绝供应的产品或服务对于下游市场的有

---

① 彭阳:《国际班轮运输公司强制缔约义务否定论——一个案例引发的思考》,载《中国海商法研究》2015年第2期。

② 厦门海事法院(2005)厦海法事初字第48号(2008年4月17日);福建省高级人民法院(2008)闽民终字第381号(2008年10月22日);最高人民法院(2010)民提字第213号(2011年6月28日)(北大法律信息网)。

③ 戴龙:《滥用市场支配地位的规制研究》,中国人民大学出版社2012年版,第102页。

④ DG Competition，Communication from the Commission，Guidance on the Commission's Enforcement Priorities in Applying Article 82 EC Treaty to Abusive Exclusionary Conduct by Dominant Undertakings (Brussels，3 December 2008)，available at http://ec.europa.eu/comm/competition/antitrust/art82/guidance.pdf，last visited on Sep 25,2015.

效竞争具有客观必要性;拒绝交易行为可能对下游市场的有效竞争产生负面影响;拒绝交易行为可能损害消费者福利。简而言之,尽量避免支配企业通过"杠杆作用"把上游市场的垄断力扩展到附属的下游市场,以限制或阻碍有效竞争。

3.附加不合理的合同条件

《反垄断法》第 17 条第 5 项规定,禁止具有市场支配地位的经营者在交易时,没有正当理由搭售商品或者附加其他不合理的交易条件。附加不合理条件的行为,是指经营者在提供商品或服务时,违反交易方的意愿,强行附加其他不合理的条件要求对方接受,交易方因为受制于经营者的市场支配地位而被迫接受的行为。从构成要件来看,首先,对于交易条件合理与否,取决于法院在个案基础上行使自由裁量权加以判定。例如班轮公会与托运人签订"忠诚契约",规定托运人同意交付其全部或固定比例的货物给承运人运输,借以取得较低之费率或延期回扣。公会旨在通过此种做法将排他性义务赋予托运人,而且往往规定一段较长时间以达到排挤外部竞争的目的。对于忠诚契约中的惩罚性条款,应明确违约赔偿的范围,数额不得超过所运货物的运费。对不属于忠诚契约调整范围的内容,如内陆运输等应保障托运人的自由选择权。其次,所附加的条件,交易对方没有选择的自由,只能接受,则可能构成滥用行为。最后,违背交易对方的主观意愿。

第三节　航运领域的经营者集中及其法律规制

后金融危机时代,全球经济疲软,面对低回报率、供求失衡以及运营成本不断攀升的现实处境,船公司已然意识到,盲目的恶性竞争将会催生更多的"僵尸"运力,降本增效才能保持经营活力。通过并购重组,可以在较短的时间内实现运力部署、航线布局及船舶管理方面的共享,提升运营效率。自 20 世纪 90 年代以来,全球航运领域已发生了 30 多次大型的并购案例。2016 年更是被誉为全球集运市场的"并购年",众多航运企业纷纷宣布合并。例如中远集团与中国海运重组成立中国远洋海运集团有限公司、招商局与中国外运长航重组、德国 Bertram Rickmers 和 Erck Rickmers 合并、日本邮船、商船三井和川崎汽船合并集运业务、赫伯罗特收购阿拉伯轮船、马士基收购汉堡南美等。目前已经形成三大联盟①主宰全球集装箱班轮运输市场的局面。国际航运业越来越频繁的兼并重组和强强联合背后,反映的是日益激化的航运市场自身结构性矛盾和日益严峻的市场竞争格局。

首先,伴随着船舶大型化和船舶低龄化,已经难以消化严重过剩的现有运力,供需矛盾仍然尖锐,行业整合兼并有助于资源的优化配置、形成协同效应,对缓和行业低迷有一定的积极意义。新近企业并购的特点和重心从传统的新增产能转为存量重组。其次,国际航运成本结构也决定了以规模经济为主导的竞争策略。固定成本支出占总成本的比例较高,扩大规模可以带来边际成本的下降,进而提升经济效益。因此,追求规模化、大而美,通过并购规模的扩张来提高市场影响力及维持盈利能力成为应对外部经济不确定性的重要导向。再次,从竞争监管层面来看,经营者集中将减少潜在竞争,强化企业的市场支配力量,人为改变市场的有效竞争结构,最终危害自由公平的市场秩序和消费者利益。此外,还面临航运服务的公共性与私人产权属性之间的矛盾。若缺乏必要之监管和相应的制衡与再分配机制,势必会造成社会资源的浪费,不利于社会公共福利的实现。本节拟从航运经营者的合作模式入手,评估航运经营者集中行为的垄断性及反竞争效果,在比较考察有关国际立法经验的基础上,探索构建适当的竞争监管规则所应关注的重点问题。

一、经营者集中的概念与结构

(一)经营者集中的概念

竞争法意义上的经营者集中②,是指为了达到特定的经济目的,通过一定的方式和程序对经营者之间的资产、人员等因素进行融合的行为。经营者集

---

①　三大联盟是由原先的四大联盟(2M、O3、G6、CKYHE)演变而来的,包括:2M＋现代联盟(由马士基航运、地中海航运和现代商船组成)、Ocean 联盟(由达飞海运、长荣海运、东方海外及中国远洋海运集团组成)、The Alliance 联盟(由赫伯罗特、阳明海运、日本邮船、商船三井、川崎汽船组成)。

②　从其他国家或地区的反垄断法规定来看,"经营者集中"的称谓具有多样化的提法,例如日本和台湾地区使用的"企业结合",相类似的还有"企业合并""企业兼并""企业并购"等。在不同部门法意义下经营者集中所侧重的概念有所不同,就竞争法而言,关注点在于集中行为对市场竞争所产生的影响,是否创设或强化了企业的市场支配地位。本书在不同语境下使用"合并""并购""经营者集中"这三个术语,基本具有同一含义。

中控制制度旨在预防形成或加强潜在的市场支配力,避免市场力量的过度集中,以维护有序的竞争环境。作为反垄断法实体制度的三大支柱之一,经营者集中法律规制的核心在于控制而非禁止。一方面,不同于禁止滥用市场支配地位的事后监督,经营者集中控制制度重在事前预防。[①] 两者虽然都属于结构性行为规制,但是侧重点在于分析经营者所处的不同经济阶段和市场环境。另一方面,虽然相较于垄断协议(联合限制竞争行为),经营者集中行为一般不具有"自身违法性",但是若不对其进行适当的控制,容易流于滥用。正如德国联邦卡特尔局前局长 D. 沃尔夫所指出的:"因为一方面严格禁止卡特尔,另一方面又缺少合并控制的规定,其结果就是企业往往采取限制竞争性的经济集中策略。"[②]故三者相互配合,从不同角度为经济竞争提供自由、公平的制度环境。

(二)经营者集中行为的表现形式

根据我国《反垄断法》第 20 条的规定,经营者集中的表现形式主要有两种:(1)合并。即在经济上和法律上相互独立的两个或多个企业依据法定条件和程序,通过合并协议成为一个实体的法律行为,既包括吸收合并,又包括新设合并。(2)控制。从取得实质性控制的手段上看可分为两种:一是经营者通过取得股权或资产的方式取得对其他经营者的控制权;二是经营者通过合同等方式取得对其他经营者的控制权或能对其他经营者施加决定性影响。相较于我国的《反垄断法》,欧盟竞争法对于经营者集中的概念界定得更加明确具体。按照《关于控制企业集中的第 139/2004 号条例》[③]第 3 条第 1 款和第 2 款的规定,企业集中行为除了合并(mergers between previously independent undertakings)和控制(acquire control)之外,还包括设立联营企业(joint ven-

---

① 王先林:《竞争法学》,中国人民大学出版社 2009 年版,第 294 页。

② [德]D.沃尔夫:《德国竞争法的经验》,载王晓晔:《反垄断法与市场经济》,法律出版社 1998 年版,第 259 页。

③ Council Regulation (EC) No.139/2004 of 20 January 2004 on the Control of Concentrations Between undertakings, OJ L 24, 29 January 2004.

tures)①,将具有共同体意义的完全功能型联营企业(full-function joint ventures)②纳入管辖范围。因此,尽管经营者没有合并,也没有成立合资企业,但是业务活动的一体化仍可能构成一个完全功能型企业,从而形成集中。③ 本节所指的经营者集中行为所采取的是广义的范畴,除了传统的企业合并(merger)之外,还包括取得股份或资产(acquisition of stock or assets)、联营行为(joint venture)和兼任管理职务的行为(interlocking directorates)。④

(三)经营者集中行为的类型

从各国关于经营者集中行为的反垄断立法来看,一般包含三种类型:横向合并、纵向合并和混合合并。横向合并(horizontal integration)又叫水平合并,是直接竞争者的合并,其目标是排除相关企业之间的竞争,提高市场集中度。如新加坡东方海皇轮船公司(NOL)收购美国总统轮船公司(APL),取得了跨太平洋航线业务,迅速实现业务全球化。加拿大太平洋航运(CP)收购竞争对手 CAST,取得了圣劳伦斯航线和蒙特利尔港口集装箱业务的绝对份额。马士基并购铁行渣华,实现经营、财务协同效应。横向合并的直接结果是减少市场参与者的数量,强化市场集中度,并易于竞争者之间的协调行为,最终便利寡占的相互依赖,严重影响市场竞争。因而许多国家对此持谨慎态度,成为

---

① joint venture 在欧共体竞争法语境下,主要是指两个或多个企业为实现特定的商业目的,整合部门运营,设定联合控制的一种安排。既可以作为类似于合并的实体,也可以由松散的协议构成。虽然多数场合下翻译成"合营企业",但是依据我国《中外合资经营企业法》和《中外合作经营企业法》的规定,合营企业和合作企业有特定的内涵,使用"合营企业"无法涵盖 joint venture 的内涵与外延,相较而言,民法中的"联营"概念更加符合。江山、黄勇:《论中国企业联营的经营者集中控制》,载《法学杂志》2012 年第 10 期。

② 根据[1993] OJ C43/2 通告对完全功能型联营企业的界定,系指达到集中规制所定的共同体规模,且在持久性基础上实行独立经济实体所有功能的联营。类似概念有美国《竞争者协作的反托拉斯指南》中提到的"竞争者协作"(competitor collaborations)。参见 U.S. Department of Justice & Federal Trade Commission, Antitrust Guidelines of Collaborations Among Competitors, reprinted in 4 Trade Reg. Rep.(CCH) II 13,161 (Apr. 12, 2000), available at https://www. ftc. gov/sites/default/files/attachments/press-releases/ftc-doj-issue-antitrust-guidelines-collaborations-among-competitors/ftcdojguidelines.pdf, 下载日期:2015 年 2 月 5 日。

③ 具体案例参见 KLM/Alitalia 案, Case No.COMP/JV.19. http://ec. europa. eu/competition/mergers/cases/decisions/jv19_en.pdf, 下载日期:2016 年 1 月 15 日。

④ 王为农:《企业集中规制基本原理——美国、日本及欧盟反垄断法比较研究》,法律出版社 2001 年版,第 12～19 页。

各国反垄断法的规制重点。

纵向合并(vertical integration)又称为垂直合并,是处于不同生产或销售环节的企业之间的合并。目的是为了稳定生产或流通,获得一体化效益。如 NOL 通过 APL 收购美国物流公司 New Logistics Holdings 的全部股权,以完善供应链管理,为客户提供高质量的增值服务。中远集团收购希腊比雷埃夫斯港和西班牙努阿图姆港。近年来集运行业的纵向合并屡见不鲜,其中重要的原因在于随着船舶尺寸的扩张,为了满足超大型集装箱船舶靠泊的需要,终端港口设备需要升级,码头设施和人员技术水平也要提高。受此成本攀升的制约,避免规模经济效益递减,确保集运大型化在整个供应链中受益,需要进行深层次的行业整合。纵向合并尽管并不直接影响集中程度,但是其上下游替代策略将给处于同一市场不同层次的竞争者设置进入障碍,阻碍对手的供货或销售渠道。

混合合并也称为扩张合并,是指分属于不同产业领域的企业合并,采取多元化经营策略以有效减少市场风险。例如德国 Albert Ballin 航运投资公司收购赫伯罗特航运公司,其中 Albert Ballin 的主要出资人是世界知名物流企业德迅集团,通过收购赫伯罗特有助于提高德迅在海运服务方面的优势,建立高价值的综合物流服务网络。中远集团并购众诚,实现了登陆战略。相较于前面两种形式,混合合并对市场竞争不产生直接的消极影响,不作为反垄断法规制的重点。随着经济力量集中形式的多样化,还出现了实际控制权转移、人事控制等经营控制型的合并方式,并纳入反垄断法经营者集中控制制度的规制对象。

二、航运经营者合作模式及价值选择

从航运经营者之间的合作模式来看,大致可以分为三类:兼并收购、贸易协议和运营协议。① 按照新制度主义经济学的观点,并购实为通过合约调整股权比例,将并购前需要通过市场机制对被并购方资源进行的配置,转为并购后通过企业内部配置机制运行的经济活动。至于航运经营者是选择并购还是其他契约合作模式取决于企业和市场对资源配置要素的交易成本,即为了达成协议或完成交易所需耗费的经济资源,包括信息沟通、谈判成本、管理信息

---

① TE Notteboom, Consolidation and Contestability in the European Container Handling Industry, *Maritime Policy & Management*, 2002, 29(3), p.262.

不对称的成本、监管成本等。采取兼并收购的合作模式有助于优势企业快速集中生产要素,建立运力供给的一元化管理,在运价、营销等方面制定整体政策,消除内部竞争,实现规模经济带来的成本下降,但应注意交易成本的增速不至于抵消并购的正向意义。兼并收购的常见方式有两种:一是航运经营者之间的横向合并,组建新的单独实体,由其负责全面营运与市场管理;二是航运经营者与其他上下游航运辅助经营人①进行纵向合并。

贸易协议的典型表现为班轮公会,由同一航线的航运经营者通过固定运价协议、货载分配协议和排他性协议等消除内外竞争,控制班轮运输市场。介于班轮公会面临的反垄断监管风险,20世纪90年代中期以后逐渐趋于没落。目前,班轮公会的准入条件与管理机制已日趋弹性化,对会员的强制约束力也减弱,更加注重协调同其他组织和会外成员之间的关系。

运营协议主要分为联营体(consortium)协议、联营(shipping pool)协议、航线稳定化协议(stabilization agreement)等。② 联营体又称联营集团,是由两家或多家航运经营者为了共同开展业务而产生的临时性自愿结合。既可以是一个单独的法人机构,又可以是一个不具备法人地位的非独立机构,后者居多。③ 联营体的优势在于可以通过资源共享,实施成本和风险均担策略,减少经营风险的发生概率,提高整体服务水平和运营效率。但是也会在一定程度上制约企业的经营自主权和货运量控制权,因此真正实现决策一体化和行动迅速化并非易事。此外,虽然联营体优化航线网络可以有效避免联营体中企业对同一港口的重复挂靠,但是同时也造成了港口衔接度不佳的问题。主要原因在于集装箱运输的星形拓扑结构决定了由大型船舶负责主干航线运输和由较小船舶负责支线航线运输的运营模式,这对港口提出了挑战。已经有一些港口,如新加坡和科伦坡,开发专门的设施来处理集装箱货物转运的枢纽布置。较小的港口将无法进行大规模的转运业务。总体来说,联营体不同于

---

① 航运辅助业务主要包括港口服务、物流、船舶建造、船舶维修、船舶经纪、航运金融、货运代理等航运专业服务。航运辅助经营人是指从事上述活动的商业主体。

② 根据《中华人民共和国国际海运条例实施细则》第3条第(15)款的规定,运营协议是指"两个或者两个以上国际班轮运输经营者为稳定或者控制运价订立的关于在一条或者数条航线上增加或者减少船舶运力协议,以及其他协调国际班轮运输经营者共同行动的协议,包括具有上述性质内容的会议纪要;两个或者两个以上国际班轮运输经营者为提高运营效率订立的关于共同使用船舶、共同使用港口设施及其他合作经营协议和各类联盟协议、联营体协议。"

③ 王学锋:《航运公共管理与政策》,上海交通大学出版社2011年版,第222页。

班轮公会,不承担统一定价的责任,是一种寓竞争于合作的形式,最终目标并非为了垄断市场而是增加社会福利。[①] 而且,联营体也不同于兼并收购,成员在稳定程度、协同效应、节约成本能力和缓和竞争程度等方面更为薄弱。

航运联营协议是航运经营者之间一种灵活松散的合作形式,内容也相对局限,以共享船舶和货源为主。成员之间的合作紧密程度弱于联营体,但合作范围广于联营体。由于航运联营协议一般不涉及承运人之间的运价调控,相较于班轮公会这种价格、卡特尔形式更加灵活,受政府机关和相关机构的限制和干预较少,有利于优化航线网络和资源配置,实现船公司的经营发展目标。

航线稳定化协议的核心政策是为了控制某一特定区域或航线的运力过剩,有计划地封存船舶,以保持对船公司有利的运价水平。[②] 以"跨太平洋航线稳定化协议"(Trans Pacific Stabilization Agreement,TSA)为例,其主要内容为根据航线货运量的季节性波动,设计船舶运力冻结比例,以稳定运价和市场秩序。鉴于欧美反垄断立法对航运稳定化协议的否定态度,各稳定化协议纷纷中止运力限制计划,转而成为更加松散的协议组织。

从上述分析可以看出航运经营者的合作模式有多重选择,大致经历了"班轮公会—联营体—航线稳定化协议—战略联盟—兼并收购"的演化轨迹。[③] 联盟和兼并是现代航运发展的必然趋势,也是航运企业提高综合竞争力,抵御市场风险的不二法门。由于经营者集中往往伴随着市场集中程度的提高,过度追求范围经济的运力管控效果将给其他航线运营商以及相关利益方如货主、港口、码头运营商带来联动效应,因此有必要深入分析潜在的竞争监管风险,寻求适当的监管路径。

针对企业合并控制的经济学理论是紧紧围绕市场结构和竞争行为的关系展开的,以现代产业组织理论为代表的研究成果表明,高集中未必导致垄断,高集中率也未必影响市场效率。[④] 对垄断的规制思路应从"状态主义"向"行为主义"转变。市场集中度提高仅仅是经营者集中审查分析的逻辑起点,还需要对市场结构、进入障碍等因素的分析,才能得出控制力是否提高的结论。竞

---

① 陈继红、王学锋、周浩:《航运协议组织发展新趋势》,载《水运管理》2005 年第 5 期。

② 赵鹿军、王莉:《航线稳定化协议初探》,载《2005 年第六届全国交通运输领域青年学术会议论文集》,第 122 页。

③ 王成金:《世界航运企业重组及其对航运网络结构的影响——兼论对中国港口体系的影响》,载《世界地理研究》2008 年第 1 期。

④ 徐士英:《竞争法新论》,北京大学出版社 2006 年版,第 31 页。

争法并非否定企业的规模优势,而是消弭优势企业滥用这种控制力,构筑市场进入壁垒的行为。在此研究框架下,首要任务是评估经营者集中行为对市场秩序的影响,并判断其是否与竞争法体系下的保护目标相契合。

三、航运经营者集中行为的审查评估路径

结合各国的竞争立法和司法实践加以分析,判断经营者集中行为是否合理的标准可以归纳为两大类:以欧盟为代表的市场支配地位标准(Market Dominance test,简称 MD 标准)[①]和以美国、加拿大、澳大利亚为代表的实质性缩小竞争标准(Substantial Lessening of Competition Test,简称 SLC 标准)。[②] 前者侧重于保护兼并企业的竞争者,力图通过保护追求市场整合;后者更关注消费者福利和社会效率。

虽然两者的政策目标有所差异,但是从经营者集中审查评估的步骤来看,不外乎以下三步:第一步是界定市场和测算市场集中度。[③] 在确定相关市场后,通过对市场份额和市场集中度的计算来衡量企业的市场支配地位。如果计算结果显示对市场竞争不会产生影响,那么审查终止;反之,则需进行后续分析。当然对于集中实体的市场地位评估单靠静态的数据分析显然缺乏说明力,即使没有超过市场支配力量最低标准,仍可能从“单边行为”(unilateral behavior)中受益。以马士基收购铁行渣华案为例,[④]欧盟委员会将相关产品

---

① 欧盟第 4064/89 号条例第 2 条第 2 款确立了以“市场支配地位”作为合并审查的标准,委员会通常将市场透明度、市场需求、市场结构、寡头内部的报复机制、市场准入程度等作为审查因素,但反对派认为该标准无法解决没有造成支配地位却带来严重竞争抑制效果的合并问题,此外市场支配地位侧重于静态分析,与现代经济学理论不符。因此欧盟第 139/2004 号条例第 2 条第 2 款启用了“严重阻碍有效竞争”标准(Significant Impediment to Effective Competition),规定即使合并未造成或加强支配地位,只要严重阻碍共同市场的有效竞争,将被认为与共同体市场不相容。

② 刘丽、陈彬:《欧盟控制企业集中法律制度研究》,北京理工大学出版社 2013 年版,第 122 页。

③ 市场集中度是对整个行业的市场结构集中程度的测量指标,是市场力量的重要量化指标。在反垄断经济分析中最常使用的两个计量指标是行业集中率(CRn)和赫尔芬达尔-赫希曼指数(Herfindahl-Hirschman Index,HHI)。相较于市场份额,市场集中度更加全面和精确,故往往被用来考察经营者集中是否导致市场力量的聚集以及对市场有效竞争的影响。

④ Case No Comp/M.3829 Maersk/PONL,29 July 2005.

市场界定为集装箱班轮运输市场,并详细分析了与非班轮运输(租船、专门运输)和非集装箱运输(散装船)的区别。在市场份额的计算方面,委员会分别对合并后北欧至北美、地中海至北美、北欧至远东、地中海至远东、北欧/地中海至中东、北欧/地中海至印度次大陆、北欧/地中海至东非、欧洲至南非、欧洲至西非、北欧/地中海至加勒比海和中美洲、北欧/地中海至南美东海岸、北欧/地中海至南美西海岸、北欧/地中海至澳大利亚/新西兰航线的市场份额以及对竞争的影响进行一一评估,将马士基和铁行渣华合并前所加入的班轮公会和航运联盟以及独立承运人如 CP Ships、Hapag Lloyd、MSC 在相关市场的份额也纳入考虑因素。

第二步是评估集中可能带来的反竞争效果。具体而言包括单边效果(unilateral effects)、协同效果(coordinated effects)和垂直效果(vertical effects)。单边效果考察的是集中导致企业市场力量加强后,是否增加了其通过单方行为排斥竞争的可能性。[①] 在马士基/铁行渣华案(Maersk/PONL)[②]中,委员会认为并购后在欧洲—南非贸易航线的市场份额将超过 40%,可能减少水平市场的商业机会,因此作为授予合并许可的附加限制条件之一要求剥离 PONL 在欧洲—南非的航线业务。

协同效果是指合并后,是否增加了相关市场中企业协调经营活动以致减少竞争的可能性。由于班轮运输市场普遍存在多种形式的合作安排,如果合并各方先前属于同一合作协议框架之下,合并后增加反竞争风险的可能性较低,除非合并方取得对合作协议的控制权。然而对于隶属于不同合作协议的合并各方来说,合并后将便利商业敏感信息的交换,提高航运市场经营活动的整合程度,难以避免限制竞争的嫌疑。[③] 如铁行渣华合并前属于伟大联盟(Grand Alliance)成员,马士基收购铁行渣华后,从联盟的独立竞争对手转变为合作伙伴,有助于协调彼此的市场策略。此外,除了 CP Ships 之外,伟大联

---

① 单边效果的判定往往与企业合并后在欧盟市场的份额密切联系。依据《欧盟横向并购指南》,如果市场份额不超过 25%,一般不会影响市场的有效竞争,被认为与共同体市场相协调,合并可以通过审查。参见 Guidelines on the assessment of horizontal mergers under the Council Regulation on the control of concentrations between undertakings,OJ 2004 C31/5.

② Commission Decision of 29 July 2005 declaring a concentration to be compatible with the common market(Case No.IV/M.3829 – MAERSK/PONL) according to Council Regulation（EEC）No.4064/89

③ Case No Comp/M.3973 CMA CGM/DELMAS,12 January 2005,para 21.

盟的其他成员同时也隶属于泛大西洋公会协定（TACA），由于市场集中度的提升，该项合并也将增强 TACA 的内部凝聚力。

垂直效果主要针对两个方面：一是拥有港口、码头等航运基础设施的经营者集中是否会对同业竞争者进入相关市场施加限制或障碍；二是是否损害其他港口经营人的潜在客户群。[①] 以铁行渣华（PONL）和和记黄埔旗下欧洲货柜码头（ECT）联营的 Euromax 集装箱码头[②]为例，欧盟委员会认为，尽管 PONL 对 Euromax 码头具有共同支配权，但是并没有排斥竞争对手使用相关港口码头服务，而且 Euromax 码头的建成将释放 ECT 在鹿特丹港的其他码头泊位，基础设施的市场供给充足。此外，通过分析 PONL 的市场份额认为其市场地位不足以对其他港口经营人的客户范围产生实质性阻碍。

第三步是评估合并所创造的经济效率的潜力，以及平衡合并实质性效率和严重阻碍竞争，企业利益与消费者福利之间的关系，并且适当考虑是否存在合理的抗辩理由如效率抗辩、破产抗辩[③]等和满足反垄断豁免的产业经济逻辑。

我国《反垄断法》第 27 条也体现了类似的分析思路，明确规定了经营者集中审查的实体性因素，涉及参与集中的经营者在相关市场的市场份额及其对市场的控制力；相关市场的市场集中度；经营者集中对市场进入、技术进步的影响；经营者集中对消费者和其他经营者的影响；经营者集中对国民经济发展的影响，以及国务院反垄断执法机关认为应当考虑的影响市场竞争的其他因素。在《商务部关于禁止马士基、地中海航运、达飞设立网络中心经营者集中反垄断审查决定的公告》（以下简称"商务部禁止 P3 公告"）中，商务部通过分析交易各方及网络运营中心（Network Center，以下简称 NC）涉及的相关市场份额、市场控制力、市场集中度、市场进入及对消费者和其他经营者的影响，将

---

① Guidelines on the assessment of non-horizontal mergers under the Council Regulation on the control of concentrations between undertakings，OJ 2008 C265/6.

② Case No Comp/M.3576 ECT/PONL/EUROMAX，22 December 2004，para 41.

③ 效率抗辩主要是指合并将有利于整体经济和社会公共利益，如保障职工就业、生产合理化等。破产抗辩主要是指合并可以改善市场竞争条件，如破产整顿合并。

P3 联盟认定为紧密型联营。[①] 理由在于 P3 通过设立为期 10 年的有限责任合伙制的 NC，整合了东西航线的运力并进行日常管理运营，与传统上主要采用舱位互换、船舶共享、定期联络磋商的协作会议制度维持运营，各成员具有很大自由度的松散型航运联盟存在本质区别，联盟成员的独立性受限，其实质是一个类实体或准实体。因此，考虑到该集中对亚欧航线集装箱班轮运输市场的竞争排斥效果，且无法通过附加条件进行反竞争因素的剥离，否决了该项集中申报。本案中的一个核心法律问题是对联营这种行为的类型界分。

P3 联盟协议的核心部分在于第 5 条授权条款，即协议成员可以从事的活动范围，包括 8 款。[②] 第 1 款规定了船舶联营服务。主要有：(1)联合经营。由联营各方设立网络中心在预先确定的框架基础上协调运力，并在特定情况下对航线上的船舶以及航班进行重新部署。(2)共同使用陆上设施。包括共同使用港口、内陆集疏运场站和设备、计算机数据交换系统等。(3)运力调整。根据季节性变化、港口、航线分配变化来决定增加或退出运力，调整的比例原则上根据三家公司投入的运力比例分配。第 2 款规定了箱位运量分配。网络中心保证三家公司能够独立使用分配给自己的舱位，同时，三家公司也可以在网络中心内部进行购买或者销售舱位。这种形式可以视为早期的舱位互租的高级形式，避免了舱位互租相对松散、规模经济效益不显著等的缺陷。第 3 款规定了与第三方的交易。为了更好实现成本效益和发挥网络运营中心的调控效力，成员公司不得随意买卖或租用船舶运力。第 4 款规定了港口码头服务。主要通过谈判降低港口使用费、共享物流信息系统来提高操作效率和提高决策的反应速度。第 5 款规定了转运和支线运营由成员方授权讨论决定。第 6 款规定了敏感信息的保留。各成员方在定价、客户服务以及市场营销方面具

---

① 商务部公告 2014 年第 46 号《商务部关于禁止马士基、地中海航运、达飞设立网络中心经营者集中反垄断审查决定的公告》，中华人民共和国商务部反垄断局网站，http://fldj.mofcom.gov.cn/article/ztxx/201406/20140600628586.shtml，发布于 2014 年 6 月 17 日，下载日期：2016 年 2 月 1 日。紧密型联营是指通过选择联盟一方或者共同设立第三方作为经营人，由经营人以法律实体身份统一经营，具有公司实体制运作特征的联营。参见蔡莉妍：《基于 P3 联盟的国际班轮运输协议法律规制》，载《水运管理》2014 年第 10 期。

② P3 Network Vessel Sharing Agreement. FMC Agreement No, 012230, http://www2.fmc.gov/agreement_lib/012230-000-P.pdf，发布于 2013 年 12 月 5 日，下载日期：2016 年 2 月 1 日。

有独立性,有权获得、收集、维护相关业务信息,但是任何一方不得接受涉及他方的商业敏感信息,除非为 P3 网络的正常运行所必需。第 7 款为成员方经授权讨论的其他合作。第 8 款为执行一般行政事务的规定。

总而言之,P3 联盟协议的核心相较于以往航运联盟协议旨在通过舱位互租实现舱位互补而言,其实质是搭建联盟成员共享的运营调度平台,按照市场需求及时进行运力调整,以提高联盟整体的协同效率,在一定程度上对相关市场的有效竞争产生制约和阻碍。

从严格意义上来说,航运联盟并非建立在长期改变企业结构的基础上的,应纳入垄断协议的规制范畴。此次商务部反垄断局对 P3 联盟的性质界定为紧密型联营,主要是基于对其设立的网络运营中心的功能分析。在 P3 联盟协议中明确将 NC 定位为自主经济实体(legal entity),有专职管理机构,并有权力使用足够的包括财务、人事、资产在内的各种资源。由其负责对成员船公司投入的船舶进行统一管理和运营,相当于一个企业的地位。因此,依据我国反垄断法的事先申报审查制度,作出禁止决定。反观欧美更倾向于将之视为松散型的垄断协议,按照事后监管模式,如果三者今后达成价格同盟损害其他竞争者或消费者利益,才展开事后调查,并不意味着欧美反垄断监管机构对 P3 联盟的完全许可,而是由于监管模式的不同而产生的阶段性差异。[①] 虽然我国《反垄断法》中对经营者集中采取了概括式的立法规定,既包括并购,也包括控制权和施加决定性影响的形式,但是仍属于框架式的法律文件,过于原则和弹性化的规定不利于实务操作,尤其是针对普遍存在的联营行为。因此,在借鉴和吸收域外竞争规制经验的基础上,选择一般概括式和类型化立法相结合的规制模式,将更有助于提高法律监管的效率和实现市场监管的目标。

四、航运企业联营的竞争规制——以欧盟竞争法为中心

由于经营者集中行为兼具行为垄断和结构垄断的双重属性,因此竞争法对经营者集中行为的法律规制往往涉及多个竞争法规范。从立法模式上分析大抵可分为两种类型:一种是以美国为代表的一般概括式立法,结合具体的案

---

① 周小苑:《航运巨头联盟缘何在华遭拒》,载《人民日报海外版》2014 年 6 月 30 日。

件情况来对法律进行解释适用。① 例如美国反垄断法对于集中的法律规定有 1914 年《克莱顿法》第 7 条的股份收购(stock acquisitions)和 1950 年《塞勒—凯弗尔法》增加的资产收购(asset acquisitions),此外判例法还将要约收购 (tender offers)、联营企业(joint venture)、知识产权的独家许可使用等控制权转移的行为纳入集中的范畴。② 就联营企业而言,其性质介于垄断协议与合并收购之间,竞争效果评估需要结合个案进行考察。③ 为了避免执法上的不确定性影响到本可以实施的有利于竞争促进的企业协作,美国联邦贸易委员会和司法部于 2000 年颁布了《竞争者之间协作的反托拉斯指南》(《协作指南》)。④ 根据《协作指南》第 1.3 条的规定,竞争者之间协作构成横向合并需具备以下条件:(1)参加者是相关市场上的竞争对手;(2)该协作的形成包含了经济活动在相关市场的有效整合;(3)整合消灭了相关市场参加者之间的所有竞争;(4)该协作在有限的时间期限内不通过明确、具体的条款来终止。从构成要件来看,只有完全整合型的企业联营,即产生将竞争对手永远排挤出市场的反竞争效果,才纳入《横向合并指南》的管辖范畴。

另一种是以欧盟为代表的具体类型化立法,尤其对于联营行为。根据第 4064/89 号条例⑤第 3 条第 2 项的规定,联营分为集中性联营(concentrative

---

① 类似的还有《加拿大竞争法》第 91 条"任何能导致另一方全部或部分经营的控制权或其中的部分显著利益被收购或创设的交易行为";德国《反限制竞争法》第 23 条第 2 款将集中扩大到能使企业直接或间接对另一企业产生支配性影响的所有联合方式。

② 卫新江:《欧盟、美国企业合并反垄断规制比较研究》,北京大学出版社 2005 年版,第 14 页。

③ Robert Pitofsky, A Framework for Antitrust Analysis of Joint Ventures,74 Geo. L. J. 1605,(1986); Thomas A. Piraino, Jr., A Proposed Antitrust Approach to Collaborations Among Competitors,86 *Iowa L. Rev.* 1137 (2001).

④ Antitrust Guidelines of Collaborations Among Competitors,Federal Trade Commission & U.S. Department of Justice, April 2000.

⑤ Council Regulation (EEC) No. 4064/89 of 21 December 1989 on the control of concentrations between undertakings (OJ L 395/1).

joint ventures)①和合作性联营(cooperative joint ventures)②。两者的区别主要在于两个方面：一是法律性质。前者转变了企业结构，且不具有协调联营成员间的竞争行为，③属于垄断结构范畴；后者作为协调彼此间竞争行为的有效手段，具有明显阻碍市场竞争的效果，属于垄断行为范畴。④ 二是法律适用。前者适用欧盟控制企业集中的法律制度，主要为《欧盟理事会关于控制企业集中的第139/2004号条例》及其实施细则；后者则纳入《欧共体条约》第81条和第82条的管辖范围。

　　欧盟竞争法针对联营行为采取的是二元划分之规制体系，法律规定上的差异可以归纳为三点：(1)介入门槛不同。只有当集中性联营在相关交易领域内实质阻碍有效竞争，形成或加强了其市场支配地位，且与共同体市场不相容时，才会纳入第139/2004号条例的管辖范围。相较于第81条第(1)款中规定的产生"阻碍、限制或扭曲竞争效果"的实体标准门槛更高。(2)程序要求不同。第139/2004号条例有严格的时间限制，委员会应在规定期限内作出具有法律约束力的决定。第31条、第82条没有明确的时间要求，且由协议方自我评估是否违反第81条(1)款的规定及是否满足第81条第(3)款的例外规定。(3)豁免条件不同。第139/2004号条例赋予联营企业更多的法律确定性，总体上对集中行为持肯定态度，仅在与共同体市场"不相容"时才禁止。第81条则相反，原则上禁止，只有通过举证证明协议内容满足第81条(3)款规

---

　　① 集中性联营也称为完全功能型联营企业(creation of full-function joint venture)，系指达到集中规制所定的共同体规模，且在持久性基础上实行独立经济实体所有功能的联营。

　　② 合作性联营是指企业之间主要以合同或产业结构形式达成的，关于生产、科研、科技转让、供货等方面的合作协议。往往建立在相互竞争的企业之间，对市场的有效竞争产生阻碍效果。刘丽、陈彬：《欧盟控制企业集中法律制度研究》，北京理工大学出版社2013年版，第62页。

　　③ 第139/2004号条例扩大了集中性联营的范畴，将存在协调竞争行为因素(co-operative aspects)的具有共同体意义的完全功能型联营纳入管辖范围。Council Regulation (EC) No.139/2004 or the Control of Concentrations Between undertakings 2004 O.J. (L 24) 1. 值得指出的是，对于联营成员间是否具有协调性因素往往具有较大的不确定性，出于审查效率的考虑，委员会对该因素的判断日趋宽松，合作性联营的范围逐渐缩小。

　　④ 李青：《论联营企业的反垄断法规制》，载《江苏社会科学》2011年第2期。

定的四个累积条件①时才可以享有。由此可见,在欧盟竞争法律框架下,采取集中性联营在某种意义上对联营方来说更为有利。

航运经营者合作领域和合作范围的深度全球化,加之集装箱多式联运的发展使航运市场的竞争由"船—船"升级到"链—链"。在此背景下,航运联营成为合作模式的最佳选择。早期的航运联营行为多属于一般商业性安排诸如舱位互租、船队调配或是港口基础设施的共同使用等,性质以合作性合营为主。随着航运市场的分化重组和联营合作的整合深入,如今的航运联营无论从内容还是范围上都更加丰富和广泛了。

在实践中,欧盟委员会对一个具有共同体规模的航运联营企业进行审查一般遵循以下步骤:(1)联营是否构成集中性联营?如果是,那么适用欧盟控制企业集中条例。(2)如果否,那么考察联营协议是否具有明显的竞争抑制效果,如联营后的市场份额超过法律规定的最低门槛限制(一般为25%)或者协议包含硬核卡特尔(固定运价、运力等)内容,则纳入第81条的管辖范围。(3)如果该联营企业构成合作性联营,那么审查其是否可以依据第81条第3款取得豁免,即该协议是否满足四个累积标准。(4)审查该项安排是否属于针对航运联营体的整体豁免范畴。总体而言,欧盟与美国对于航运企业联营的竞争规制都参照经营者集中的标准流程进行审查,但是美国更加侧重于效果导向,即依据实用主义来对竞争抑制效果进行评价。② 相较而言,欧盟则强调功能导向,即通过整体豁免和分类规制的模式对航运联营企业的独立性进行判断,比美国标准更加具有可操作性。

我国现行的《反垄断法》对航运企业联营并未作出特别的规定。结合欧美相关立法经验,首先应对航运联营企业进行类型化界分。并非所有类型的企业联营都纳入经营者集中的规制范围,而应从控制权的角度来判定联营企业

---

① 四个累积条件分别是:"促进技术进步或经济发展(promoting technical or economic progress)""消费者公平分享利益(allowing consumers a fair share of the resulting benefit)""对竞争的限制是必不可少(indispensable to the attainment of these objectives)""没有在相关市场的重要部分消除竞争(not eliminating competition in respect of a substantial part of the products in question)"。

② 江山、黄勇:《论中国企业联营的经营者集中控制》,载《法学杂志》2012 年第 10 期。

的功能属性。欧盟委员会《完全功能型合营企业的概念通告》①中对完全功能型企业的认定重点从三个方面加以考察：第一，共同控制（Joint control）。共同控制的形式具有多种，既包括两个母公司享有平等的投票权和联营企业主管人员的任命权，也包括持有另一个企业相对较少的股份但能施加"决定性影响"的情形。第二，企业的结构变化（structural change of the undertakings）。联营企业应具有独立市场主体所通常具有的功能，包括负责处理日常事务的专职管理机构，并可以获得足够的财务、人事、资产在内的各种资源。如果联营企业仅仅是母公司实施特定功能的工具，而没有形成自身市场，那么不符合全功能性质。例如铁行渣华（PONL）和和记黄埔旗下欧洲货柜码头（ECT）共同投资了 Euromax 集装箱码头，PONL 和 ECT 认为 Euromax 主要是为PONL 及伟大联盟成员提供专属服务，选择客户的自由度有限，因此缺乏经营自主权，不构成完全功能型企业。委员会对此持异议态度，通过分析伟大联盟运营协议和 Euromax 的股东协议草案无法得出伟大联盟成员为 Euromax专属客户的结论，他们与 Euromax 的关系是建立在正常商业条件基础上的，因此 Euromax 构成第 139/2004 号条例第 3 条第（2）款的完全功能型企业。②第三，联营企业必须具有长期的运营计划。如果仅是为了短期目的或具体项目而设立的，将不被认为长期运营。

其次，对于纳入经营者集中框架下的企业联营申请，应依据同等的审查路径进行竞争效果评估。例如，日本邮船冷冻航运（NYK Reefers）于 2005 年与丹麦劳里岑（Lauritzen）冷冻货柜航运各出资 50% 设立劳里岑冷冻船运输联营体（LauCool），专门承运海上散装易腐货物，并负责营运管理和操作。欧盟委员会将 LauCool 认定为完全功能型企业，理由在于：母公司各占 50% 的股权，享有平等投票权，对联营企业具有共同支配效力。LauCool 长期执行一个自主经济实体的所有功能，有自己的管理机构和必要的人力、财务资源，构成第 139/2004 号条例第 3 条第（1）款第（b）项的集中。③ 按照经营者集中的竞争影响评估步骤，委员会对该起集中案件的相关市场进行界定，认为即使在狭

---

① Commission Notice on the concept of full-function joint ventures under Council Regulation（EEC）No.4064/89 on the control of concentrations between undertakings，http：//www.hartpub.co.uk/updates/Korah/ff-joint.pdf，下载日期：2016 年 2 月 28 日。

② Case No Comp/M. 3576 ECT/PONL/EUROMAX，22 December 2004，para 10-13.

③ Case No Comp/M.3798 NYK/LAURITZEN COOL/LAUCOOL JV，19 August 2005.

义的市场范围内也未引起竞争减损,对于专业散装冷藏货物运输企业而言,一般不存在固定运价和运力的协议安排,而以合理化运营为目的的船舶共享协议为主,集中所致的溢出效应有限。依据第 139/2004 号条例第 6 条第(1)款第(b)项的规定,决定不对其提出异议,并宣布该集中与共同体市场相容。相类似的航运企业联营还有和记黄埔通过股权收购与长荣海运共同控制塔兰托集装箱码头(Taranto Container Terminal)①、英国铁行(P&O)与荷兰渣华(Royal Nedlloyd)合资组建铁行渣华集装箱运输公司(P&O Nedlloyd)②、马士基与欧洲货柜码头(ECT)合资成立埃及国际集装箱码头有限公司③。

通过对相关航运企业联营的司法审查实践进行总结分析,无外乎重点考虑以下内容:第一,共同体规模(Community Dimension)的认定。由于欧盟委员会负责规制的是具有共同体规模的集中,即超出成员国范围,对共同体产生重大影响的集中。故首先需要对联营企业在全球范围(worldwide)和共同体范围(EU-wide)内的营业额④进行统计,看是否达到共同体规模的认定标准。⑤

第二,相关市场的界定,包括相关产品市场和相关地理市场。在对市场范围和市场状况有了整体认知的基础上进一步分析市场集中程度的变化。由于目前大型航运企业大都采取多元化的经营模式,对相关产品市场的分析不仅仅局限于班轮运输,还包括码头、内陆运输、物流、拖轮等综合性服务。同样,对相关地理市场的分析往往结合不同航线展开,对于像马士基这样的航运集团,其广阔的市场覆盖率和全球化的运营策略给竞争监管部门带来了挑战,即

---

① Case No Comp/M.5398 HUTCHISON/EVERGREEN,17 December 2008.

② Case No.IV/M.831 P&O/ROYAL NEDLLOYD,19 December 1996.

③ Case No COMP/M.8311674 MAERSK/ECT,27 September 1999.

④ 第 139/2004 号条例第 5 条对营业额的定义为:"企业的营业额包括其在一个会计年度内,所有的销售和服务收入,是扣除回扣、增值税和销售税后的一个净值。"Council Regulation(EC)No.139/2004 of 20 January 2004 on the Control of Concentrations Between undertakings,OJ L 24,29 January 2004,art 5.

⑤ 共同体规模的认定标准为:(1)所有相关企业在全球范围内的营业额之和超过 50 亿欧元,至少 2 个企业在共同体范围内的营业额超过 2.5 亿欧元,除非每 1 个相关企业在共同体范围内的营业额有 2/3 以上来自同一成员国;(2)所有相关企业在全球范围内的营业额之和超过 25 亿欧元,至少在 3 个成员国内,所有相关企业的营业额超过 1 亿欧元,在上述 3 个成员国中的每一个国家内至少有 2 个相关企业的营业额超过 2500 万欧元,且至少有 2 个相关企业在共同体范围内的营业额超过 1 亿欧元,除非每 1 个相关企业在共同体范围内的营业额有 2/3 以上来自同 1 个成员国。Ibid.,art 6.

需要对每一个受影响的市场进行评估。评估一般依据当事方提供的信息和对具体集中案件展开的市场调查来进行。

第三,竞争影响效果的评价。评价依赖于对"竞争抑制"和"效率促进"的权衡。虽然某些航运企业联营具有潜在的消除竞争、设置市场进入障碍、提高企业共谋可能性等风险,但是另一方面可能产生更大的效益,例如提升航线覆盖面,降低单位成本和形成规模效应,为客户提供更优化的产品和服务。因此原则上应积极地评价该集中行为,执行机关一般不禁止此类集中,但是可以通过施加一定的限制条件进行反竞争因素的剥离。

第四节　航运领域的反垄断豁免及其法律规制

一、航运反垄断豁免制度的理论基础

航运领域的反垄断豁免制度一直被视为航运竞争法的核心内容。严格上说,竞争法应具有普遍适用性,根本原因在于经济行为之间是相互依赖和相互关联的。针对相同或类似的行为,应该适用同样的法律原则和标准,否则有违公平、正义之法律理念,并且不利于"正当程序"之建立。然而"没有任何竞争政策完全建立在不惜以任何代价维持竞争的基础之上"[①]。受政治、经济、社会、环境和战略等因素的影响,各国在反垄断立法过程中所秉持的价值目标具有显著差异性,体现在反垄断法的适用范围上就是在协调反垄断法目标和其他经济、社会目标的基础上,对特定行为或特定部门给予一定程度的反垄断豁免,将其作为落实国家产业政策的重要手段,在竞争公平和社会公平之间达成平衡。实质上就是将某些本应受到禁止的限制竞争行为合法化。豁免是原则适用基础上的一种例外,是适用反垄断法的结果,即针对某些垄断行为本应受到法律制裁但由于符合法定条件而构成"违法阻却",不予追究法律责任的情

---

① 程卫东:《中国竞争法立法撷要——欧盟对我国的启示》,社会科学文献出版社2006年版,第105页。

形。与原则上不适用反垄断法的适用除外制度还是有本质区别的。[①]

国际航运反垄断豁免制度作为一种介于规则的刚性与政策的弹性之间的协调制度,主要存在于定期船市场(班轮运输市场),原因在于各航运市场的竞争结构不同。相较于完全竞争的不定期船即期市场和不完全竞争的不定期船非即期市场,定期船市场由定价能力较强的供应方(班轮公司或班轮公会)和议价能力有限的货主或代理人组成。班轮运输经营人改变航线和退出市场的伸缩性小,加之较高的进入壁垒,具有强烈的排他性和相互依存性。因此航运反垄断豁免制度主要探讨的是在定期船尤其是集装箱班轮运输这种寡头垄断市场下,通过法律承认、容忍和保护某些特定垄断行为来协调产业政策、贸易政策与竞争政策的关系。

(一)航运反垄断豁免的理论依据

从传统的国际航运立法惯例来看,往往将航运反垄断豁免视为一种以协议豁免或协议组织豁免为主的行业整体性豁免。之所以采取这种立法选择,是认为豁免对于维持运价稳定、促进国际贸易、提升消费者福利和市场效率方面具有积极的意义。豁免并不意味着削弱竞争执法,在特定情况下有助于促进竞争法优先政策目标的实现。例如竞争法普遍禁止的横向价格协议,因其核心卡特尔的法律属性和限制竞争效果成为法律规制的重点对象,但是并非所有的横向价格协议都会带来市场的无序与低效。如果企业间达成合作,在提供标准化产品,提高产品或服务质量方面取得一致,以供消费者有更好的选择,未必对社会利益有害。围绕航运反垄断豁免合理性的理论分歧主要集中在对航运业的产业特性是否较其他产业具有显著的不同,并在此基础上权衡判断航运垄断行为对市场所产生的积极效果是否大于其对竞争的限制所产生的消极效果。其主要理论依据有空核理论、规模经济理论、福利经济学理论等。

1.空核理论(The Theory of the Empty Core)

"空核理论"是基于不同市场的成本和需求结构来解释市场失灵现象的一

---

① 金善明:《反垄断法法益研究:范式与路径》,中国社会科学出版社 2013 年版,第 150 页。日本学者将无须主观机关许可的适用除外称为"本来的适用除外",将必要时须主观机关许可的豁免称为"后退的适用除外"。[日]木元锦哉等:《经济法》,青林书院 1986 年版,第 151 页。转引自王保树:《论反垄断对行政垄断的规制》,载王晓晔:《反垄断法与市场经济》,法律出版社 1998 年版,第 137 页。

种理论。最早由芝加哥大学经济学教授莱斯特·特尔泽（Lester Telser）提出，并用于解释航运业，成为支持航运反垄断豁免的重要理论依据。[1] 其认为空核市场具有如下特点：需求的不确定性、生产的规模经济效益、产品的不可储存性、供给成本的可避免性、固定成本相对高昂，以及存在产能过剩的矛盾。[2] 当需求弹性严重不足且供应商的市场份额越大时，空核市场的概率就越高，即使通过竞争也无法维持一个长期稳定的均衡价格。传统的有核市场可以通过价格杠杆的市场机制来实现资源配置的优化，对于国际航运市场而言，由于需求和运力供给弹性有限，即使降价也无法刺激运量增长，同样也无法减少供给，单纯依靠市场的竞争机制无法有效调节供求关系的平衡，甚至引发恶性的价格竞争。[3] 因此，针对班轮运输市场的"空核"属性和破坏性竞争的自然倾向有必要通过公权力的介入，建立相应的航运反垄断豁免制度，避免航运业因盲目竞争所带来的资源浪费和效能低下，保证航运市场的健康有序发展、实现社会整体利益的最大化。这也是不少国家立法允许班轮公司之间通过协议统一运价或分配运力的初衷。

随着国际航运业放松管制的立法趋势，作为航运反垄断豁免重要理论基础的"空核理论"不断受到质疑。一方面，这种理论模型是基于这样一种假设即对于某些市场而言，自然的市场平衡状态是不存在的，在有限的竞争者和超额利润的吸引下，越来越多的潜在竞争者进入市场并激化竞争导致毁灭性竞争局面的出现，最终通过退出或团结机制使市场重新回归理性。然而对于外部企业来说，重要的并非现有的市场价格而是进入后的市场价格，如果进入成

---

[1]　L. Telser，Economic Theory and the Core，University of Chicago Press，1978；OECD，Final Report on Competition Policy in Liner Shipping（2002），paras.61-62.主要结论有以下几点：供应商最低平均成本的变化越大，越有可能达成竞争均衡；当需求弹性严重不足且供应商的市场份额越大，空核市场的概率越高；经济衰退期和面临需求或成本的较大变化时，越容易达成卡特尔协议且协议所受法律限制较少等。

[2]　John S. Wiley，"Antitrust and Core Theory"，*University of Chicago Law Review*，Vol.54(1987)，p.556.

[3]　朱作贤：《反思当代国际航运反垄断规制的欧美法路径——兼论中国特色模式之构建》，载《中国海商法研究》2015年第1期。此外，还有西方经济学者从计量经济学的角度分析班轮运输企业由于可避免成本和不可分割需求之间的矛盾导致了低效竞争，为了避免吨位过剩和毁灭性竞争的自然倾向，必然借助于公会体制，这种"非竞争性"的卡特尔对提高经济效率有利。详见：Stephen Craig Pirrong，"An Application of Core Theory to the Analysis of Ocean Shipping Markets"，*Journal of Law and Economics*，Vol.35，No.1(1992)，pp.128～129.

本高于短期收益并且可以预见到竞争格局的变化,不会贸然进入相关市场,尤其是像航运业这种前期投资巨大、对专业技术和管理水平要求较高,市场准入难度大的行业。[①] 另一方面,航运业产能过剩的矛盾并非完全由于市场内生的供需失衡所致,还有政策等外在因素的作用,例如政府对船厂的补贴和船籍优惠等,不能仅依赖班轮运输市场的结构特点就得出需要实行特殊的反垄断豁免政策。从其他交通运输产业部门例如航空业和铁路运输业所采取的放松管制的成功经验可以看出,即使不享有特殊的整体豁免待遇,将其纳入反垄断法的管辖范围,坚持市场规制基础上的个别豁免,亦可以实现市场效率和法律多元价值的目标。

2.规模经济理论

"规模经济"(Economics of Scale)这一概念最早出自马歇尔的《经济学原理》。他论述了规模经济形成的两种途径,即依赖于个体企业整合内部资源,通过提高内部经营管理水平而形成的"内部规模经济"和依赖于多个企业通过并购重组优化资源配置而形成的"外部规模经济"。[②] 追求规模经济容易造成垄断的市场格局,即"马歇尔两难"问题,由此给反垄断立法带来的挑战在于政策选择是竞争优先抑或是集中优先。相较于以美国为代表的市场经济发达国家对自由竞争的推崇与追求,以日本为代表的后起国家则更加注重保护关键产业的稳定和发展,保护其在国民经济中的基础地位。[③] 在产业政策和贸易政策优先的情况下,为了协调与竞争政策之间的关系,往往借助反垄断豁免制度来实现优先的政策目标。通过政府的倾斜保护,促使产业的竞争力提高。因此考虑到航运业对国民经济发展的重要战略意义,对这一政策性垄断行业而言,各国政府一般通过给予不同限制性行为以豁免来实现国家产业政策的功能。

美国哈佛商学院教授迈克尔·波特对规模经济的成因进行了分析并提出竞争优势理论,他指出,企业竞争力取决于企业的成本优势和产品的差异性。具有规模经济的企业可以获得较高的边际利润并进行设备和终端的再投资,这种良性循环有助于企业提供差异化服务以提高市场占有率。[④] 对于资本密

---

① Christopher L. Sagers, "The Demise of Regulation in Ocean Shipping: A Study in the Evolution of Competition Policy and the Predictive Power of Microeconomics", *Vanderbilt Journal of Transport Law*, Vol.39:779(2006), pp.807～808.

② [英]马歇尔:《经济学原理(下)》,陈良璧译,商务印书馆1997年版,第67页。

③ 陈淮:《日本产业政策研究》,中国人民大学出版社1991年版,第26～28页。

④ [美]迈克尔·波特:《竞争优势》,陈小悦译,华夏出版社2005年版,第70页。

集型的航运业更是如此,一个理性的经济主体,追求利润最大化的经营目标势必要考察外部市场的交易费用。当企业集聚的整体系统功能大于单个企业的个体功能之和就容易形成集聚规模。航运企业通过合作可以减少航线重叠,降低单箱成本,推广经济航速,节约采购和管理成本,并且基于规模经济优势加强与港口、铁路等供应商的议价能力。这些外部经济催生了航运业不断的整合重组,以更好地度过漫长的市场疲软期。此外,运力持续过剩带来的市场容量不足给航运企业带来巨大的外在压力,追求多元化经营策略的范围经济同样带来了企业规模的扩张。在此背景下,鼓励企业合并和资本集中有助于克服分散生产下的过度竞争,加强外部竞争优势,建立合理有序的竞争秩序,但是应注意政府干预应在合理限度的范围内,即严格限制反垄断豁免的期限和条件,以维护市场竞争,保护消费者利益。

3.福利经济学理论

福利经济学理论是从福利视角或最大化原则出发对经济资源的配置效率和国民收入的公平分配等经济现象进行社会评价的经济学理论体系。依据福利经济学第一定理,通过市场交换得到的每一个瓦尔拉斯均衡,都对应一个"帕累托最优"的社会福利水平。然而最优的福利结果是建立在不存在信息不对称、不存在负外部性、不存在规模经济、不存在交易成本的完全竞争的理想市场环境之下的。从现实市场环境角度分析,由于次佳的市场结构以及成本或利润价格的传达不适切,影响了个体经济市场决策机制,进而导致了市场失灵现象,典型表现即竞争失败和形成市场垄断。因而有必要依靠政府的介入,来实现一个影响个体决策的附加变量,使私人决策的均衡点趋近于公共决策。[①] 使用成本——效益分析方法可以帮助政府找出帕累托最优的政策选择。

对于反垄断豁免制度而言,其确立和存在的价值在于减少反垄断法适用的制度变迁成本,当某一具体措施的效益大于成本时,应对该措施持肯定态度,以实现社会福利的最大化。因此按照这种思路,一项法律措施即使会带来损失,只要总收益高于总损失,就可以被实施。[②] 但是,值得指出的是,根据成本效益授予特定行为以反垄断豁免也可能面临政府失灵的问题。受制于政府

---

① [加]迈克尔·豪利特等:《公共政策研究:政策循环与政策子系统》,庞诗等译,三联书店 2006 年版,第 47 页。

② [美]R.A.波斯纳:《法律的经济分析》,蒋康夫译,林毅夫校,中国大百科全书出版社 1996 年版,第 14 页。

纠正市场失灵的能力,政府干预的效果会有所偏差,因此,由福利经济学家提出的技术分析通常是作为一种政治资源,实际的选择仍然依赖于政策行动主体在权衡社会整体利益的基础上对个体与社会的关系进行协调处理,以保障市场竞争秩序的有序、高效。

(二)航运反垄断豁免的价值取向

反垄断法是解决社会化引起的市场矛盾和冲突的必然结果,素有"经济宪法"之称。其价值链的中心环节是社会本位,即在尊重市场机制的前提下,立足社会公共利益,平衡各市场主体之间的关系。[①] 因此,反垄断法并非单纯的法律调整运用,而是在秩序、效率、公平、正义的价值理念下,对市场行为主体之间的利益予以协调和保护。作为反垄断法有机组成部分的反垄断豁免制度同样贯穿着社会整体效益和实质公平的价值取向。

1.社会整体效益

航运业尤其是集装箱班轮运输业具有典型的规模经济效应,并集聚了大量的"沉淀成本"。从产品属性来看,运输兼具公共性和市场性。一方面,航道港口等基础设施的投入与维护具有国家规划和统一管理的特征,航运业作为国民经济的中坚力量,往往被认为是保障国民经济健康运行的重要战略性产业。航运业的发展程度代表了国家利用国际经济资源的能力,同时也为重点物资的安全运输提供了保障。另一方面,航运服务的经营管理又融入了市场化运作模式。对于私人航运经营者而言,经营决策往往受到追求利润最大化的商业利益的驱使。如果任由市场机制运作,政府不加以适当规制,可能会导致重复建设,造成社会资源的巨大浪费,不利于社会福利改进以及增强产业的国际竞争力。因此,在强化其物品公共性的前提下,有必要对具有一定合理性,且对社会整体利益有利的航运垄断行为予以许可甚至鼓励,让"竞争自由"和"个体效益"暂居次位,利用垄断的组织性克服竞争的无序性,以避免出现公共性与市场性的背离,弘扬整体经济和公共利益。这也是支撑航运反垄断豁免的主要理由。

2.社会总体公平

"所谓公平,从根本上讲就是人与人的利益关系及关于人与人的利益关系的原则、制度、做法、行为等合乎社会发展需要之义。"[②]反垄断法所倡导的公

---

① 漆多俊:《经济法基础理论》,武汉大学出版社 2000 年版,第 156～157 页。
② 戴文礼:《公平论》,中国社会科学出版社 1997 年版,第 42 页。

平价值理念侧重的是从社会整体利益出发所追求的实质公平。不同于针对单个个体的机会和形式上的公平,实质公平并不意味着所有市场竞争主体的绝对公平,而是指整个国家范围内的经济公平。垄断并不必然排斥竞争,从世界各国经济发展的经验来看,适度的经济垄断是经济振兴的必要手段。① 占据垄断优势的企业往往通过改进技术设备,改善经营管理和服务水平而获得较高的经济收益。垄断地位的取得体现了企业的经济高效性,同时又有实力进行科技再创新,这种良性循环有助于社会实质公平。因此,为了总体公平,必要时需要从法律制度的角度允许某些个体和团体间存在不公平,限制甚至摒弃个体竞争自由。例如欧盟仍然保留对航运联营体的整体豁免,也是基于其对消费者福利和技术进步的积极意义。这也体现了反垄断法在平衡承托双方的公平问题上的价值取向。

(三)航运反垄断豁免的法律特征

1.立法形式的多样化

各国在赋予国际航运业中某些特定的具有垄断性质的行为以反垄断豁免待遇方面具有一致性,但是在立法形式上具有多样性。其中以欧盟、加拿大为代表采取的是单独立法模式,即通过单独制定单行的适用豁免成文法来解决航运反垄断豁免问题。例如欧盟 1986 年的《关于根据欧共体条约第 85 条和第 86 条适用于海运的实施细则的第 4056/86 号理事会规则》和 2009 年的《特定种类的班轮公司(联营体)协议、决定和共同行为适用于欧共体条约第 81 (3)的第 906/2009 号理事会规则》、加拿大 1987 年的《班轮公会豁免法》。还有一种是以美国、日本、韩国、澳大利亚为代表的综合立法模式,即在已有的反垄断法或航运管理法中用专章或专门条款对国际航运协议组织的反垄断豁免制度加以规定的立法体例。例如美国《1998 年航运改革法》有专门针对协议享有豁免所需具备的实体性条件和程序性条件条款。日本和韩国的《海上运输法》、澳大利亚 2000 年的《国际班轮货物运输法》中也有反垄断豁免的专门规定。

2.豁免效力的相对性

尽管航运领域的行业反垄断豁免具有一定的普遍性,但并不意味着国际航运协议组织达成的垄断协议就可以当然地享有豁免特权。豁免是允许或维

---

① 陈金明、刘继兵:《论产业组织适度垄断和有效竞争》,载《中南财经大学学报》1995年第 5 期。

护一种垄断性市场结构,或使某些限制性竞争行为合法化,本质上是反垄断法在维护市场竞争秩序和实现社会整体利益最大化之间的有机协调和配合,因此受到严格的条件限制。① 如果不加以限制,那么具有垄断地位的企业很容易滥用这种地位损害消费者利益,妨碍相关市场竞争,有违豁免制度设置的初衷。即使国际航运协议组织依据一定的条件和程序得到豁免之后,仍然受到反垄断机构的监督。例如美国《1998 年航运改革法》第 3 条规定,联邦海事委员会(FMC)依据第 16 条的授权,可以就承运人的协议是否享有豁免行使自由裁量权,但前提是此种协议将不存在实质性地减弱竞争或损害商业之情形。此外,FMC 可以基于申诉或自己的提议,对被认为违反《1998 年航运改革法》的协议展开调查,如果被调查的协议由于减少竞争而可能产生不适当地降低运输服务水平或增加运输服务成本,FMC 可以申请法院发出禁令。②

3.豁免内容的变化性

反垄断法源于国家对市场经济运行环节出现的各种限制竞争行为进行消除与禁止,以趋利避害,保护有序的市场竞争环境。相较于其他法律部门,反垄断法与国家的竞争、产业等经济政策密切相关。由于一国的经济形势和政策取向会受到国际环境、技术发展还有政治因素等的影响,具有一定的波动性,因而豁免的范围和内容也会随之发生变化。具体到航运反垄断豁免而言,从历史上看,支持航运反垄断豁免的理由主要基于经济学理论所认为的豁免对于保证贸易稳定、保障国防战略的重要意义以及航运产业特性所衍生的内在要求。因此,航运反垄断豁免作为一种国际立法惯例而得到普遍适用。但是,行业整体豁免带来的"海上卡特尔"也逐渐显现出竞争动力不足,减损消费者福利,无法实现优胜劣汰的市场资源配置功能等弊端,加之其他行业整体上放松管制的立法趋势,对航运反垄断豁免的合理性也受到质疑,海运竞争监管呈现了日趋严格的发展态势。欧盟委员会于 2006 年 9 月 25 日颁布第 1419/2006 号条例,取消班轮公会反垄断豁免及其规定,这将对其他国家航运反垄断豁免制度的存废施加重要影响。原因在于各国的国际航运管理法律制度具有很强的趋同性和国际性,尽管如此,也未必意味着其他国家就会追随欧盟对本国航运竞争立法作出相应的修改,航运反垄断豁免的范围与内容仍然是以一国的政治经济形势以及经济政策作为出发点,并时刻与其保持相适应。

---

① 刘桂清:《反垄断法中的产业政策与竞争政策》,北京大学出版社 2010 年版,第 58 页。

② U.S.,The Ocean Shipping Reform Act of 1998,Section 6(h).

二、航运反垄断豁免的比较法考察

由于一直以来认为基于国际班轮运输业特殊的成本结构和通行的商业环境以及班轮运输市场对寡头垄断行为的敏感性,长期的产能过剩容易导致恶性竞争,完全依靠市场竞争无法提供有效的运输服务。加之为了确保国家商船队的稳健发展,实现联合效益的需要,航运业普遍存在补贴。出于产业政策的考虑,世界各国一般都对航运垄断行为给予豁免。美国《1916 年航运法》最早确立了航运反垄断豁免制度,此后各航运发达国家也纷纷仿效美国,形成了本国航运业的反垄断豁免制度。

从各国对航运反垄断豁免的授予模式上看,主要分为两种:个别豁免(individual exemption)和整体豁免(block exemption)。个别豁免是针对特定的限制竞争行为的豁免,不直接规定可以享受豁免的协议或行为类型,而是规定了豁免的实质性条件,由竞争监管部门依据个案加以判断。[①]个别豁免是航运反垄断豁免的主要立法形式,典型表现有美国、欧盟、日本、澳大利亚的航运反垄断豁免立法。

美国《1998 年航运改革法》第 5 条第(a)款要求远洋公共承运人协议[②]、海运码头经营人协议都应向 FMC 报备,由 FMC 对报备的协议内容进行实质审查。第 5 条第(b)款和第(c)款规定了享有反垄断豁免需具备的条件,要求协议不得限制服务合同谈判的自由、不得要求披露法律规定之外的服务合同内容、不得采取强制性规则影响服务合同的订立。

欧盟竞争法中的个别豁免主要体现在《欧共体条约》第 81 条第 3 款,其规定在授予豁免时应同时具备两个积极条件和两个消极条件。积极条件要求协议有助于改进商品的生产或流通,或者促进技术或者经济进步,即提高效率,这是从经济层面考察"经济效益";有助于消费者分享由此产生的利益,即提高

---

① 王晓晔:《欧共体竞争法》,中国法制出版社 2001 年版,第 133～139 页。

② 《1998 年航运改革法》第 4 条第(a)款规定,本法适用于远洋公共承运人订立的或远洋公共承运人之间订立的下列内容:(1)协商、固定或管理运费率,包括联合费率、舱位调节和其他运输条件;(2)公摊、分配运输、收入或损失;(3)分配港口或限制、管理挂靠港数目和能力;(4)限制或管理货运量或货运能力;(5)公共承运人之间达成排他的、特惠的或合作安排,或者与一个或多个码头经营人达成的相同安排;(6)对国际海运进行控制、管理或阻碍竞争;(7)与服务合同有关的任何事务的协商和同意。参见 Shipping Act of 1998,Sec. 4(a).

消费者福利,这是从法律层面考察"公平价值"。消极条件要求协议对有关企业的限制,是实现前两者所必不可少的,即没有更好的替代选择;协议不存在使有关企业可在相关市场内排除竞争的可能,即从政治层面考察"经济集权和经济分权"。因此,承运人要享有航运反垄断豁免必须承担相应的举证义务,即证明限制竞争行为和维护运价稳定、提高服务效率之间存在直接因果关系且无法通过其他限制性较少的手段如增加长期合同的数量、使用船舶共享协议、成立航运联盟等加以实现。

日本《海上运输法》第 29 条第 2 款规定了授予反垄断豁免的条件,船舶经营人之间的共同行为(1)不得对托运人的利益造成不当损害;(2)不存在不适当差别待遇;(3)不得对进入和退出施加不当限制;(4)限制行为应以最低程度为限。对于在交易过程中使用了不公平方法、对竞争构成实质性阻碍以及监管部门要求采取修改等措施一个月后仍未修改的协议,取消豁免。此外,还通过国土交通省和公平交易委员会的双重审查制来确保限制竞争行为的合理性。

澳大利亚《1974 年贸易行为法》第十章"国际班轮货物运输法"对远洋承运人之间就船期安排、运力分配、费率制定等达成的公会协议,在进行报备登记后可以享有豁免作出了相应的规定,豁免条件包括提供最低班轮运输服务水平;尊重托运人组织的意见,不仅在报备登记前需要与托运人组织进行协商谈判,而且在协议生效后的运营阶段也可以应托运人组织的要求展开对具体运输条件的谈判;还有经营国际班轮运输业务的船公司应在澳大利亚有代理。[①]

整体豁免是指对符合法律规定的某类协议或某行业内的有关决议、决定或行为,在没有申报、审查的情况下豁免适用反垄断法禁止性规定的豁免授予方式。这种方式通过立法详尽地规定了纳入豁免的行为类型,好处在于便利执法和有利于法律的确定性,消极后果可能导致缺乏灵活性,协议方为了避免违反反垄断法,往往将协议条款标准化,以符合整体豁免的范畴。[②] 最早采用整体豁免的是欧盟,考虑到个别豁免对反垄断执法机关的审查负担,欧盟第4056/86 号条例和第 823/2000 号条例分别授予班轮公会、航运联营体整体豁免,但对市场份额超过 50％的航运联营体,仍采取个别豁免。即使采用整体豁免,也通过严格解释原则以避免对豁免条款的滥用。例如班轮公会协议,决

---

① 於世成:《美国航运法研究》,北京大学出版社 2007 年版,第 109 页。

② 钟刚:《反垄断法豁免制度研究》,北京大学出版社 2010 年版,第 103 页。

定或协同行为不得对港口、托运人和其他船舶经营人造成不合理的损害;运价和服务条件不应在装卸两港之间存在差别待遇,除非具有经济合理性;公会成员和托运人之间的独立服务合同不受公会限制;设置内陆运费率的协议不在豁免的范畴等。

随着国际航运市场结构的变化和欧盟竞争政策的发展,第 4056/86 号条例的合理性逐渐受到质疑,即班轮公会并未完全满足反垄断豁免的条件。其争议的焦点主要集中在四个方面:

1.稳定运价。班轮公会能够起到维持运价稳定的作用往往被认为是赋予豁免的前提和基础,然而班轮公会要想证明限制竞争行为的合理性,首先需要证明运价不稳定的事实,正常市场竞争环境下的价格波动不意味着价格不稳,贸然用价格干预手段可能会扭曲市场的真实价格信号,影响市场参与者在供给与需求方面的资源配置。

2.不可或缺性。不可或缺性意味着给予班轮公会反垄断豁免是实现经济利益的必然选择,不存在比公会所实施的限制竞争措施如固定运价和运力更合适的替代方案。然而,OECD 在广泛调查的基础上得出结论认为,班轮运输业相较于其他交通运输产业而言不存在显著的独特性,给予反垄断豁免的理由不充分。[①] 从船公司订立的单独服务合同和独立承运人提供的可靠服务可以看出,即使没有公会也可以实现价格和服务的稳定。[②] 此外,不涉及固定价格的联营体协议等合作协议也可以有效提供充足可靠的定期运输服务。因此,无法确定第 4056/86 号条例下的限制竞争是不可缺少的手段,因为它能通过更小的限制性手段加以实现。

3.效率抗辩。由于班轮运输的高固定成本和季节性需求,公会认为可以通过运力调整来实现运营效率。减少供给的"饥饿疗法"将直接带来运价上涨的局面,而且一旦固定运力将无法敏感地满足实际的市场供求关系,容易产生运力过剩或运力不足的情况。班轮公会内部成员的差异性也决定了其向托运人所收取的运费是不经济的,必然需要考虑最低效的船公司的利益。因此,从这个意义上来说,公会本身的组织形式也不符合追求效率的价值目标。[③]

---

① OECD Directorate for Science, Technology and Industry, Division of Transport, Competition Policy in Liner Shipping—Final Report DSTI/DOT (2002) 2, p.201.

② Ibid, 69.

③ Ho Tin Nixon Fong, Exemption of Liner Shipping from Competition Law, Australian and New Zealand Maritime Law Journal, Vol.26, 2011, pp.181～182.

4.增进消费者福利。国际海运服务中的消费者称为"运输服务使用者"（transport user）。增进消费者福利要求班轮公会和船公司将其从反垄断豁免中所得的利益与消费者分享，以弥补消费者自由选择权和自由议价能力受限而遭受的损失。这部分利益主要是高效率的公会成员从统一价格中所获得的应有利润之外的超额利润。作为追求利润最大化的商业主体，将既得利益传递给消费者显然与现实不符，公会和承运人也没有充分的证据表明这一点。与其依赖公会和船公司的利益共享，倒不如依赖托运人协会和市场力量。总而言之，继续保留班轮公会的集体豁免会造成市场扭曲并导致次优的市场结构，因而有必要重新审视对班轮公会的反垄断豁免制度。

基于以上分析，2006 年 10 月欧共体理事会通过了第 1419/2006 号条例，该条例规定自 2008 年 10 月 18 日起取消班轮公会的反垄断集体豁免，将其重新纳入欧盟一般竞争法的规则框架内。[①] 但于 2009 年颁布的第 906/2009 号条例[②]中依然给予航运联营体以集体反垄断豁免的特权，只是享受豁免特权必须评估其是否具有垄断效果，是否影响航运市场的自由竞争，对航运联营体享受豁免的经营行为和对竞争限制的核心卡特尔行为进行了明确的规定。[③]对航运联营体援引豁免的举证责任加重。

除了欧盟之外，加拿大也是采取行业整体豁免的典型代表。《1987 年航

---

① OJ L 269，28.9.2006，Council Regulation（EC）No.1419/2006 of 25 September 2006 repealing Regulation （EEC）No.4056/86 laying down detailed rules for the application of Articles 85 and 86 of the Treaty to maritime transport，and amending Regulation （EC）No. 1/2003 as regards the extension of its scope to include cabotage and international tramp services.

② Commission Regulation （EC） No.906/2009 of 28 September 2009 on the application of Article 81（3）of the Treaty to certain categories of agreements，decisions and concerted practices between liner shipping companies（consortia）.

③ 根据第 906/2009 号条例，为了具有豁免资格，联营体成员的共同市场份额不得超过 30%，可以享受豁免的活动包括：（1）班轮运输服务的联合经营（协调和共同确定航行时间表和挂靠港口；船舶及舱位的交换、出售或互租；共同使用船舶和港口设施；使用一个或多个联合经营办公地；提供集装箱、托盘和其他设备以及这些设备的出租、租赁、购买合同）；（2）根据供需波动调整运力；（3）联合经营或使用港口码头及相关服务；（4）其他辅助性活动例如利用 EDI 系统、联营体成员有使用联营体的分配船舶之义务，避免租用第三方船舶、联营体成员不得在相关市场向其他经营人转让或出租船舶上的舱位，除非事先取得联营体其他成员的同意。参见：Official Journal of the European Union，2009. L256：31.29 September. Article 3. Exempted agreement and Article 4. Hardcore restrictions.

运公会豁免法》①授予公会以及各种航运协议组织豁免权。《2001 年航运法》②对《1987 年航运公会豁免法》作出了修改,增加了电子报备协议形式,保障独立行动权和公会成员订立服务合同的自由以及公会成员的披露义务等内容。

我国《反垄断法》和《国际海运条例》并未建立完善的航运反垄断豁免制度。《国际海运条例》第 22 条要求国际船舶运输经营者订立涉中国港口的班轮公会协议、运营协议、运价协议等应自订立协议之日起 15 日内向交通部备案。这是否意味着一种反垄断豁免的推定,是值得商榷的。应该来说,备案只是形式要件并作为一种行政监管的手段,并不能推定其享有实体特权,仅仅依靠这一条不能证明承运人协议在我国的法律体制之下是享有反垄断豁免特权的。③ 依据 2006 年 4 月 18 日交通部、国家发改委和国家工商行政管理总局联合发布的《关于公布国际班轮运输码头作业费(THC)调查结论的公告》④,调查机关肯定了班轮公会、国际班轮运输经营者享有集体订立运价协议的权利,但不得对公平竞争和国际海运市场秩序造成损害,并应依法向交通部备案。此外,对于涉及中国港口的运价协议和各类附加费协议生效前,应与托运人进行有效的协商。因此,虽然我国并没有从立法上明确承运人协议享有反垄断豁免权,但是究其实质仍是遵循了国际惯例承认了该类协议在我国的合法性。

三、航运反垄断豁免实现径路的分化

长期以来,航运业一直游离于各国竞争政策之外,以固定价格协议和控制产量协议为代表的水平卡特尔屡见不鲜。但是,正如其他交通产业部门一样,航运业也面临着取消产业保护,鼓励开放竞争的趋势。最早放松管制的努力始于美国《1984 年航运法》,该法案的主要目的是使公会船公司有权自由决定

---

① Shipping Conferences Exemption Act, 1987 [1987, c. 22, assented to 30th June, 1987], http://laws-lois.justice.gc.ca/PDF/S-10.01.pdf,下载日期:2016 年 3 月 3 日。

② Canada Shipping Act, 2001, http://laws-lois.justice.gc.ca/PDF/C-10.15.pdf,下载日期:2016 年 3 月 3 日。

③ 蔡莉妍:《航运联盟反垄断的法律规制研究》,载《大连海事大学学报(社会科学版)》2014 年第 5 期。

④ 《关于公布国际班轮运输码头作业费(THC)调查结论的公告》,http://www.moc.gov.cn/sj/shuiyj/shuiluysh_shyj/201412/t20141211_1742056.html,下载日期:2016 年 3 月 3 日。

与托运人之间的运费率和服务水平,而且赋予托运人摆脱公会所施加的限制,自主选择合适的船舶经营人的权利。具体而言,《1984 年航运法》通过禁止双重费率制、服务合同公开制、强制班轮公会不得阻碍会员船公司的独立行动权等规定,弱化了班轮公会对运价的控制力,有利于航运市场的竞争,并显著降低了北美航线的运费。

OECD1987 年通过了《航运政策共同原则》[①],其中原则 10(Principle 10)针对政府和竞争政策在班轮运输中的作用作出了如下建议:政府的作用是维护和促进公平竞争,防止任何经营者滥用市场支配地位的行为。其对市场的介入应以最低限度为基础,在处理成员国之间以及与非成员国之间的国际航运关系时,应注意对自由公平的市场竞争环境之保障。因此,当承托双方的利益不平衡或未充分考虑时,应予以纠正,以使双方的正常商业活动不被阻碍或扭曲。虽然该原则不具有法律约束力,但是对成员国具有重要的指导作用。

受此影响,美国为了提高本国商船队在国际航运市场的竞争力,部分修订了《1984 年航运法》对国际航运管理制度的缺陷和不足,改革服务合同制度,取消对敏感性条款的报备义务,提高服务合同的保密性。虽然仍然保留了对班轮公会的反垄断豁免,但是禁止双重费率制,独立行动权的强制保护以及非公开服务合同的规范化显然已经剥夺了班轮公会对运费率的有效控制权。班轮公会这种形式也逐渐丧失了对船舶经营人的吸引力,数量由 20 世纪 70 年代初的 360 多个下降到 2000 年的 250 个左右。[②]《1998 年航运改革法》的实施明显提高了美国航运市场的竞争力,对世界其他国家也产生了重要的影响。

例如欧盟委员会重新审视并评估第 4056/86 号条例,值得指出的是,欧盟"里斯本战略"[③]中就曾提到要在气、电、邮政和交通运输领域加速放松管制的改革。OECD2002 年关于班轮运输竞争政策的最终报告[④]中建议成员国取消

---

① OECD Doc. No. (87) 11 (Final), Council Recommendation Concerning the Common Principles of Shipping Policies for Member Countries, February 13, 1987.

② 山岸寬:《海上コンテナ物流論》,成山堂書店 2004 年版,第 56 页。

③ "里斯本战略"是欧盟 15 国领导人为加快经济改革、促进就业于 2000 年 3 月在葡萄牙首都里斯本举行的特别首脑会议上,达成并通过的一项关于欧盟十年经济发展的规划,旨在使欧盟在 2010 年前成为"以知识为基础的、世界上最有竞争力的经济体"。Presidency Conclusions, Lisbon European Council, 23 and 24 March 2000, p.6.

④ OECD, Final Report on Competition Policy in Liner Shipping (2002), paras.205-215.

对班轮公司之间运价协议的反垄断豁免。在此背景下，欧盟最终通过第1419/2006 号条例，取消第 4056/86 号条例对班轮公会的整体豁免，认为废除豁免是降低运输成本的最佳选择，同时不会影响到服务的可靠性，进而提高欧盟内部的市场竞争力，帮助里斯本战略的实现。此外，修改了第 1/2003 号条例，将沿海运输和不定期船运输也纳入欧共体竞争法的调整范围。

　　加拿大交通部 2000 年报告[①]认为应支持取消加拿大竞争法下对远洋班轮运输的反垄断豁免，以确保与加拿大主要贸易伙伴尤其是美国航运立法的平衡，并且竞争性的经营环境也有助于加拿大的国际贸易，托运人可以以更加合理的成本获得国际海上货物运输服务。澳大利亚生产力委员会 2005 年关于对 1974 贸易行为法第十章的审议报告[②]也得出类似的结论，认为班轮运输业享受豁免的合理性不足，应纳入一般竞争政策的范围。

　　当今班轮公会的运价议价功能已逐渐弱化，更多是起一个信息交流平台的作用，对于维持市场透明度具有一定的积极意义。如果没有这一平台，市场竞争的激化可能加剧大公司操纵市场的可能。[③] 欧盟取消班轮公会的反垄断豁免后，中小承运人生存状况恶化，大型船公司不断的兼并合作提高了市场集中度，托运人也未因市场竞争性的加强而明显受益，对于中小托运人而言，本已微弱的话语权更是难以保障。[④] 这与欧盟取消豁免的初衷相悖。[⑤] 因此，各国基于本国的经济利益和对国际航运市场形势的考量，并未立即追随欧盟，

---

　　① Transport Canada，Transportation in Canada 2000，p.124，http://publications. gc.ca/collections/Collection/T1-10-2000E.pdf，下载日期：2016 年 3 月 1 日。

　　② Productivity Commission，2004 Review of Part Ⅹ of the Trade Practices Act 1974：International Liner Cargo Shipping，Report no. 32，Feb. 23，2005，available at http://www. pc. gov. au/inquiries/completed/cargo-shipping-2005/report/partx. pdf，last visited on Aug 20，2015.

　　③ 张湘兰、张辉：《国际海事法新发展》，武汉大学出版社 2012 年版，第 140 页。

　　④ FMC，BUREAU OF TRADE ANALYSIS. Study of the 2008 Repeal of the Liner Conference Exemption from European Union Competition Law(2012)，pp.218～219，available at http://www.fmc.gov/assets/1/documents/fmc_eu_study.pdf，last visited on May 13，2015.

　　⑤ 欧盟委员会认为，取消豁免将给欧盟的工业和消费者带来实质性的好处，包括降低班轮运输价格，提高班轮运输服务的可靠性，提升中小船舶经营人的市场竞争力，此外对于欧盟港口、就业和贸易发展都将产生正面影响，有助于里斯本战略目标的实现。See Memo/06/344，Brussels，25th September 2006，"Competition：Repeal of Block Exemption for Liner Shipping Conferences － frequently asked questions."

取消本国的航运反垄断豁免制度,而是主要采取个别豁免附加严格条件的形式,对除统一运价、控制运力之外的船舶经营人协议持宽容态度。具体参见表 3-1。

表 3-1　欧盟及主要国家关于航运反垄断豁免的立法现状及趋势情况表

	一般竞争法	航运反垄断豁免的法律依据	有无航运反垄断豁免制度	航运反垄断豁免制度的改革动态
欧盟	欧共体条约第 81 条和第 82 条	第 4056/86 号条例(班轮公会)、第 479/92 号条例(航运联营体)	有	第 1419/2006 号条例规定自 2008 年 10 月 18 日起取消班轮公会的整体豁免,第 906/2009 号条例和第 697/2014 号条例仍然保留航运联营体的整体豁免。
美国	谢尔曼法、克莱顿法、联邦贸易委员会法	1998 航运改革法	有	2007 年 4 月,"美国反垄断现代委员会"(AMC)向总统及议会提交最终报告,建议取消对班轮公会的反垄断豁免,但美国联邦海事委员会仍决定继续维持现有规定。2010 年 9 月,美国众议院议员提交《2010 年航运法》法案(H.R.6167),其中第 10 条规定,远洋公共承运人之间不得就运价、附加费、运力合理化、货载、收入、损失、客户、市场、服务合同等进行协商或达成协议。
澳大利亚	1974 贸易行为法	1974 贸易行为法第十章国际货物运输法	有	生产力委员会 2005 年报告建议取消第十章,政府决定继续维持豁免,但作出相应的修改,协议内容不得设置共同费率标准。2015 年 3 月《澳大利亚审查竞争法的最后报告》中提出,"班轮运输行业应遵守 2010 年《竞争法和消费者法》",竞争和消费者委员会有权对公会协议授予集体豁免,使其达到促进竞争的最低标准。
加拿大	竞争法	1987 航运公会豁免法	有	保留豁免,但强化公会成员的独立行动权和服务合同的作用。
新加坡	2004 竞争法	2006 班轮运输整体豁免规则	有	新加坡贸易和工业部(MTI)将班轮运输协议的整体豁免延至 2020 年 12 月 31 日。

续表

	一般竞争法	航运反垄断豁免的法律依据	有无航运反垄断豁免制度	航运反垄断豁免制度的改革动态
日本	禁止垄断法、不正当竞争防治法	海上运输法	有	未修改
韩国	限制垄断及公平交易法	海上运输法	有	未修改
中国	反垄断法、反不正当竞争法	国际海运条例及其实施细则	有	未修改

作为全面放开海运市场监管的过渡机制，欧洲班轮事务协会（European Liner Affairs Association，ELAA）在 2004 年向欧盟提交了一份旨在取代班轮公会豁免的机制建议——信息交换机制，并于 2006 年 6 月进行了补充修改。[①] ELAA 建议废除第 4056/86 号条例后，维持持续稳定的班轮运输服务需要建立一个信息交换系统，主要内容包括：(1)建立一个港口之间的独立数据处理中心，由独立承运人将其个人机密数据提交给中心，再由中心对信息进行集合处理；(2)由独立专家基于数据就市场供求关系进行预测；(3)由班轮运输协会在与承运人以及相关利益方进行协商的基础上提供行业咨询；(4)由贸易协会建立简单的汇总价格指数；(5)汇总的信息将公开提供给利益关系方，如承运人、托运人、货运代理人、港口、政府当局和社会公众。ELAA 认为，该系统将使承运人满足短期需求以部署运力安排以及长期需求以保障投资安全，这两方面将有助于提供可靠的服务。然而 ELAA 的信息交换机制却遭到托运人集团的反对，[②]欧洲托运人委员会（European Shippers Council，ESC）认为承运人之间的信息交换将可能增加默示共谋的可能，使用公开的市场信息就可以确定运力以满足供给需求，无须再额外建立数据处理中心。另外，虽

[①] ELAA，The ELAA Proposal for a New Regulatory Framework for the Liner Shipping Industry—Article 81 EC Assessment，10 March 2005.

[②] ESC，"What Shippers Require from Liner Shipping in the Future and Why"(Position Paper)，Brussels，Sept，2004，http://ec.europa.eu/competition/consultations/2004_6_reg_4056_86/esc_future_paper.pdf，下载日期：2016 年 3 月 5 日。

然取消了班轮公会豁免,但是仍然保留的联营体豁免足以为非价格固定的横向合作协议提供保护,无须再另行设计一套功能上具有重叠性的机制。

通过上文分析可以看出不同利益主体对于航运反垄断豁免制度的态度存在较大分歧。随着放松管制的趋势,航运经营者之间的非价格行动安排逐渐取代价格协议,并且带来新一轮的行业重组,既然已经无法再寻求法律的更多保护,那么缔结合资协议和各种舱位共享协议就成为当下的选择。这些协议避免了单纯增加新船和开辟新航线可能带来的产能持续过剩。[①] 船舶运营商面临日益严格的监管环境,通过不断整合市场力量,包括水平和垂直整合,为客户提供综合物流服务。现代定价策略也转为以集装箱为核心的收益管理策略,即除了考虑航运成本外,还要考虑供应链上其他环节的成本结构,与传统班轮公会所采取的以运输距离作为成本核算的定价策略不同。

在此背景下,公会系统受到不断削弱,以服务为导向的各种船舶操作协议成为主流。从这个意义上来说,诚然目前其他国家并没有取消对班轮公会的反垄断豁免,但是承运人集团的自体约束和利益导向机制也会趋近于以联营体/航运联盟的形式来扩大自己的市场份额。考虑到联营体豁免还将在今后较长时期存在,以及各国航运管理法律制度的趋同性,未来航运反垄断豁免制度的格局将在整体豁免否定论的基础上进行类型化界分,适用豁免的协议空间也将受到越来越严格的限制,但有一点可以肯定的是,各国基于各自产业政策的立场考量以及航运反垄断豁免制度的价值目标,法律进路会呈现多元化阶梯式的表现,如何进一步完善航运垄断协议豁免的授予条件和授予程序,将是行政控制模式下值得思考的命题。

---

① 亚太经合组织(APEC)2008 年发布的三份研究报告中指出,"非定价协议可以提高运营效率,通过发挥规模经济优势和协调船期,为客户带来更加优质的服务。"但是应注意为了确保承运人不滥用其优势地位或削弱竞争,应建立更加合理和统一的监管制度来加强监督。APEC (2008b). Liner shipping competition policy: Non-ratemaking agreements study (stages 2&3). Asia-Pacific Economic Cooperation (APEC) Transport Working Group (TWG). November., http://www.apec-tptwg.org.cn/new/Archives/tpt-wg32/Maritime/Final/08_tpt_Liner_Stages%202and3.pdf, pp.42~50.

本章小结

《易传·系辞上》有云"易有太极,是生两仪,两仪生四象,四象生八卦"。竞争作为市场资源配置的有效手段,在发挥其优胜劣汰的优越性的同时,也会导致生产和资本的集中,形成垄断。本章结合航运市场竞争实践,围绕航运竞争法的实体法律制度展开论述,具体内容包括针对航运垄断协议、航运领域滥用市场支配地位行为、航运领域的经营者集中行为以及航运反垄断豁免四个方面的法律规制措施。对于上述问题的梳理和把握,成为掌握航运竞争实体争议及解决途径的重要前提。

本章首先考察典型市场经济体对垄断协议的内涵与外延之表述,梳理航运垄断协议的概念范畴,随后通过类型化分析不同的航运垄断协议及其反竞争效果,概括航运垄断协议的法律构成要件。在此基础上,结合违法判定规则、证据规则和法律监管模式探索航运垄断协议的法律规制路径。

航运领域滥用市场支配地位行为的规制重点在于对相关市场和支配地位的界定,通过对典型案例裁决实践的分析,总结判断相关市场的维度与权衡因素以及构成支配地位的认定标准。从表现形式上看,航运领域滥用市场支配地位的行为可以分为两大类:涉及价格的滥用行为和非涉及价格的滥用行为。前者包括垄断性高价、掠夺性定价和歧视性价格;后者包括拒绝关键设施的使用许可、拒绝提供运输服务和附加不合理的合同条件。

随着航运企业愈来愈频繁的并购重组以应对持续低迷的市场环境,航运领域的经营者集中案件也不断增多,对航运经营者集中案件的审查一般从市场集中度和市场份额入手,然后通过对竞争抑制效果以及集中所带来的效率促进进行比较分析以决定是否批准。除了并购之外,设立航运联营企业也成为航运经营人合作的主要形式,由于我国目前对航运联营企业的法律规定相对模糊,在借鉴欧盟企业集中控制制度中关于完全功能型企业的规制措施基础上,有必要积极思考并研究我国的相应法律规制路径。

航运反垄断豁免制度一直被视为航运竞争法的核心组成部分,作为竞争政策和产业政策的交汇点,决定着航运限制竞争行为的范畴和边界。然而,随着国际经济形势的变化,带来了航运市场结构的转型升级,以班轮公会整体豁免为代表的航运反垄断豁免体制受到质疑和挑战。尤其是在欧盟取消班轮公会整体豁免之后,各国虽然没有马上随之取消,但是也逐渐收紧豁免的授予条件。在否定行业整体豁免的基础上,依据不同的价值取向构建多元化的航运反垄断豁免体系是实现航运资源配置优化的重要手段。

第四章

航运竞争法之程序法律规则

竞争法就本质而言,是一种政府的社会控制手段,是对多元利益价值进行衡量和选择的政策规范。相较于一般法以权利和义务作为主要内容的规范体系,竞争法以维护国家的竞争政策和公共利益为出发点和最终归宿,与政府权力介入市场行为密不可分,其基本范畴是经营者履行相关市场行为被禁止的义务和权力主体(政府)的监督职权。国家反垄断机关通过对涉嫌垄断行为实施政府干预,以维护竞争者的合法权益和竞争机制的良性运转。从现代竞争法的发展趋势来看,基于实体规则的原则性与不确定性使得直接适用的法律效力受到一定程度的减损,加之针对现实市场环境下纷繁复杂的垄断行为,法律也无法全面覆盖。[①]对于这种立法的不周延性,只能通过完善以执法程序为主要内容的程序规则。以执法来弥补立法的不足成为竞争法现代化的重要标志之一。

对于航运限制竞争行为的法律规制而言,实体规则的研究固然重要,实现价值多元的权威性和公平性的程序机制亦不可偏颇。"现代市场经济的中心课题是优化选择机制的形成,而公正合理的法律程序正是改善选择的条件和效果的有力工具。"[②]本章的研究重点在于结合我国目前航运市场监管机制的缺陷以及相关国际立法经验,探索规范航运市场有序竞争的运行机制,通过严格的监管措施和保障透明度的方法,吸收消化反垄断法本身的不确定性,从而满足市场主体对竞争执法稳定性和可预见性的诉求。

[①] 焦海涛:《论现代反垄断法的程序依赖性》,载《现代法学》2008 年第 1 期。

[②] 季卫东:《法律程序的意义——对中国法制建设的另一种思考》,中国法制出版社 2004 年版,第 15 页。

第一节　航运竞争调查程序

一、航运竞争调查程序的含义

航运竞争调查程序是针对航运垄断行为展开反垄断行政执法的必经程序。从法律性质来看,航运竞争调查是一种行政检查行为,即航运竞争主管部门依据行政职权,对相对人执行法律、法规和规章以及有关行政命令、行政处理决定的情况进行单方面强制了解的具体行政行为。① 虽然行政检查对相对人的实体权利义务不产生直接影响,但是它可以对相对人设定某些程序性义务如配合调查、如实说明情况、提供有关资料等以及限制某些权利,其调查结论可以帮助监管主体及时了解和掌握相对人在市场竞争中的表现,为后续的行政行为提供参考。

(一)航运竞争调查机构及其职权

从世界其他国家和地区的航运竞争执法模式来看,一般都以行政模式为主,即通过相应的行政机构对案件进行调查和审理,而且有权像法官那样对案件作出裁决和处理,行政机构充当了检察官和法官的双重角色。② 作为一种准司法权,虽然监管主体位于行政序列之中,但是它的执法功能强于行政功能,因此准司法权的行使必须严格依据法律程序来进行。

依据作出反垄断决定的机构是否具有特殊性和专门化,可以将航运竞争调查机构分为两大类:一是纳入一般竞争法的监管程序,由反垄断主管机构对航运限制竞争行为实施管辖。典型国家有欧盟的欧盟委员会、日本的公平交易委员会、俄罗斯的反垄断政策与企业扶持部等。例如欧共体理事会第1/2003号条例第5章(第17条~第22条)对欧盟委员会取得信息和对案件进

---

① 沈福俊、邹荣:《行政法与行政诉讼法学》,北京大学出版社、上海人民出版社2007年版,第228页。

② 王晓晔:《反垄断法》,法律出版社2011年版,第325页。

行调查的权力作了详细的规定。具体包括：对特定经济领域及各类协议的调查[1]；提供信息的请求[2]；收集供述的权力[3]；调查权[4]和对其他场所的调查[5]。其中不仅可以要求成员国的政府及主管机构、企业及企业协会向其提供所有必要的信息，而且可以询问第三方如竞争对手、消费者、律所以及咨询公司。[6]依据欧共体竞争法的"域外适用"（extraterritorial application）效力，还可以要求非欧盟企业提供有关信息，这对于班轮公会的反垄断调查具有重要的意义。此外，在存在合理怀疑的情况下，经委员会授权的检查人员还可以进入相关企业或企业协会的经营场所和私人住宅进行现场调查。

二是由专门机构负责对航运市场的垄断行为行使监管职权。例如美国联邦海事委员会（FMC）负责调查远洋公共承运人、码头经营人和运输中介人实施的歧视性费率、费用和规则，以防止承运人实施反竞争的行为和被禁止的不公平行为，避免对市场竞争环境造成扭曲和限制。[7] 我国《国际海运条例》第33条，对于第32条中所涉及的损害国际海运市场公平竞争的特定行为，有权实施调查的主管机关为国务院交通主管部门以及国务院工商行政管理部门和价格部门。考虑到国际海上运输经营活动及其相关辅助性活动的重大性和涉外性，地方交通主管部门仅在国务院交通主管部门的授权下才有权行使《国际海运条例》所规定的监管管理职权，而且需要及时向授权机关进行报备。[8]至于调查机关在调查阶段的具体权力，《国际海运条例》采取的是概括式立法，并未详细列举调查人员的权力范围，仅在第35条规定调查人员有权向被调查人

---

[1]　Article 17 of Regulation 1/2003.

[2]　Article 18 of Regulation 1/2003.

[3]　Article 19 of Regulation 1/2003.

[4]　Article 20 of Regulation 1/2003.

[5]　Article 21 of Regulation 1/2003.

[6]　具体判例可参见：Commission Decision 80/1334/EEC of 17 December 1980 (Italian Cast Glass)，O.J. 1980 L 383/19，para.26；Lennart Ritter & W.David Braun，*European Competition Law: A Practitioner's Guide*，3rd edition，Kluwer Law International，2004，p.1062.

[7]　於世成：《美国航运法研究》，北京大学出版社 2007 年版，第 48 页。

[8]　李志文、袁绍春、尹伟民：《国际海运条例释义》，大连海事大学出版社 2004 年版，第 15 页。

及业务往来单位及个人了解情况,并可查阅、复制相关资料。① 与之相较,《反垄断法》第39条对反垄断执法机关调查涉嫌垄断行为可以采取的措施进行了详细规定,包括:①进入被调查的经营者的营业场所或者其他有关场所进行检查;②询问被调查的经营者、利害关系人或者其他有关单位或者个人,要求其说明有关情况;③查阅、复制被调查的经营者、利害关系人或者其他有关单位或者个人的有关单证、协议、会计账簿、业务函电、电子数据等文件、资料;④查封、扣押相关证据;⑤查询经营者的银行账户。调查人员采取上述措施,应取得相应的授权。除此之外,调查权的行使还应注意控制在合理的范围内,虽然对于有关情况的衡量属于自由裁量的范畴,但是应与涉嫌垄断行为存在理性联系,且只用于收集该信息所针对的目的。

(二)航运竞争调查的程序要求

如前文所述,对航运垄断行为的调查是反垄断执法机关确定反垄断违法行为的前提和基础。作为一种"准司法权",积极意义在于可以节约执法资源,快速高效地对市场限制竞争行为进行处理。考虑到反垄断事务的高度专业性,赋予反垄断执法机关一定的"行政司法"权能有助于完善国家反垄断执法体系。② 但是同时也要求主管机关必须依照严格的司法程序来对反垄断案件作出违法与否的裁决。

根据我国《国际海运条例》第34条的规定,调查机关实施调查,应成立调查组。人员不少于3人,可根据需要,聘请有关专家参加工作。调查前,应当将调查目的、调查原因、调查期限等事项通知被调查人。期限不得超过1年,必要时,经调查机关批准,可以延长半年。此外,该法第38条第2款还规定,调查人员对执法过程中获悉的商业秘密负有保密义务。

美国《1998年航运改革法》第11条、第12条和联邦海事委员会制定的第502节《行为和程序规则》R部分③对被认为违反《1998年航运改革法》第10条的禁止行为和远洋公共承运人间的协议展开调查的实施细则作了详细的规

---

① 《国际海运条例》第35条:"调查人员进行调查,可以向被调查人以及与其有业务往来的单位和个人了解有关情况,并可查阅、复制有关单证、协议、合同文本、会计账簿、业务函电、电子数据等有关资料。"

② 石光乾:《论我国反垄断案件调查机制》,载《甘肃联合大学学报(社会科学版)》2007年第6期。

③ 46 CFR Part 502—Rules of Practice and Procedure,Subpart R—Nonadjudicatory Investigations,(§§502.281-502.291).

定。经委员会授权的官员在进行调查时,应出示授权书和调查令。[①] 在决定启动调查程序后的 10 天内,FMC 应确定公布最终调查决定的期限。如有正当理由,可以延长。但若是由于一方当事人导致的不适当迟延并影响最终决定的作出,FMC 可实施制裁。[②] 此外,FMC 可采取强制措施要求证人出庭,提供账目、文件、单证和其他证据。[③]

欧共体理事会第 1/2003 号条例也对调查程序作了严格的规定。除了同样要求出具授权书和调查令之外,还要求在检查开始前,欧盟委员会应向被检查人所在国的竞争主管机构进行通告,被通告的主管机构应尽积极协助义务。成员国的司法机构不得对委员会检查的正当性和合法性提出质疑,也不得要求成员国竞争主管机构提供委员会案卷中的信息。只有欧洲法院才有权审查委员会的决定是否合法。

(三)航运竞争调查程序的目的与意义

航运竞争调查程序的目的是通过资料和证据的收集,对相关市场主体的行为是否违反反垄断法进行经济学和法学方面的分析评估,为后续行政处罚决定提供法律依据,以保证航运经营者在法律允许的范围内从事经营活动。具体包含两个环节的内容:筛选(screening)和证明(verification)。[④] 筛选旨在通过搜集到的初步证据排查可能涉嫌垄断的违法行为,不急于给出结论性判断;证明的重心则在于对筛选出的垄断行为展开进一步调查,以收集足够的证据且排除合法性的抗辩理由,为后续处理程序提供参考。

航运竞争调查程序的法律意义主要体现在以下三个方面:首先,由于调查对象主要是国际航运经营人之间的涉嫌垄断行为,具有较强的专业性和涉外性,对于具体案件的调查往往需要耗费较多的行政资源,而且大型航运经营人之间的合作形式日益纷繁复杂,为了维持良好的企业形象,其对反垄断合规的审查也越来越重视,因此对于证据材料的搜集难度较大。在有限的人力投入条件下,通过调查程序的介入可以有效辨别潜在的垄断行为,提高反垄断执法

[①]　46 CFR Part 502—Rules of Practice and Procedure, Subpart R—Nonadjudicatory Investigations, § 502.283-502.284.

[②]　Ocean Shipping Reform Act of 1998, Sec.11(e).

[③]　Ocean Shipping Reform Act of 1998, Sec.12(a); 46 CFR Part 502—Rules of Practice and Procedure, Subpart R—Nonadjudicatory Investigations, § 502.286-502.287.

[④]　Harrington, Joseph E.Jr., "Detecting Cartels," in *Handbook of Antitrust Economics*, P. Buccirossi, ed., The MIT Press, 2008, pp.213~258.

的效率,节约行政资源。

其次,通过明确在调查阶段主管机关和被调查对象以及相关利益关系方的权利(力)和义务,可以为主管机关的行政执法行为提供有效的法律保障,也有助于取得相关市场主体的配合,维护竞争执法机构的权威性。

最后,调查程序有助于明确案件的管辖权,避免在后续处理环节可能发生的管辖权冲突。由于我国目前的反垄断执法机关具有多元管理的特点,根据不同的单行立法规定了不同的主管机关。国家工商行政管理总局依据《反不正当竞争法》负责非价格垄断协议、非价格滥用市场支配地位以及行政垄断行为的反垄断执法;国家发改委依据《价格法》禁止价格卡特尔以及涉及价格的其他垄断行为;商务部依据《外国投资者并购境内企业的规定》负责经营者集中行为的反垄断审查。因此,对于某些复合型航运垄断行为而言,可能会涉及不同行政机构以及同一行政机构内部不同级别的部门之间的冲突。为此,在调查阶段可以由不同行政机构就权力的分配进行沟通和协调,以避免重复调查。

二、航运竞争调查程序的启动

从航运竞争调查程序启动的方式来看,主要包括两种:一是基于行政机构的主动调查;二是根据他人的举报。例如根据我国《国际海运条例》第 32 条,国务院交通主管部门可以应利害关系人的请求或者自行决定,对可能损害国际海运市场公平竞争的行为实施调查。美国《1998 年航运改革法》第 11 条第(c)款规定:委员会基于申诉或自己提出的动议,可以对任何被认为涉嫌违反本法的行为或协议进行调查。除根据本条第(h)款发出禁令外,委员会依据本款发出命令前,被调查的协议仍然继续有效,直到 FMC 作出终止决定。欧共体理事会第 1/2003 号条例也作出类似的规定,第 7 条第 1 款:"委员会根据申诉或主动地查明,确有违反条约第 81 条或第 82 条的行为时,可以作出决定,责令有关企业或企业协会停止违法行为。"

国务院交通主管部门可以对可能存在严重扭曲航运市场竞争秩序的不正当竞争行为自行决定启动调查程序。这种公权对私权的主动介入,需要注意控制在适当的范围内,即调查前应有合理的怀疑和理由,并提前通知调查事由和调查期限等内容,避免给被调查人造成不应有的损失。

关于通过"他人举报"方式以启动调查程序,《国际海运条例》及其实施细则较之《反垄断法》还是存在一定的差异性。首先,涉及举报主体的资格认定。

《国际海运条例实施细则》第 43 条对《国际海运条例》第 31 条作了补充规定，"利害关系人认为国际海上运输业务经营者、国际海运辅助业务经营者有《海运条例》第 31 条和本细则第 33 条规定情形的，可依照《海运条例》第 31 条的规定请求交通部实施调查。请求调查时，应提出书面调查申请，并阐述理由，提供必要的证据"。相较于《反垄断法》第 38 条没有限制举报主体的资格，即任何单位和个人都有权对涉嫌垄断行为向反垄断执法机关举报，《国际海运条例》及其实施细则对举报人的资格作了限制规定，即有权举报的主体是与被调查行为存在利益关系的自然人和法人。换言之，举报人不仅需要说明投诉行为可能违法，而且还需说明由于这个可能违法的行为使其利益受损。

其次，涉及对投诉申请的处理方式。依据《国际海运条例实施细则》第 43 条第 2 款的规定，交通部对于调查申请并没有进行法律上和事实上审查的义务，交通部应利害关系人请求展开调查还需先经评估程序，如果交通部认为理由不充分或者证据不足，决定不予调查并通知申请人。申请人可补充理由或证据后再次提出申请；如果认为应当实施调查或自行决定调查的，应当将有关材料和评估结论通报国务院工商行政管理部门和价格部门，由三者共同成立调查组展开。是否实施调查的决定应自收到申请之日起 60 个工作日内作出。然而，《反垄断法》第 38 条第 2 款对举报采用书面形式并提供相关事实和证据的，反垄断执法机关应当进行必要的调查。从该条规定来看，反垄断执法机关对符合一定形式要件和实体要件的投诉进行初步调查是一项法律义务，至于是否立案则取决于调查结果以及执法机构的自由裁量权。

从上文分析可知，我国在启动航运领域涉嫌垄断行为的调查程序上，以《国际海运条例》及实施细则为代表的特殊航运规则和以《反垄断法》为代表的一般竞争规则存在着衔接不畅的问题。总体来看，《反垄断法》对启动调查程序的门槛更低，体现了更为严格的监管思路。根据后法和上位法优先的原则，对于两者规定不一致的处理应适用《反垄断法》，然而从我国目前的海运司法实践来看，针对航运经营者涉嫌垄断的行为尤其是航运经营者集中行为，反垄断执法机关却并未积极启动调查。其中的主要原因在于我国反垄断执法的多头并管造成了执法权的分散，且各部门之间缺乏有效的协商机制。加之航运市场的监管主体为交通运输部，在航运企业未直接向其他主管机关申报的情况下，其他主管机关并不会直接启动对航运企业的调查程序。例如 2014 年 P3 联盟案，商务部是在收到马士基、地中海航运和达飞三家航运企业设立网络中心经营者集中反垄断申报之后才启动调查并作出禁止决定的。结合我国航运市场的发展现状，有必要建立反垄断执法机关之间的协同机制，对航运业及航运辅助业中存在的违法经营行为及时进行调查,以维护航运市场公平有序的竞争环境。

三、航运竞争调查程序下双方的权利(力)与义务

(一)调查机关的权力与义务

调查机关在反垄断调查程序下的权力可以归纳为以下三个方面:(1)提取证据。主管机关可以要求被调查人提供其掌握的一切与案件相关的情况,提取的证据应当客观全面,与调查目的相关联,且严格依照法律规定的程序获得。(2)采取强制措施。调查机关为完成必要的调查,有权进入被调查人的营业或办公场所;查阅、审核和复制被调查人的章程、协议、会议记录、财务账簿等业务资料;责令被调查人书面回答相关问题;传被调查人到指定地点接受调查;查封或扣押被调查人掌握的与案件有关的材料或物品等。① (3)要求其他行政机构提供配合与协助。欧共体理事会第 1/2003 号条例第 20 条规定,委员会授权的调查人员在行使调查权时,检查地所在国主管机关及工作人员应积极协助调查,如果有企业抗拒调查,成员国除了给予必要的协助之外,还可以要求警察机构或同等司法机构予以协助。但是如果向成员国的司法机构提起申请,该司法机构可以对强制措施的合理性进行审查,但不得对合法性进行审查,即只审查强制措施是否超出必要的限度。

义务主要有:(1)通知义务。调查机关应将调查组组成人员、调查事由、调查的法律依据和目的、调查期限以及对提供虚假或误导性信息的处罚措施等情况通知被调查人。此外,还应将被调查人依法所享有的权利进行详细说明。(2)保密义务。对于依法提取的证据如果涉及商业秘密,调查机关及调查人员包括在调查机关监管下工作的其他人员,不得将其泄露。被调查人发现调查人员泄露其商业秘密并有充分证据的,有权向调查机关投诉或寻求司法保护。(3)回避义务。依据《国际海运条例实施细则》第 44 条的规定,案件调查人员同调查申请人、被调查人或者调查事项有利害关系的,应当回避。(4)及时调查义务。调查权的行使应在一定的时限范围内进行。由于具体案件的复杂程度各有不一,决定了调查时间的长短,因此各国反垄断法通常不规定具体的期

---

① 刘宁元主编:《中外反垄断法实施体制研究》,北京大学出版社 2005 年版,第 33 页。

限,即使规定了具体的时限也可以通过延长调查期限的方法来进行灵活处理。例如《国际海运条例》第 34 条规定,调查期限不得超过 1 年,必要时,经调查机关批准可以延长半年。(5)出具调查结论。调查终结时一般要求调查机关出具调查报告。例如依据美国《1998 年航运改革法》第 11 条第(f)款的规定,联邦海事委员会对调查事由应作出书面报告,包括结论、裁定意见、事实概要和作出的命令,并向当事人提供一份副本。出于公共利益的考虑,联邦海事委员会有权随时将获得的信息向公众公开,公布的报告具有合法证据的效力。

(二)被调查对象的权利与义务

依据《国际海运条例实施细则》第 43 条的规定,航运竞争调查程序的被调查对象为涉嫌垄断的国际海上运输业务经营者和国际海运辅助业务经营者,不包括从事沿海内河海上运输业务和辅助性经营活动的经营者。国际海上运输业务主要是指国际船舶运输经营者使用自有或经营的船舶、舱位,提供国际海上货物运输和旅客运输服务以及为完成这些服务而围绕其船舶、所载旅客或货物开展的相关活动,包括签订有关协议、接受订舱、商定和收取运费、签发提单及相关运输单证、安排货物装卸、安排保管仓储、进行货物交接、安排中转运输和船舶进出港等活动。① 国际海运辅助业务主要是指国际船舶代理、国际船舶管理、国际海运货物仓储保管、国际海运集装箱站与堆场等业务。

具体而言,被调查的国际海上运输业务经营者和国际海运辅助业务经营者在调查程序中所享有的权利包括:(1)申请权。被调查人有权请求调查机关作为或不作为,以满足其某种利益需求的权利。例如对调查机关作出的禁止性、限制性决定,可以申请举行听证;对调查人员存在回避事由的,可以申请回避。(2)陈述、申辩权。被调查人在调查机关作出与自身利益相关、特别是不利行为时,有权陈述自己的意见和看法,并提供有关证据材料进行说明和辩解以维护自己的利益。(3)抵制违法行为权。对于调查机关在没有或者超出法律授权的情况下从事的调查活动,被调查人有权拒绝并提出控告、检举的权利。(4)行政救济权。被调查人认为调查机关实施的行政行为侵犯了自己的合法权益,例如不当泄露商业秘密引起的损失,可以有权获得相应的行政救济。

被调查人在航运竞争调查程序下的法律义务主要是配合协助调查机关开展符合法律程序的反垄断调查。包括如实提供有关情况和材料,不得拒绝调

① 参见《中华人民共和国国际海运条例实施细则》第 1 章第 3 条第(1)款。

查或者隐匿真实情况以及谎报情况;如实回答调查机关的讯问、质询等。为了保证调查机关取得必要的信息,对被调查人拒绝、阻碍调查行为的,反垄断法一般都规定了相应的处罚措施,其目的除了惩罚被调查人之外,还起到了对类似违法行为的威慑作用。[1] 例如根据《国际海运条例》第50条的规定,拒绝调查机关及其工作人员依法实施调查,或隐匿、谎报有关情况资料的,由国务院交通主管部门或授权的地方人民政府交通主管部门责令改正,并处2万元以上10万元以下的罚款。欧共体理事会第1/2003号条例对此的处罚更加严格,根据其23条和第24条的规定,委员会有权对拒绝、阻碍调查的被调查人处以不超过其上一经营年度营业额1%的罚款,为了督促被调查人尽快履行调查程序下的义务,还可以采取日罚款的形式,即从日罚款决定作出之日起每迟延一天,征收不超过其上一经营年度日平均营业额的5%的延迟罚金。

第二节 航运竞争处理程序

一、航运竞争处理程序的含义和特点

航运竞争处理程序是指经过前期的调查程序之后,航运竞争主管机关在对调查所取得的证据材料进行合法性分析的基础上,结合国家的经济产业政策对涉嫌违法行为进行裁定所遵循的步骤和方式。虽然航运竞争主管机关在性质上属于行政机关,但是其拥有的权限不仅局限于行政权,实际上还包括准司法权。正如马克思·韦伯所言:"当日益专业化的行政管理需求促使行政权不断扩张的同时,人们发现通过行政机关从事类似于司法权的活动可以更好地适应现代经济对行政系统最大限度的快速、准确、严格和持续性的要求。"[2]因此,从航运竞争处理程序的运作过程来看,大量借鉴了司法化的审理程

---

① 王晓晔:《反垄断法》,法律出版社2011年版,第341页。
② [德]马克思·韦伯:《论经济与社会中的法律》,张乃根译,中国大百科全书出版社2003年版,第351页。

序。① 执法者从单纯的"自上而下"的纠问式执法转为一种更加平等的对审式执法,典型表现在于充分尊重被调查对象以及利益关系人的参与权,通过听审程序、书面和口头陈述、申请回避等制度设计,为行政相对人提供充分的程序保障,以确保执法活动的公正性。

相较于纯行政性执行机构体制,准司法性的执行机构更具独立性,其对具体卡特尔案件的执法一般不受上级领导的政治决策和其他政府部门的影响,以利于反垄断法稳定高效地实施。② 对于享有准司法权的执行机关而言,若独立地位无法保障,则很难发挥准司法权能。因此各国反垄断法往往从法律地位、任职资格和身份保障三个方面加以规定,以确保反垄断执法机关的独立性。一般来说,国际化程度越高、市场开放程度越大的行业部门,其政策承诺需求越高,政府往往给予竞争主管机关更多的授权与独立性。③ 此外,竞争法的政策导向性也折射出处理程序的弹性问题,即对涉嫌垄断行为的裁决往往结合现实案例的特定时空限定,在对特定情势的充分细致的比较与权衡基础上进行认定适法与否。例如我国《国际海运条例》第 6 条明确指出,应在考虑我国关于国际海上运输业发展政策和国际海上运输市场竞争状况的基础上处理航运市场准入问题。美国《1998 年航运改革法》第 2 条立法目的也提出,应鼓励发展经济高效、满足国家安全需要的美国籍班轮船队以及通过完善市场竞争机制,促进美国出口的增长和发展。

二、航运竞争处理程序的内容

(一)审查与听证制度

审查制度是对已经掌握的调查证据进行分析评估,以判断是否需要进行处理的过程。竞争执法机关在依法认定被调查企业存在涉嫌违法行为或者采取制裁措施之前,除了需要进行必要的调查之外,还应当依据法律,为被调查人提供听证的机会,使其能够对被指控的行为提出陈述意见。我国《国际海运

---

① 朱宏文、王健:《从"两权合一"走向"三权合一"——我国反垄断执法机关导入准司法权的理论、路径和内容》,载《法学评论》2012 年第 5 期。

② 王先林:《竞争法学》,中国人民大学出版社 2009 年版,第 330 页。

③ Gilardi, F. Policy Credibility and Delegation to Independent Regulatory Agencies: A Comparative Empirical Analysis, *Journal of European Public Policy*, 2002(9), pp.873 ~893.

条例》第 38 条规定，"调查机关在作出采取禁止性、限制性措施的决定前，应当告知当事人有要求举行听证的权利；当事人要求听证的，应当举行听证"。《国际海运条例实施细则》第 50 条对此补充了一条，"当事人要求举行听证的，应在自调查机关通知送达之日起 10 日内，向调查机关书面提出；逾期未提出听证请求的，视为自动放弃请求听证的权利"。美国《1998 年航运改革法》第 11 条第（f）款和第（g）款，也要求联邦海事委员会对依据本法进行的调查应作出书面报告，并需要举行听证会。救济措施也应在发出通知和举行听证之后采取。依据欧盟第 1/2003 号条例第 27 条的规定，欧盟委员会在对企业作出违法决定或征收罚金之前，应给予有关当事人就委员会提出异议的问题进行听证的机会，委员会只可就当事人有机会陈述意见的问题，作出决定。如果当事人未能获得机会发表意见，那么无论是法律还是事实的情况均不能作为裁决案件的依据。此外，欧盟委员会第四总局还专门设有听证顾问职位，旨在监督竞争法执法过程中听证程序的合法性，以保障当事方的口头辩论权、查阅案件权以及陈述意见权等听证权利。

审查与听证制度可以帮助反垄断执法机关在调查程序之后，充分核实各种事实和证据，对涉嫌垄断行为的违法认定和维护当事人的合法权益具有重要意义。因此构成反垄断案件审理中的重要环节，也是通过程序公正保证结果公正的重要体现。令人遗憾的是，我国《反垄断法》并未规定审查中的听证制度，虽然《国际海运条例》第 38 条和《国际海运条例实施细则》第 50 条有提到可以应当事人要求启动听证程序，但是对于听证主持人的产生、听证参加人员的组成、具体的听证步骤、听证过程中的责权以及行政机关依职权启动听证等均没有明确的规定，这些问题都有赖于反垄断执法机关行使自由裁量权加以处理，容易导致其在选择听证方式和选择参与听证方时出现强化或规避法律的情形。

航运反垄断案件一般具有较强的涉外性和专业性，为了获取更多信息，并提高我国反垄断执法的权威性，有必要将听证程序作为审理航运反垄断案件的必经程序。明确交通主管部门在针对涉嫌航运垄断行为作出决定之前，必须举行听证会，听取相关利益方的现场陈述意见。除了涉及商业秘密的事项之外，应公开进行并及时发布有关听证的信息和资料。此外，为了确保公正客观的裁决,可以吸收借鉴其他国家的经验,[①]采用审裁分离原则,即案件调查人员、听证人员和裁决人员分别由不同人员担任,建立反垄断执法机关内部的制约机制,以增强裁决的公信力。

(二)审查时限制度

公正与效率是市场经济条件下法律体系的两大政策目标,如果说审查与听证制度是为了保障公正的价值追求,那么审查时限制度则体现了效率原则。正当的程序同时应是有效率的程序,需要满足时间上有效性的要求,这不仅是维护当事人合法权益的需要,也是提高行政效率的需要。[②]效率对于反垄断案件的处理至关重要,原因在于反垄断案件所涉及的主体较多,内容错综复杂,从调查开始直至结案,往往耗时耗力。如果没有审查时限的规定,容易久拖不决,影响案件的处理结论,一旦涉嫌垄断行为形成垄断将对行业竞争和整个社会技术进步施加不利影响。因此,各国对于反垄断案件的处理,尤其是经营者集中行为,明确规定了反垄断执法机关的审查时限。

我国《国际海运条例》及实施细则仅规定了主管机关的调查期限,对于审查期限没有统一的限定,但是依据我国《反垄断法》第 25 条、第 26 条以及商务部《经营者集中审查办法》的规定,商务部对经营者集中申报初步审查的时限为 30 日,如果需要进一步审查那么应自决定之日起 90 日内审查完毕。在存在法定情形的前提下,商务部还可以延长审查时限,但最长不超过 60 日,这就意味着经营者集中案件最长的审查期限为 180 日。值得指出的是,该审限是以商务部收到完整的、符合要求的申报材料为起点,至于材料是否齐全取决于相关部门的自由裁量。因此,在实践中审查时限往往因补充材料的缘故而被延长。

---

① 根据欧盟委员会 2004 年 4 月 7 日颁布的《实施 EC 条约第 81 条和第 82 条的第 773/2004 号程序规则》(该规则已于 2008 年 6 月 30 日被欧盟委员会第 622/2008 号规则所修改)第 14 条的规定,听证是在一个地位完全独立的听证官员的主持下进行的,其职责是确定听证的时间、地点和听证所需时间的长短,邀请各方当事人参与听证,并主持听证会,还要确定是否需要增加新的证据和证人。然后向欧盟委员会汇报听证过程和听证结论,并将结论副本送交第四总局局长。白艳:《美国反托拉斯法/欧盟竞争法平行论:理论与实践》,法律出版社 2010 年版,第 290 页。类似的规定还有美国《行为和程序规则》第 247 条,参见於世成:《美国航运法研究》,北京大学出版社 2007 年版,第 160 页;德国《联邦行政程序法》第 68 条,参见应松年主编:《外国行政程序汇编》,中国法制出版社 1999 年版,第 56~60 页。

② 胡建森:《行政违法问题探究》,法律出版社 2000 年版,第 388 页。

以 P3 联盟为例,商务部于 2013 年 9 月 18 日,收到马士基、地中海航运、达飞设立的网络中心经营者的集中反垄断申报。经审核,商务部认为材料不够完备,要求申报方予以补充。2013 年 12 月 19 日,商务部确认补充的材料齐全并予以立案开始初步审查。2014 年 1 月 18 日,商务部决定展开进一步审查。4 月 18 日,商务部决定延长进一步审查期限,并于 6 月 17 日作出最终决定。美国联邦海事委员会对 P3 联盟递交初步备案材料后,需要 45 天的合同评审期,FMC 通过内部分析后决定要求 P3 联盟进一步递交材料,之前的评审中止,等待递交进一步材料后,再重新展开 45 天的评审流程。此外,还有 15 天的公众评论期,供相关各方发表意见。① 由此可见,立法规定时限的意义除了规范反垄断执法程序之外,还有保障当事人的知情权和行使救济权利的考虑。

(三)非正式的协商和解制度

非正式的协商和解制度,又可称为经营者的承诺制度,是指反垄断执法机关在对涉嫌垄断行为作出最终裁决前,可以与被调查人进行协商和解。如果被调查人承诺在反垄断执法机关认可的期限内停止或者改变被指控的行为并消除该行为后果,反垄断执法机关可以中止调查,但保留对承诺进行监督的权力。如果经营者履行承诺,那么终止调查;反之,则恢复调查。

非正式的协商和解制度反映了提高反垄断案件审理效率和灵活性的诉求。对于被调查人而言,既可以避免旷日持久的调查与处理程序对经营活动的影响,又可以避免诉讼程序带来的不可预知的潜在风险;对于执法机关而言,既可以阻却被调查人继续实施违法行为的目的,又可以及时释放行政资源,以集中解决重大复杂案件。② 至于是否接受和解,依赖于反垄断执法机关对涉嫌垄断行为的反竞争效果评估,尤其是对整体经济和社会公共利益的影响。以船舶共享协议和航运联盟协议为例,反垄断执法机关可以与船舶经营人进行附加限制性条件的协商,剥离涉及运价、运力控制方面的协议条款,对优化资源配置、提高消费者福利的内容继续给予反垄断豁免。商务部在 P3 联盟案中,也采取了非正式的协商和解制度。在审查阶段,双方就此项经营者集中可能产生的排除、限制竞争效果以及相应的救济方案进行了多轮商谈,但

① 蔡莉妍:《航运联盟反垄断的法律规制研究》,载《大连海事大学学报(社会科学版)》2014 年第 5 期。

② 王先林:《竞争法学》,中国人民大学出版社 2009 年版,第 338 页。

交易方提交的最终承诺方案未获商务部认可,在分析比较利弊的基础上,商务部最终决定禁止此项集中行为。

(四)行政处罚制度

反垄断执法程序具有浓厚的准司法色彩,该程序由当事人有效参与、裁决者中立和裁决理由说明等部分组成,使得程序具有事实发现、影响力切断和裁量者约束的基本功能。① 其中,反垄断执法机关享有行政处罚权是司法权力的典型表现。

从类型的角度来看,对于航运反垄断案件的行政处罚措施主要有行为罚和财产罚两种。前者是对被调查人采取的限制性和禁止性措施。根据我国《国际海运条例》第 37 条第 2 款的规定,行为罚包括责令交易方修改有关协议、限制班轮航班的数量、中止运价本或者暂停受理运价备案、责令定期报送有关资料、限制在一定时期扩大业务量等。美国《1998 年航运改革法》第 13 条第(b)款在行为救济方面也规定,联邦海事委员会可作出中止班轮公会或公共承运人使用部分或者全部运价本的决定,中止期限不得超过 12 个月。

后者是反垄断执法机关对违法行为人给予的剥夺财产权的处罚形式,也是运用的最广泛的一种行政处罚,包括罚款和损害赔偿。我国目前关于航运反垄断案件的罚款数额主要参照《反垄断法》第 46 条至第 49 条的相关规定,对于经营者违法达成并实施垄断协议的行为、滥用市场支配地位的行为除了责令停止违法行为之外,还可以没收违法所得,并处上一年度销售额 1‰10% 的罚款;对于违法实施经营者集中的行为可以处以 50 万以下的罚款。《国际海运条例》第 50 条仅针对被调查人拒绝履行协助调查义务,或者隐匿、谎报有关材料的行为处以 2 万元以上 10 万元以下的罚款。在司法实践过程中,由反垄断执法机关依据比例原则自由裁量具体的罚款数额,而且依据宽恕政策

---

①　潘志成:《经营者集中反垄断审查的裁决程序》,法律出版社 2012 年版,第 108 页。

（Leniency Poliy），若违法企业具有坦白行为，可以减轻甚至免除处罚。①

近年来，随着对反垄断案件的执法力度加大，罚款金额也呈线性上升的趋势。为了增强反垄断法的威慑力，反垄断执法机关对严重损害竞争的卡特尔行为往往施以严厉的制裁。1998 年 9 月，欧盟委员会以泛大西洋公会协议组织（TACA）限制服务合同订立和引诱公会外成员加入这两项做法违反欧盟竞争法为理由，对 TACA 各成员作出了总额 2.73 亿欧元的罚款决定。② 虽然后来欧洲初审法院撤销了欧盟委员会的罚款决定，但是肯定了欧盟委员会对 TACA 违法性以及不能享受反垄断豁免的认定，撤销的理由主要是基于程序方面的瑕疵，如果不存在程序问题，TACA 成员难逃重罚。需要强调的是，由于欧盟委员会认为班轮公会不具有法律人格（legal personality），因此行政罚款的对象只能是公会成员。③

2004 年 4 月，美国司法部反托拉斯局因挪威奥德费尔海运公司（Odfjell Seachem）和荷兰 Jo Tankers 两家化学品油轮公司借与货主订立 COA 之机，协同运价的行为分别处以 4250 万美元和 950 万美元的罚款，对其主管人员处以总额 35 万美元的罚款，并处 3~4 个月的监禁。2014 年 3 月 18 日，日本公平交易委员会对日本邮船、川崎汽船等 5 家滚装运输船公司交换敏感信息，进行价格协商，抬高运费水平的行为处以总额 227 亿 1848 万日元的罚款。④ 2015 年 12 月，国家发改委对日本邮船等 8 家滚装货物国际海运企业缔结并

---

① 宽恕政策最早起源于美国，由美国司法部反托拉斯局 1978 年制定，对与美国司法部进行合作和对违法行为进行坦白交代的卡特尔企业给予宽大处理，以此鼓励卡特尔企业与政府合作，并于 1993 年和 1994 年分别发布美国反托拉斯局对公司和对个人的宽大政策。马歇尔·C.霍华德：《美国反托拉斯法与贸易规则》，孙南申译，中国社会科学出版社 1991 年版，第 98~99 页；OECD, Fighting Hard-Core, Harm, Effective Sanctions and Leniency Programmes, 2002.欧共体委员会 1996 年也发布《卡特尔案件中免除或者减轻罚款的通告》规定了一定条件下的宽恕政策。王晓晔：《反垄断法》，法律出版社 2011 年版，第 365 页。

② Trans-Atlantic Conference Agreement（TACA decision）：Commission decision 1999/243/EC，OJ［1999］L 95/1，［1999］4 CMLR 1415.

③ CFI 8 October 1996, joined cases T-24/93, T25-93, T26-93 and T-28/93 (Compagnie Maritime Belge Transports SA and Others v. Commission)，［1996］E.C.R. Ⅱ-1201,para.235.

④ 公正取引委员会：（平成 26 年 3 月 18 日）自动车运送业务を行う船舶运航事业者に对する排除措置命令，课征金纳付命令等について，http://www.jftc.go.jp/houdou/pressrelease/h26/mar/140318.html,下载日期：2016 年 4 月 1 日。

实施的价格垄断协议分别处以 2014 年度与中国市场相关的滚装货物国际海运服务销售额之 4％ 至 5％ 不等的罚款,合计罚款 4.07 亿元。[①] 其中依据《反垄断法》第 46 条的宽大情节,结合是否提供重要证据、协议持续时间、涉及品牌、影响面、航线数量以及在垄断协议中所起的作用,对 8 家涉案企业处以不同程度的罚款。

　　除了行政罚款之外,财产罚还有一种重要表现形式,即要求违法者向受害人支付损害赔偿。其性质属于民事赔偿,既可以是补偿性,又可以是惩罚性的。例如我国《反垄断法》第 50 条规定,经营者实施垄断行为,给他人造成损失,应依法承担民事责任。美国《1998 年航运改革法》第 11 条第(g)款规定,联邦海事委员会可依据投诉人请求,在公告和举行听证等程序后,裁定违法者对投诉人的实际损害和合理的律师费用直接给予补偿,包括利息损失。如果公共承运人或协议组织实施了以排除、限制竞争为目的的行为,委员会可以裁定给付额外赔偿,以实际损失的两倍为限;如果实施了歧视性运价,赔偿数额为受害人所支付的费率和最优惠费率之间的差额。以上文日本邮船等 8 家航运企业价格垄断协议案为例,我国货主可以向这 8 家海运企业委托进出口涉及中国航线的货物,特别是涉及多个汽车和工程机械品牌的货物,提起民事诉讼,要求赔偿因此多支付的海运费及操作费等附加费用。

第三节　航运竞争执行程序

一、航运竞争执行程序的含义及类型

　　航运竞争执行程序是航运竞争法实施中的重要组成部分。正如美国法学家博登海默所言"如果包含在法律规定部分中的'应当是这样'的内容仍停留在纸上而不影响人的行为,那么法律只是一种神话,而非现实"[②]。因此,航运

---

　　① 发改委:《日本邮船等八家企业实施价格垄断被罚 4.07 亿》,载凤凰网财经频道,http://finance.ifeng.com/a/20151223/14139117_0.shtml,下载日期:2016 年 3 月 23 日。

　　② ［美］博登海默:《法理学——法律哲学与法律方法》,邓正来译,中国政法大学出版社 2004 年版,第 255 页。

竞争法的有效执行,即将文本意义的航运竞争实体规范通过执法活动予以落实是保障良性有序的航运市场竞争格局和竞争环境的必要手段。本节所指的执行采取的是广义范畴,即包括公共执行(public enforcement)和私人执行(private enforcement)两个方面。也就是说,航运竞争执行程序既包括特定的反垄断执法机关以公权力主体的身份对具体航运反垄断案件依法行使职权,又包括因航运垄断行为而致自身利益受损的法人或自然人通过向法院提起反垄断诉讼来启动私人执行程序。两者相互协调、相互补充以达到航运竞争法实施的最佳效果。

(一)公共执行

从各国的反垄断立法规定来看,反垄断执法机构作为享有准司法权的主体,既可以进行规则制定(行政立法),也可以进行行政裁决(行政司法)。对于涉嫌垄断行为违法与否的判定,基本取决于公共执行机关在前期展开的反垄断调查。通过对违法行为处以罚款或责令违法者停止违反竞争政策的特定行为来执行竞争法。相较于私人执行,公共执行最大的优势在于依托相关垄断专业知识和具体技术标准识别非法协议并展开调查,搜集充分证据,依托合法有效的制裁措施产生潜在的威慑力,以遏制经营者之间的涉嫌垄断行为。因此,各国都普遍认可"行政执法为主导"的反垄断实施模式,认为这是促进公共利益和维护有序竞争的有效途径。[①] 然而受制于公共行政资源配置的有限性,反垄断执法机构不可能也无法做到对所有的涉嫌垄断行为给予平等的关注,势必会向那些具有普遍意义且关系重大公共利益的案件进行倾斜,以确保执行的重点性和有效性。这样一来很有可能无法充分顾及个人消费者的利益以及对单个个体造成的损失。此外,反垄断执法机关内部的运作效率以及执法人员的素质水平也会影响反垄断法实施的效果。如果缺乏行政机关内部的制约机制,容易减损个案裁决的公正性,并降低公众对反垄断执法的信任度。

(二)私人执行

本文所述的私人执行采取的是狭义理解,即私人当事人基于反垄断法的

---

① "行政执法为主导"的模式又称为"行政控制模式",是指"那些公正且由专家组成的政府机构可以执行竞争法,以阻止具有显著经济优势的市场主体滥用优势地位损害经济活动"。[美]D. J. 伯格:《从欧美经验看中国竞争法的制定》,载《竞争法与社会发展》,社会文献出版社 2003 年版,第 206 页。

规定和利润最大化的理性选择而提起的独立民事诉讼或反诉,不包含私人引发的公共执行(privately triggered public enforcement),即依据私人当事人向反垄断执法机关提起的举报和控告而启动的公共执行程序。私人反垄断诉讼发轫于美国 1890 年《谢尔曼法》并在美国反托拉斯执法中占据重要地位。根据《谢尔曼法》第 7 条(后被《克莱顿法》第 4 条修改)的规定,任何因违反反托拉斯法的行为而遭受财产或营业损失之人,均可向法院提起三倍损害赔偿之诉,此外还可得到合理的律师费用。

私人执行的优势在于可以增强反托拉斯法对违法行为的威慑力,并且作为公共执行的有效补充,增加社会资源对法律执行的投资,进而节约公共资源和执行成本。私人执行的难点主要有两个方面:一是原告资格的认定,尤其是当因垄断行为而致利益受损的对象不特定时,如何通过有效的保障机制来使受害者得到公平赔偿。二是原告举证问题,即如何对卡特尔行为造成的侵权损失进行量化?受制于证据法中的信息披露规则,原告往往无法取得充分的证据支持。对于原被告之间信息不对称的局面,如何通过制度设计改善原告获取证据的渠道和途径?

以日本邮船、商船三井、World Logistics Services 等多家汽车运输船运营公司日前收到的集体诉讼为例,[①]2015 年 12 月 29 日,美国联邦海事委员会收到以 Cargo Agents、International Transport Management(ITM)、RCL Agencies 三家货运代理公司为代表提起的集体诉讼,认为被诉滚装货物国际海运企业存在串通投标,实施价格垄断协议的行为以操纵美国进出口汽车的运输价格,违反了美国航运法和相关规定,并要求被诉企业承担自 1997 年 2 月至 2013 年 12 月因不法行为对其造成的损失。原告作为汽车运输服务的直接购买者(direct purchaser),其诉权与取得依据的是"第一购买者规则",即只有直接购买者才可以享有损害赔偿请求权,排除了包括消费者在内的间接购买者的诉讼主体资格。[②] 除非间接购买者能够证明直接购买者与被告之间有共谋。与美国不同的是,欧盟支持所有受害人包括间接购买者提起私人反垄断诉讼,理由在于受害人有权得到公平赔偿,但是从操作性层面分析,采取这种做法有可能给反垄断执法机关带来沉重的裁决负担,而且会导致重复赔偿而加重被告责任。因此,权衡利弊,仅赋予直接受航运反垄断行为影响的受害人

---

① 具体案情材料参见:美国联邦海事委员会网站,http://www.fmc.gov/16-01/,下载日期:2016 年 4 月 6 日。
② 郑鹏程:《反垄断法专题研究》,法律出版社 2008 年版,第 203～204 页。

以诉讼主体资格更符合我国的现实状况。

随着航运垄断行为的复杂性和多元化,航运垄断协议往往涉及多种"硬核卡特尔"因素,例如固定运价、运力分配、信息交换等内容,加之航运经营者不断增强的竞争合规意识,其采取的手段也日趋隐蔽化,即使是具有相关知识且经验丰富的专业执法人员,也未必能轻易发现此类违法行为。[①] 对于价格歧视、垄断性高价、掠夺性定价等滥用市场支配地位的案件,虽然原告对行为的存在较容易举证,但是对这类非"本身违法"行为,还需通过复杂的利益衡量进行合法性分析,这无疑又加重了航运反垄断诉讼中原告举证的负担。

为了克服原告在航运反垄断私人诉讼中的障碍,可以考虑从以下三个方面加以完善:第一,通过设立诉讼前置条件减轻原告的举证负担,并且防止原告滥用诉权。例如日本《禁止垄断法》第 26 条规定,只有在公平交易委员会对某一行为作出裁决之后,受害人才可以对该行为提起特别损害赔偿之诉。德国《反对限制竞争法》、英国《2002 年企业法》都有类似的前置条件的限制,即将反垄断执法机关或者相关法院已经生效的决定作为认定被诉垄断行为违法的前提。第二,建立反垄断损害赔偿案件当事人间相互提交证据的最低标准。依据欧盟 2008 年《违反欧共体竞争法损害赔偿的白皮书》[②],如果法院认为一方请求另一方提供证据的理由充分可信,而且合乎情理,竞争法案件的一方当事人有权要求另一方就事实问题提供证据,但应考虑这种证据获取不会损害被告申请宽恕的可能以及相关机密信息的保护。我国《最高人民法院关于民事诉讼证据的若干规定》第 3 条和第 7 条也体现了类似的精神,即法院在一定条件下应协助原告搜集证据,主要是要求被告提交其所掌握的关乎案件的重要证据。第三,借鉴特殊侵权诉讼中的举证责任倒置原则,[③]由被告对其涉嫌垄断行为与原告损害之间不存在因果关系或者受害人有过错承担举证责任。

二、航运竞争执行机构的设置

综观世界各国,航运竞争法的执行机构一般采取的是平行执法的模式,也

---

① 郑鹏程:《〈反垄断法〉私人实施之难题及其克服:一个前瞻性探讨》,载《法学家》2010 年第 3 期。

② Commission White Paper:"White Paper on Damages Actions for Breach of the EC antitrust rules",COM (2008) 165 final.

③ 特殊侵权诉讼主要是指《最高人民法院关于民事诉讼证据的若干规则》第 4 条所列的 8 种侵权诉讼。

就是说既可以由法院为核心的司法机构担任，也可以由独立的行政机构执法。根据美国《1998 年航运改革法》第 11 条第(h)款的规定，投诉人除了可就违法行为向联邦海事委员会投诉之外，还可以向美国地区法院起诉要求禁止违反本法的行为。委员会在依法实施调查之后，也可向地区法院要求发布禁令救济。日本 2000 年 5 月，引入私人当事者请求停止侵害制度，在此前只有公平交易委员会有权向高等法院提起申诉，新修改的条款赋予地方法院受理反垄断私人侵权诉讼的管辖权。① 欧盟竞争法采取的是分散执行模式，欧共体条约第 81 条和第 82 条在成员国具有直接效力，尤其是 2008 年欧盟正式取消班轮公会反垄断豁免之后，意味着私人当事人可以通过国内法院执行以固定运价和运力为主要内容的航运垄断行为的禁止，而无须通过欧盟委员会的预先决定，但是依据欧共体理事会 17 号条例第 9 条第 1 款，委员会具有按照第 81条第 3 款给予豁免的专属权力。

我国《反垄断法》第 3 条规定了三类垄断行为，包括垄断协议、滥用市场支配地位和具有或可能具有排除、限制竞争效果的经营者集中。第 9 条和第 10条确立了反垄断委员会和反垄断执法机构并存的"二元模式"，即"双层次多机构"的执法机制。根据国务院反垄断委员会的三定方案，国家工商总局负责垄断协议、滥用市场支配地位、滥用行政权力排除、限制竞争的反垄断执法（价格垄断协议除外）；国家发改委负责依法查处价格垄断行为；商务部负责经营者集中反垄断审查。② 此外，依据《国际海运条例》的规定，国务院交通主管部门或其授权的地方人民政府交通主管部门享有针对航运垄断行为的行政执法权。

从航运竞争监管执行层面来看，我国目前的"多头执法"模式具有两个明显的弊端：一是管辖权重合问题。从现有的涉及航运垄断案件的典型处理决定来看，裁决主体分别有交通部、国家发改委、国家工商总局（THC 纠纷）③；

---

① 史际春、杨东、戴龙、王莹：《日本禁止垄断法的经验及其对中国反垄断法实施的借鉴价值和对策研究》，载《经济法学评论》2008 年第 9 卷，第 212 页。

② 王先林：《竞争法学》，中国人民大学出版社 2009 年版，第 331 页。

③ 交通部、国家发改委、国家工商行政管理总局 2006 年第 9 号，《关于公布国际班轮运输码头作业费（THC）调查结论的公告》（2006 年 4 月 18 日），http://www.gov.cn/gzdt/2006-04/20/content_258795.htm，下载日期：2016 年 4 月 5 日。

商务部(P3 联盟)①;国家发改委(日本邮船等 8 家滚装货物国际海运企业串通投标)②。由此可见,我国目前并没有处理航运领域限制竞争行为的专门机构,仍是按照一般反垄断案件的类型化对应不同的职能部门处理。由于航运业的自然垄断属性,在适用竞争法时要比一般竞争法更多地考虑垄断的合理性。因此对个案的分析和行为定性需要结合行业专业信息才能作出准确的判断。然而,由于不同行政部门的执法标准不一,对于交叉问题处理和协调不当,会影响航运竞争执法效率并增加执法成本。此外还可能形成反垄断盲区和监管套利缝隙,不利于形成监管合力。二是执法独立性问题。"独立性原则"是反垄断执法机关应具有的内生要求,是指其能够独立地执行国家的反垄断法和竞争政策,不受其他政府部门的干扰,包括机构的独立和执法人员执法的独立。③ 基于不同政府部门的政策目标和监管职权的差异,当垄断行为涉及多种违法行为时,多头执法模式会促使反垄断执法机关在利益博弈的驱动下选择自利性的行为,尤其是在信息不对称和机制不健全的情况下更易发生。我国目前的反垄断执法机构仍然附属于政府部门,很难独立执行反垄断法和国家的竞争政策。

三、管辖权冲突与多边竞争政策的协调合作

航运竞争法执行过程中面临的管辖权冲突主要原因在于各国对航运反竞争行为具有各自的管辖标准和法律差异,并带来判决的承认和执行上的不一致性。结合 P3 联盟加以分析,由于其可能进一步提升东西向三大航线——欧线、美线、大西洋线的市场集中度,并对相关市场的公平竞争产生负面影响,因此联盟的组建需要获得北美、欧洲和亚洲多个国家的相关机构审核通过。各国对于航运反垄断豁免的不同态度导致了这些国家或地区的竞争监管机构对 P3 联盟的不同看法。

以欧盟为例,欧盟海运反垄断指南已于 2013 年 9 月 26 日废止④,欧盟委

---

① 商务部公告 2014 年第 46 号,《商务部关于禁止马士基、地中海航运、达飞设立网络中心经营者集中反垄断审查决定的公告》(2014 年 6 月 17 日),http://fldj.mofcom.gov.cn/article/ztxx/201406/20140600628586.shtml,下载日期:2016 年 4 月 5 日。
② 《八家滚装货物国际海运企业串通投标行为被处罚款 4.07 亿元》,http://jjs.ndrc.gov.cn/gzdt/201512/t20151228_769084.html,下载日期:2016 年 4 月 5 日。
③ 王晓晔:《关于我国反垄断执法机构的几个问题》,载《东岳论丛》2007 年第 1 期。
④ OJ C245/2 of 26 September 2013.

员会对 P3 联盟的审核依据主要是 2011 年发布的新的关于横向合作协议的指南,即《关于横向合作协议适用〈欧盟运行条约〉第 101 条的指南》[1]和第 906/2009 号条例。取消了对班轮公会的反垄断豁免,并对企业间就反竞争行为进行的磋商及信息交换采取了严格态度,认为这可能会降低、甚至排除相关市场上的价格竞争,并促进共谋结果的产生。同时考虑到航运企业之间的合作对实现规模经济的积极意义,仍然保留对航运联营体的反垄断豁免至 2020 年 4 月,允许联合市场份额不足 30% 的集运公司通过协调船期表、舱位互租、共享服务和基础设施等非"硬核卡特尔"手段提高运营效率,改善服务质量。

　　然而其他国家例如 P3 运营网络上的重要枢纽港口所在国新加坡仍然保留对班轮公会的反垄断豁免,允许班轮运输公司达成的技术、运营和商业安排。由此带来的问题是欧盟对于反竞争行为的管辖权是否及于国外市场? 即欧盟反垄断法的域外效力问题。根据《欧共体条约》第 81 条和第 82 条的规定,欧盟反垄断法的管辖范围取决于两个条件:一是行为"可能影响欧盟成员国之间贸易";二是行为"具有阻止、限制或扭曲共同市场内的竞争的目的或效果"。[2] 从这个意义上来说,如果航运经营者的横向合作协议对欧共体市场有着严重的不利影响,即使行为发生地位于欧盟境外,欧盟委员会也仍然享有管辖权并适用欧盟竞争法。相类似的还有美国《外贸反托拉斯促进法》明确规定,如果外国进行的反竞争行为对美国出口商的竞争利益产生直接、重大和可合理预期的影响,可以适用《谢尔曼法》。[3] 1995 年重新修订的《反托拉斯国际操作执行指南》将管辖范围扩大到"意图在美国产生并确实产生了某种重大影响"的限制竞争行为。[4] 从这个意义上而言,随着航运市场要素的优化组合,形成了突破国家领土边界的、全球性、跨地域的竞争关系。同时,受各国的经济发展目标和产业政策的影响,航运反垄断执法机关对具体限制竞争行为的反垄断措施也存在差异,也就是说在评估同一项交易的反竞争效果时容易产生冲突,进而破坏公众对监管程序的信心。若缺乏全球化视野和有效的协调机制,不利于维护法律的确定性和营造公平有序的市场竞争环境。

---

　　[1]　OJ C11/1 of 14 January 2011.

　　[2]　刘宁元:《反垄断法域外管辖冲突及其国际协调机制研究》,北京大学出版社 2013 年版,第 28 页。

　　[3]　Foreign Trade Antitrust Improvemets Act 15 USC,para 6a.

　　[4]　Antitrust Enforcement Guidelines for International Operations,https://www.justice.gov/atr/antitrust-enforcement-guidelines-international-operations,下载日期:2016 年 4 月 10 日。

就目前各国的航运竞争执法来看,受制于有限的管辖范围,执法机关尚无法采取全球有效的、可预测的和一致的决策。缺乏适当的法律工具可能导致航运企业效仿 2M 联盟,采取攻击性较弱的替代战略或选择监管较弱的国家作为安全港,以满足当地竞争政策的要求,尽管其实施效果仍有可能强化市场集中度。解决航运反垄断域外管辖冲突的最佳途径应是建立更有效的多边竞争合作和协调机制。该机制的目标在于促使多方反垄断执法机关(如 P3 联盟审核过程中的欧盟委员会、美国联邦海事委员会和中国商务部)在进行裁决时分享各自掌握的情报,最大限度地降低作出不同结论的风险,促使所采取的救济措施的一致性,以及增加审查中的透明度。需要指出的是,协调机制的实施效果还取决于多边合作的程度和合并企业的善意。① 也就是说,如果航运反垄断执法机关的调查时间表可以大致并行,有助于各方交流对各自调查活动进展的评价。此外,应寻求相互协助以收集和评估有关证据,并在充分交流的基础上分析相关市场的界定、竞争抑制效果和效率促进之间的关系以及必要的救济措施等关键问题。鉴于航运市场主体的多样性,除了要求航运经营人提供相关情报之外,还可以以调查问卷的形式向利益关系方如托运人、港口经营人等询问其对具体交易行为的态度并将其作为法律许可的参考因素。

综上所述,航运市场的全球化决定了航运竞争法的有效执行必须采取国际合作的方式。虽然从目前来看,建立国际统一的航运竞争政策和国际执行机制尚存难度,但是可以通过国家竞争主管机关之间相互达成多边协调机制以解决具有重大影响力的航运交易行为,并以此为基础探索和寻求建立国际航运反垄断法实施体制的有效途径。

本章小结

"徒法不足以自行"。本章主要探讨了国际航运竞争法中的相关程序问题,并结合航运反垄断执法机关对国际航运市场的限制竞争行为进行处理所依据的步骤,分别探讨了航运竞争调查程序、处理程序和执行程序中应注意的重点问题。

航运竞争调查程序是行政机关取得证据和认清案情的重要环节。作为一

---

① 刘宁元:《中外反垄断法实施体制研究》,北京大学出版社 2005 年版,第 292 页。

种准司法裁决程序,反垄断执法机关要确保裁决的准确性,离不开对具体案件情况的调查。调查程序的启动,可以依一般人的检举投诉,也可以依职权展开。调查机关可以是一般竞争主管机关,也可以是行业主管部门。在实施调查的过程中应注意保障被调查对象的基本权利,依据合理适当原则行使调查职权。

航运竞争处理程序是反垄断执法机关运用反垄断法的实体规定,结合前期取得的调查证据和国家经济政策评估具体行为的目的、性质及后果的过程。具体内容包括审查与听证制度、审查时限制度、非正式的协商和解制度和行政处罚制度。航运竞争处理程序是对具体航运限制竞争行为作出合法与否判断的具有决定性意义的关键程序。

航运竞争执行程序是保障处理决定得到有效实施的必要手段。既可以采取"行政执法为主导"的公共执行模式,也可以采取"受害人民事诉讼为主导"的私人执行模式。考虑到航运业的跨地域性引发的管辖权冲突,有必要探索和推动多边航运竞争合作和协调机制。

第 五 章

航运竞争扶持措施及其法律规制

第一节　航运领域的国家援助制度

一、国家援助制度的必要性分析

国家援助是指一国政府通过各种直接或间接措施,对国内特定地区或特定产业提供的财政援助。主体为中央或地方政府以及由国家委派的任何机构,包括公共事业单位和国有控股银行。作为一种损耗政府公共资源的财政行为,其表现形式具有多样性,包含了直接补贴、税收优惠、资本参与、低息贷款、加速船舶折旧以及国家担保等减轻受助企业正常预算费用的各种措施,目的旨在提高本国的产业竞争力。由于国家援助通过人为减少受助企业本该承担的财政负担,或者维持、扩大受助企业的市场份额,使得本国企业相较于未获援助的同业竞争者获得更有利的竞争地位,破坏和扭曲了公平自由的竞争秩序,改变了良性有序的竞争格局。从这个意义上而言,国家援助具有竞争抑制效果。然而,单靠市场并非优化资源配置的最佳手段,竞争的双面性决定了竞争本身是一种熊彼特式的创造性毁坏过程,需要国家在市场失灵时介入干预。因此,国家援助成为实施国家组织经济职能的必要工具。

基于航运产业对国民经济发展的重要作用,航运领域的国家援助并不罕见。给予航运企业国家援助的理由主要有三点:第一,航运业具有移动性和无界性的特点,高度的国际化使其面临激烈的国际竞争。运力过剩的经营困境加上资本杠杆的挤压,加之行业去产能的渠道狭窄,迫使航运企业通过不断的兼并重组以谋求生存,然而生产要素流动的不充分导致信息传递的迟滞,进而面临失业及资产流失的风险。[①] 为了维护市场相对饱和,因生产过剩而丧失增长动力的航运业尤其是船舶制造业,有必要进行一定形式的国家干预。通过对这一敏感产业的国家援助有助于增进国际竞争力,实现国家的经济发展目标。

第二,抵消和平衡受到援助的外籍船公司之竞争优势。按照制度经济学的相关理论,国家竞争优势除了表现为技术效率优势外,还取决于政府是否能够提供一套有效约束与激励的制度体系。[②] 外部的制度优势会给一国政府带来竞争压力。要想在国际航运市场的激烈竞争中脱颖而出,与其被动反应,不如为争取市场份额和国际可流动要素进行制度的积极调整。因此,国家援助作为制度竞争的重要手段,推动静态比较优势向动态竞争优势的转化,以提升整个航运产业的综合竞争力。

第三,鼓励和吸引本国资本的外籍船回归。随着船舶运营成本的不断攀升,船舶所有人难以满足本国籍舺舶的严格登记要求,加之较高的税赋标准,使得越来越多的船舶移籍海外,到实行开放登记的"方便旗"国家登记。为了提高本国籍船舶的航运竞争力,改善海运环境,稳定海员队伍,以提供优惠税制为主要手段的国家援助措施可以帮助航运企业在较为稳定的营运环境中规划企业的发展战略,并且刺激和促进本国船员和其他海运辅助业从业人员的就业,为其提供职业发展的途径和渠道。

二、授予航运企业国家援助的条件

根据 2004 年欧盟《海上运输国家援助指南》的规定,[③]航运企业取得国家援助应具备如下构成要件:

1.援助对象的特定性。即援助对象仅限于海上运输活动。依据欧盟第

---

① 王晓晔:《市场失灵时的国家干预——欧盟竞争法中的国家援助》,载《国际贸易》2000 年第 3 期。

② 张小蒂、王焕祥:《制度竞争:从比较优势到竞争优势》,载《学术月刊》2003 年第 9 期。

③ Commission communication C(2004)43—Community guidelines on State aid to maritime transport(2004/C 13/03),available at http://eur-lex.europa.eu/legal-content/EN/TXT/PDF/? uri=CELEX:52004XC0117(01)&from=EN,下载日期:2016 年 4 月 1 日。

4055/86 号条例第 1 条[①]和第 3577/92 号条例第 2 条[②]的规定,海上运输包括国际海上运输(成员国港口之间以及成员国与第三国港口或离岸设施之间的货物或旅客运输)和沿海运输(同一成员国境内各港口之间的货物或旅客运输)。此外,如果一年内超过 50% 工作时间的海上拖航作业和深海清淤作业被有效开展,对应的拖轮和挖泥船也属于获得援助的范围。

2.对非援助对象的船舶经营活动应采取账户分离原则。例如在港湾内使用的港作拖轮,其目的主要是辅助机动船到达港口,因此不构成上文所述的"海上运输",不应从援助中受益。为了防止非海运活动从国家援助中间接受益,以及避免其他部门的竞争扭曲,欧盟委员会往往要求成员国采取隔离措施(ring—fencing measures),诸如:基于长臂原则对商业交易进行验证和确认;在适格对象与非适格对象之间公平分担资本和费用支出,公平分配营运收入等。

3.国家援助中的财政优惠主要针对欧盟船东或者欧盟籍船舶的经营收入。第 3577/92 号条例第 2 条对"欧盟船东"(Community shipowner)主要是从三个方面进行界定的:船东的国籍属于欧盟成员国;依据成员国法律成立,主要经营场所位于成员国境内;欧盟成员国国民在欧盟区域外设立的航运企业,由其享有有效控制权,并悬挂成员国船旗。欧盟籍船舶应满足欧盟相关船舶安全和技术标准,并且需要证明对欧盟经济活动和就业的积极贡献。值得指出的是,财政优惠措施同样可以给予取得船东授权而全面负责船舶运营的船舶管理人,前提是其管理的船舶大部分是欧盟籍船舶。此外,如果船员个人所得税和社会保险均向欧盟缴纳,也可以通过减少船员收入所得的税率和计税基数来使受助对象得到特定优惠的目的。

4.国家援助具有例外性(exceptional)、暂时性(temporary)和递减性(degressive)。成员国政府在实施国家援助时应遵守"比例原则",首先考虑援助措施对振兴欧盟航运产业的政策目标(增加就业机会、提高海运安全、改进航

---

① Council Regulation (EEC) No. 4055/86 of 22 December 1986 applying the principle of freedom to provide services to maritime transport between Member States and between Member States and third countries (OJ L 378,31.12.1986,p.1).

② Council Regulation (EEC) No.3577/92 of 7 December 1992 applying the principle of freedom to provide services to maritime transport within Member States (maritime cabotage)(OJ L 364,12.12.1992,p.7).

海技术、促进沿海运输、巩固海洋产业集群、增强整体竞争力)是否具有积极效应。[①] 其次,注意援助措施对竞争的破坏和扭曲应控制在合理、必要的限度,若存在明显的不合理因素如国籍、地域歧视,或者援助数额超出企业所需,则不应纳入豁免范畴。最后,成员国政府需证明援助措施的不可或缺性,即非援助类措施的实施效果有限,援助措施对实现经济目标具有高效性。

三、国家援助措施的类型及对航运业的影响

国家援助措施广泛存在于航运业的经济学基础在于:航运市场属于不完全竞争市场,降低边际成本对于实现航运企业利润最大化具有重要意义。一方面,可以缩短市场内的时空距离,通过降低运价,外移市场边界,扩大市场范围,争取更多的市场份额;另一方面,可以提高边际效益,实现规模经济。从政策因素的作用来看,降低边际成本的路径主要有两种:一是对特定企业和生产部门给予财政支持,改变竞争态势调整供求关系;二是通过调整供求关系进而反向调节价格,影响成本。[②] 值得指出的是,国家援助不同于国家投资。投资是一种利益导向性行为,即经济人在分析考虑各种风险因素后,将资产投放于市场并预期在一定时间内取得投资收益的行为。政府也可以实施符合私人投资理性的资产经营行为。这与具有政策性和社会性的国家援助存在本质区别,换句话说,如果公共财产没有受到损失,那么不构成国家援助。

国家援助的常见类型有补贴或税收优惠、低息贷款、国家担保,以及对国有企业的注资行为等。[③] 欧盟《海上运输国家援助指南》将涉及海上运输的国家援助措施进行了列举,具体包括:船舶吨税(Tonnage tax)、减少劳动力相关成本(Labour-related costs)、船员救济、投资特许、支持对航运人才的技术培训等。[④] 虽然航运领域的国家援助措施具有多渠道之选择,但是从整体而言,

---

① Commission White Paper："European transport policy for 2010：time to decide"，COM(2001) 370 final.

② 段爱群:《竞争政策和补贴政策的目标冲突及中国的策略》,载王晓晔:《经济全球化下竞争法的新发展》,社会科学文献出版社 2005 年版,第 141 页。

③ 王晓晔:《欧共体竞争法》,中国社会科学出版社 2007 年版,第 269～273 页。

④ Commission communication C(2004)43—Community guidelines on State aid to maritime transport(2004/C 13/03)，available at http：//eur-lex. europa. eu/legal-content/EN/TXT/PDF/? uri=CELEX：52004XC0117(01)&from=EN,下载日期:2016 年 4 月 1日。

仍然以税收优惠措施和海运补贴措施为主,以下就这两个方面展开论述。

(一)税收优惠措施

税收优惠措施不同于具有普遍意义的税率设定措施,如果税率调整不区分行业和地区,就不会使特定企业获得相对竞争优势,这种普遍税收政策不属于国家援助的范畴。作为国家援助的税收优惠措施必须使特定行业或区域的企业获得了额外的利益和竞争优势,因此一项税收政策需经过与宏观税收政策的比较之后方能判定是否为国家援助。[①] 航运税收优惠措施主要有船舶吨税制和船员个人所得税的减免。

1.船舶吨税制

传统意义上的船舶吨税是针对船舶使用海上航标等助航设施的行为设置的税种,本质上属于行为税。由于航运业的主要资产——船舶和船员具有较高的流动性加之各国船舶登记制度的差异,决定了航运企业在进行船舶登记时会比较选择最适合的经营环境,由此产生船舶出籍问题。然而随着船舶的外移,一方面会影响政府的税收收入,另一方面也会导致丧失对船队的实际控制能力,最终影响到本国航运业的健康发展。为此,世界各海运大国纷纷引入替代企业所得税的现代船舶吨税制度(以下简称"吨税"),以减轻国际航运企业的税收负担,增强本国航运企业的国际竞争力。这种吨税制度不同于我国《船舶吨税暂行条例》所界定的船舶吨税,其属于所得税,是依据船舶的净载重吨位估定征收,税率一般低于通常意义的企业所得税。

从吨税的计收方式来看,可以分为两种模式:希腊模式和荷兰模式。前者是用应税总吨位乘以船龄对应税率计算得出应纳吨税税额;后者是用船舶的年应税利润乘以企业所得税税率得出,其中年应税利润为船舶的日利润(依据船舶的净吨位和核定超额累退税率计算)和船舶年运营天数的乘积。[②] 采用吨税制具有明显的溢出效应,即除了直接受益的远洋运输业之外,还可以促进相关航运辅助业的发展,增加本国船员的就业机会。然而,吨税制带来的税负降低是以增加财政成本为代价的,因此有可能刺激避税,给公平竞争的市场环境带来潜在风险。[③] 此外,虽然航运企业可以在吨税制和企业所得税两者之

---

① 周牧:《欧盟国家援助制度研究》,中国社会科学院 2012 年博士学位论文。

② 张元波、张程:《改革并完善中国船舶吨税制度的若干思考》,载《哈尔滨工业大学学报(社会科学版)》2015 年第 2 期。

③ 赵书博:《吨税研究述评》,载《税务从研究》2014 年第 10 期。

间自由选择,但是一经选择就意味着无论盈利与否,均需缴纳吨税,而且在一定期限内不得随意变动税收征管方式。[①] 从国际立法经验来看,适用吨税的航运企业往往还会被要求满足一定的附加条件如海员培训、雇佣本国船员等。

我国国际海运企业相较于国际同行来说,承担的税负压力更重,需要缴纳的税种有船舶进口关税、增值税(这两种针对的对象是在国外购置、建造并回国内登记注册的船舶)、营业税、车船税、船舶吨税、印花税、企业所得税等。2016 年 10 月 17 日,财政部、海关总署起草的《中华人民共和国船舶吨税法(征求意见稿)》在总体结构和主要内容上承袭了《船舶吨税暂行条例》的基本框架,并根据实践需要增加了免征吨税的情形,如不以盈利为目的的临时靠泊和警用船舶,但是整体上仍然采取传统吨税模式,征税对象是自我国境外港口进入境内港口的船舶,不考虑船舶的注册地、归属地。相较于世界海运大国目前对本海运企业实施的与船舶吨位挂钩的低税负船舶吨税制度,繁杂和严苛的税收规定阻碍了中资方便旗船的回归,不利于扩大我国的船队规模和维护国家的经济安全和国防安全。因此有必要引入国际通行的船舶吨税制度,为我国航运企业创设公平的竞争环境,提高国际竞争力。

2.船员个人所得税的减免

船员个人所得税减免的原因在于船员职业的税负指数过高,导致不合理的"水路差",在利益的驱动下船员纷纷"弃海登陆"。职业收入与职业风险的倒挂不仅不利于保住及扩展现有的船员队伍,而且会制约本国航运业的国际竞争力和发展空间。因此为了遏免船员流失,许多国家对船员个人所得税都实行较大幅度的减免优惠政策。船员个人所得税的减免不仅有助于增加船员的实际收入,而且可以减轻航运企业的劳动力成本,进而增强外部竞争优势。

根据欧盟《海上运输国家援助指南》的规定,在船籍国为欧盟成员国的船舶上工作的船员,其社会保障费和个人所得税允许减免,甚至可以达到全额减免的幅度。欧盟将这类国家援助行为纳入竞争法的适用除外范围。欧盟成员国政府享有不违背国家援助制度的税收自主权。例如,《2003 年英国所得税法》第 5 部分第 6 章(Deductions from Seafarers' Earnings)规定,英国居民船

---

① 吨税一般有"锁住期限"的规定,一旦选择适用吨税在锁住期限内不得变动,以防止企业趋利避害,逃避税收征管,吨税也有免税的规定,但针对的是不直接产生收益的情形,例如遇难船舶、军事船舶等。

员在一个纳税年度内离开本国在外航行超过 183 天,可得到全额税收减免。[①]
法国的船员税收优惠政策分为免征个税制和减免社会保障费两种。前者适用
于船员是法国居民且连续 12 个月内在符合条件的船舶上工作(船舶在法国
国际登记中心登记)至少 183 天,其工薪所得免税。后者适用于法国籍船且
船员是法国居民,社会保障费由船公司承担 2/3,船员承担 1/3。船公司的部
分可以通过补助金免除,船员的部分由船公司代缴。[②] 丹麦则结合船舶登记
地来实施税收减免措施,对丹麦国际船舶登记中心(Danish International Ship
Register,DIS)和非 DIS 登记的船舶(20 总吨以上的商船,军舰、渔船、游轮以
及国内旅客运输船除外)加以区分对待。前船工作的船员,其工资薪金可以免
征个税;后船工作的船员可以享有每年 56900 丹麦克朗[③]的个税扣除额。[④] 通
过这种船员个税减免政策大幅增加了 DIS 登记船舶的总载重吨位,强化了市
场竞争优势。

目前我国对船员征收个人所得税的法律依据除了《个人所得税法》及《个
人所得税法实施条例》以外,主要是 1999 年《国家税务总局关于远洋运输船员
工资薪金所得个人所得税费用扣除问题的通知》,其中规定远洋运输船员的工
资薪金所得采取"按年计算、分月预缴"的方式计征。自 2006 年 1 月 1 日起,
我国远洋运输船员可享受的所得税减除费用标准由 4000 元/月提升到 4800
元/月,并且从 2011 年 9 月 1 日开始,基本扣除额之上的月工资由原来的
5%～45%九级超额累进税率调整为 3%～45%七级超额累进税率。[⑤] 虽然我
国在 2008 年 3 月和 2011 年 9 月两次提升了减除费用标准,但是船员仍维持
在 4800 元/月。远洋船员与内陆公民在所得税上起征基数差距的缩小,导致
船员的实际收入下降。此外,按照我国现行税法,中国籍船舶以及在中国籍船
舶上工作的船员相较于外籍船以及外籍船船员要缴纳更多的税,导致我国船

---

① Income Tax(Earnings and Pensions) Act 2003,http://www.legislation.gov.uk/
ukpga/2003/1/contents,下载日期:2016 年 4 月 5 日。

② 法国涉及船员税收优惠的法律规定有:《法国国际登记法案 2005—412 号》第 7
条、第 10 条;《税法通则》及《法国船员养老金给付办法》。

③ 2016 年 4 月 12 日丹麦克朗对人民币的汇率为 1 丹麦克朗兑换 0.9822 元人民币。

④ Taxation of Seafarers Act(Seafarer Taxation Act)(LOV nr 386,Lov om beskat-
ning af sofølk),Executive Order on Taxation of Seafarers (Executive Order,no. 653 of 28
June 2005).

⑤ 《中华人民共和国个人所得税法》,http://www.gov.cn/flfg/2011-06/30/content_
1897108.htm,下载日期:2016 年 4 月 10 日。

员流失严重,也给我国航运企业带来沉重的薪酬负担,不利于营造公平的竞争环境。

(二)海运补贴

海运补贴政策是国家对本国海上运输业实行扶植、资助的重要手段。主要包括营运补贴、拆船补贴、造船补贴等。营运补贴是对经营重要外贸航线的本国海运业给予营运差额补贴,使各项营运费用与外国海运业的同项费用保持平衡,以增强竞争力,提高盈利水平。例如美国 2013 年《国防授权法案》第3508 节将现行的《海事安全计划》(Maritime Security Program,MSP)延长到2025 年 9 月 30 日,其中规定,美国政府为美国商船提供每年 1 亿 8600 万美元(2012—2018 年)、2 亿 1000 万美元(2019—2021 年)、2 亿 2200 万(2022—2025 年)的营运补贴(Operating Differential Subsidy,ODS)。目的是建立一支高效的,兼具商业利益和军事价值的民营船队,以满足国防和其他安全要求。[1] 类似的还有法国、意大利、西班牙、日本等国都有相应的补贴政策,作为各自航运振兴计划的有机组成部分。

拆船补贴是指具有海上运输经营资格的本国籍船舶在被拆解更新之后可获得一定补贴的政策。根据 2013 年 12 月,交通运输部等四部委发布的《老旧运输船舶和单壳油轮提前报废更新实施方案》,鼓励具有远洋和沿海经营资格的中国籍老旧运输船舶和单壳油轮提前报废更新,并根据不同船舶类型、提前报废年限,中央财政安排专项资金按 1500 元/总吨的基准对报废更新的船舶给予补助,补助资金按各 50% 的比例在完成拆船和造船后分两次发放。2015年 6 月,四部委将该方案的实施期限延长至 2017 年 12 月 31 日。[2] 旧船拆补可以有助于船东在短期内取得营业外收益,同时促进船舶工业转型升级、优化运力结构,提高航运企业船舶技术水平,降低平均船龄和单位油耗量,进而提升竞争优势。

造船补贴是政府无偿给予造船业的资金支持,以降低国内建造船舶的价格,促进国内造船业的发展,增强本国的船队规模。基于造船业的战略属性以

---

[1]　Maritime Security Program(MSP),http://www.marad.dot.gov/ships-and-ship-ping/strategic-sealift/maritime-security-program-msp/,下载日期:2016 年 4 月 12 日。

[2]　《四部委联合发布〈关于延续老旧运输船舶和单壳油轮提前报废更新政策的通知〉》,http://www.cssc.net.cn/component_news/news_detail.php? id=20093,下载日期:2016 年 4 月 12 日。

及对上下游行业的溢出效应,许多国家都通过税收、担保、贷款等多种手段对本国造船企业进行扶植,除了直接给予船厂的显性资助之外,还包括对船舶建造相关的各类原材料、设备、技术等提供的财政支持。例如依据印度政府2015 年 12 月正式批准通过的鼓励印度船舶修造业发展的提案,印度国营和私有船厂可以获得政府补贴,资助方案期限为 10 年,资助额每 3 年下降 3 个百分点,最初 3 年为 20%,按照合同价格与公平价格中较低者计算。通过国家资助方案,旨在刺激增加印度造船业的接单量。① 2018 年 11 月 22 日,韩国政府宣布一揽子计划,呼吁政府和私营企业在 2025 年前订造总计 140 艘LNG 动力船,以扶持中小型船厂,并将向资金紧张的造船厂和供应商提供7000 亿韩元的贷款融资,以及一年内提供 1 万亿韩元的延期贷款和债务担保。我国工业和信息化部制定的《船舶配套产业能力提升行动计划(2016—2020)》②也明确规定,为了实现造船强国的战略目标,必须加快提高船用设备研制与服务能力,全面突破船舶配套产业发展瓶颈。为此,需要综合运用船舶信贷、产业投资基金、保险补偿机制等财税金融政策以加大支持力度,提供有效资金保障。

虽然海运补贴是航运大国发展本国航运业的重要手段,但是也应注意到所采取的补贴措施应置于全球化背景下加以考虑,应符合 GATS 和《补贴与反补贴措施协议》(《SCM 协定》)的规定,将补贴限制在达到既定目标所需的限度内,并且满足透明度要求。例如在欧盟与韩国造船补贴争端案中,WTO专家组认为韩国进出口银行提供给三湖重工、大东造船、现代重工等本国船厂的完工前贷款计划(Pre-Shipment Loan,PSL)和预付款偿付担保计划(Advance Payment Refund Guarantee,APRG)构成与出口业绩相关的专项性补贴,与《SCM 协定》第 3.1 条和第 3.2 条相违背,因此认定为禁止性补贴。③该案给我国船舶出口贸易带来的启示在于我国应建立完善的符合《SCM 协定》的政府支持体系。就我国目前提供给船舶行业的补贴结构来看,主要是在

---

① 补贴 20%!印度公布造船业国家资助方案,http://www.eworldship.com/html/2015/ShipbuildingAbroad_1225/110350.html,下载日期:2016 年 4 月 13 日。

② 工业和信息化部关于印发《船舶配套产业能力提升行动计划(2016—2020)》的通知,http://www.miit.gov.cn/n1146295/n1652858/n1652930/n3757018/c4657153/content.html,下载日期:2016 年 4 月 13 日。

③ Korea—Measures Affecting Trad in Commercial Vessels(WT/DS273),WTO Report of Panel,2005.3,p.62.

新建船舶领域提供的船价补贴和政策性优惠信贷。[①] 较之造船强国的全方位补贴政策仍显薄弱和不足,给我国造船业的健康发展形成掣肘。以欧盟造船补贴政策第 2003/C317/06 号规划为例,其中包括向造船业提供的培训补贴、微量补贴、中小企业补贴、结构重组补贴、环境保护补贴、创新投资补贴、就业补贴、地区补贴和科研开发补贴等,这些补贴措施对欧盟船舶企业提供了有力的保障,极大地增强了其市场竞争力。

第二节　海上保险制度对航运竞争的影响

一、海上保险在航运市场体系中的地位和作用

海上保险,又称为航运保险,是以与合法的海上经济活动相关的财物、利益或责任作为承保标的,保险人按照双方约定的方式和程度,补偿被保险人在此经济活动中因承保风险所遭受的承保损失。[②] 相较于陆上风险而言,海上风险更具有综合性和多样性,除了与海上运输直接相关的财产和利益上的风险外,还包括其他海上辅助作业如海上资源勘探开发等责任风险。此外,海上保险具有极强的专业技术性,加之船舶的流动性所带来的事故发生地范围广阔且不易确定,因此要求保险公司在世界范围内布局检验和理赔服务网络。这对中小保险人来说并非易事。由于海上活动的风险系数较之陆上要高,加之造成损失的数额一般较大,因此作为一种损失补偿机制的海上保险,在国际运输和国际贸易中发挥着重要的保障功能。

依据国际海上保险联盟(International Union of Marine Insurance,IUMI)2015 年全球海上保险报告的统计数据显示,2014 年全球海上保险的保费收入为 326 亿美元,同比下降 3.2％。我国已跃居全球第一大货运险市场及第二大船舶险市场。虽然保费大规模增加,但是从区域划分来看,仍然以欧洲

---

　　① 高翔:《欧盟—韩国造船补贴国际争端对我国船舶出口贸易发展的启示》,载《国际贸易问题》2007 年第 9 期。

　　② 魏润泉、陈欣:《海上保险的法律与实务》,中国金融出版社 2001 年版,第 4 页。

市场为主,其占据的市场份额为52.6%。[①] 我国航运保险市场的发展成熟程度以及国际影响力仍较薄弱,尤其是国际化和标准化服务水平与航运发达国家存在着较大的差距,这在一定程度上制约了我国航运产业的综合竞争力。

作为现代国际航运业的重要组成部分,海上保险在航运市场体系中的核心作用主要体现在以下三个方面:首先,海上保险隶属于航运高端服务业,为航运基础服务提供有力支撑。近年来,国际航运市场受到国际贸易环境和供给侧结构性矛盾的影响,在现货市场面临着巨大的资金压力。一旦船舶遭遇海难事故,如果缺乏相应的风险转移机制,将严重影响船东的生产经营活动。将未知风险转为相对固定的保费支出,可以有效保障航运业务的稳定性,降低运输成本,提高航运市场的运行效率。

其次,海上保险有利于现代航运产业链的发展。目前,航运市场的竞争模式已经由传统的运力扩张和运价竞争转为运输服务的优化和升级。运能已经不再是限制国际航运产业发展的瓶颈,结构性嵌入航运服务业的影响力正在日益显现。[②] 海上保险对整个航运产业的驱动作用是通过推动航运生产要素的完善来加以实现的。当航运市场形成一定规模后,海上保险可以通过鼓励或禁止的方式,遴选出运转良好、组织有效的企业参与到航运活动中来,淘汰出险率高的企业,倒逼企业提升自身的管理水平和竞争力。

再次,海上保险是打造国际航运中心的内在需求。国际航运中心是在特定社会生产力条件下,由国际航运产业链上的价值创造要素组成的空间集聚。[③] 以伦敦国际航运中心为例,虽然其在船舶制造业和运输业上的优势已经逐渐淡化,但是利用海上保险的国际化和标准化服务优势,以产业集群的方式塑造了整体竞争优势,巩固了其在国际航运市场的中心地位。类似的还有新加坡政府通过提供政策优惠措施吸引外国船东向新加坡保险公

---

① IUMI:Global Marine Insurance Report 2015,http://www.iumi.com/images/Berlin2015/Presentations/14_09_seltmann_2.pdf,下载日期:2016年4月17日。

② 结构性嵌入航运服务业主要包括海上保险、法律与仲裁服务、信息服务、教育培训、管理咨询、船舶检验和公估等,其生产效率除了受到特定企业专业化水平的限制外,还受所嵌入的社会关系网络影响。与之相对应的是关系性嵌入航运服务业,包括燃油供应、船舶配件、船员劳务、拖轮及引航等,其生产效率主要受规模经济和基础服务的影响。刘明宇等:《生产性服务价值链嵌入与制造业升级的协同演进关系研究》,载《中国工业经济》2010年第8期。

③ 陈扬、王学峰:《基于产业链的国际航运产业再认识:一个新的分析框架》,载《现代管理科学》2014年第6期。

司投保。依据《新华-波罗的海国际航运中心发展指数报告（2015）》，上海位列全球十大航运中心第六位，在港口吞吐量、基础设施建设等硬件方面具有绝对的竞争优势，但在现代航运服务业上仍存在提升的空间。作为航运竞争综合实力的重要环节，海上保险市场的建立与完善将有助于提高国际航运中心的影响力。

二、海上保险与航运竞争的关联效应——以不完全契约理论为视角

（一）不完全契约理论概述

不完全契约理论是制度经济学中的重要分析框架。最早涉及契约不完全性的论述出现在科斯 1937 年发表的《企业的性质》一文，其中指出"预测上的困难，导致物品或劳务的供给期限和实现可能性之间存在负相关，对买方来说，明确规定缔约对方要做什么不太可能"[①]。罗伯特·考特和托马斯·尤伦认为依据科斯定理，当交易成本为零时，理性当事人可以订立完全契约，因为不存在额外的谈判成本，若当事人非理性或交易成本为正时，则订立的合同是不完全的。[②] 换言之，完全契约需要个体充分理性和完全竞争的市场环境，这两个条件可以为事先预见契约期内的重要事件提供可能，并在此基础上规定或然状态下双方的权利和义务。[③] 然而，现实环境和未来的复杂多样性和不确定性决定了当事人的有限理性，信息不对称增加了缔约成本，因此现实经济中的契约很难达到完全状态，也无法事先规定各种或然状态下的权责，进而引起效率损失。基于这种分析，不完全契约理论侧重在合同签订之后通过再谈判权（renegotiation）来解决争议问题。

不完全契约可以借助法律干预的手段即国家机关通过立法和司法程序来弥补契约不完全带来的无效率。[④] 也就是说可以在法律规定中提供某些最低限度的"默示规则"或强制义务，来设定契约自由的边界，减少缔约成本。此外，还可以通过利益再分配机制比如损失赔偿制度来重新达到"帕累托最优"状态。

---

① Coase，Ronald，The Nature of the Firm，Economica，1937(4)，p.391.

② ［美］罗伯特·考特、托马斯·尤伦：《法和经济学》（第五版），史晋川、董雪兵译，格致出版社，上海人民出版社 2010 年版，第 203 页。

③ 苏志强：《从完全契约到不完全契约——不完全契约成因分析》，载《山西农业大学学报（社会科学版）》2013 年第 9 期。

④ 杨瑞龙、聂辉华：《不完全契约理论：一个综述》，载《经济研究》2006 年第 2 期。

(二)不完全契约理论在海上保险中的运用

契约在海上保险中体现为海上保险合同。依据不完全契约理论,有限理性的缔约方无法完全预见将来的事件,也无法在事前准备应对策略。海上保险合同也不例外,其不完全性对市场资源配置的负面影响主要体现在以下两个方面。一方面,由于海上保险市场集中度高、专业技术性强,因而普遍使用事先制定的标准格式条款,相对于具有长期从业经验的海上保险人,被保险人难以就实质性条款进行磋商。此外,当市场高度集中时,投保人选择缔约对象的空间也受到较大制约。为了防止保险人滥用其优势地位破坏利益平衡,各国保险法主要采取三种方式来加以规制,分别是立法规制(要求保险人对免责条款进行明确说明)、司法规制(对争议条款适用逆利益解释法则)和行政规制(对合同条款的审查备案要求)。[①] 除了保险法体系下的规制手段之外,还可以结合反垄断法对保险业的联合协同属性进行价值审视,对保险业的垄断行为进行有效监管,通过行政控制的手段来使交易费用最小化,减少机会主义行为。

以保赔保险为例,在全球拥有 13 家协会成员的国际保赔协会集团(International Group of P&I Clubs, IG)为全球远洋船舶提供了大约 93% 的保赔险。尽管保赔保险的性质是非盈利的互助保险,对船东收取的会费全部用于赔款和分保费支出,以及协会自身的行政管理开支。然而,不以营利为目的不意味着就不构成反垄断法的规制对象。[②] 出于维系 IG 内部的分保优势,其对新成立的保赔协会往往采取抵制政策,限制其他保险商或保赔协会进入相关市场。鉴于 IG 在保赔市场的高度垄断地位,一定程度上排斥了其他国际海运保险人参与竞争的权利。为此,2010 年 8 月初,欧盟以 IG 内部的两个协议(《国际保赔协会集团协议》和《分摊协议》)中涉及索赔分享(claim-sharing)和联合再保险(joint reinsurance)的内容存在损害船东和其他集团外保险人利益为由,启动反垄断调查,最终因证据不足未能采取行动。[③] IG 虽然在欧盟

---

① 谷浩:《全球化背景下的国际海上保险立法:变革、协调和特点》,法律出版社 2011 年版,第 15 页。

② 欧洲法院对《欧共体条约》第 81 条"undertaking"一词的理解侧重在参与经济活动的实体,不论其法律地位和资金来源如何。参见:Dansk Rorindustri v Commission[2005] ECR Ⅰ5425,para.113;Case C-35/96 Commission v Italy[1998] Ⅰ3851,para.36;SAT v Eurocontrol Case C-364/92[1994]ECRⅠ43;5 CMLR 208.

③ Antitrust:Commission opens formal probe into marine insurance agreements,http://europa.eu/rapid/press-release_IP-10-1072_en.htm,下载日期:2016 年 4 月 8 日。

反垄断调查中过关,但是不能否认其具有垄断之嫌疑。就国际保赔协会集团内部而言,虽然 IG 协议要求保赔协会不能给予船东财务转移的诱导,但是由于协会成员的经营管理水平、产品的创新能力、法律控制措施以及服务水平存在显著的差异,保赔协会之间以及保赔协会同商业保险商之间在市场法则和竞争规律的指引和驱动下会寻求合作以提供更高水准的服务来回应会员。如果集团仍然对进入和退出机制设置障碍,不可避免地会引发反垄断执法机关对 IG 协议和保赔保险市场竞争状况的关注。

　　不完全契约理论对海上保险制度的影响还体现在强制性义务的规定上。由于海上保险合同是双方当事人"意思自治"的产物,为了保护和扩大交易自由,各国海上保险法对海上保险合同的规定一般以任意性规范为主。但是,海上保险市场的信息不对称容易带来逆向选择和道德风险。前者是信息优势方的事前机会主义行为,表现为被保险人通过在订立合同时隐瞒相关信息获取额外利益;后者是信息优势方的事后机会主义行为,表现为被保险人在订立合同后为了自身利益所采取的投机行为。这两种行为将阻碍市场资源配置的优化,不利于建立公平有序的市场竞争环境。为了在非对称信息的前提下,最大限度地减少由于契约不完全所导致的效率损失,法律通过强制性规范介入商业自由,以约束信息优势方的行为,主要体现为海上保险法的基本原则,例如要求合同双方当事人尤其是被保险人遵循最大诚信原则,在签订保险合同时如实告知或答复有关保险标的的重要情况,并且遵守向保险人作出的履行某种特定义务的承诺;只有对保险标的具有可保利益的投保人才有权与保险人签订海上保险合同等。通过这些有限度的合同自由,来实现多元利益主体之间的冲突平衡。

第三节　国际船舶登记制度对航运竞争的影响

一、国际船舶登记制度的必要性分析

　　国际船舶登记制度(International Ship Register, ISR)是指一国在其本土设立专门的国际船舶登记处,突破原有船舶登记制度的一些限制性规定,通过实施一些优惠政策例如放宽船舶所有权、船舶状况、船员配备和航运管理等方面的严格条件吸引本国船东所有的、从事国际航运业务的境外方便旗船和新造船舶以及外国船东所有的国际航运船舶前来登记的一种船舶国籍登记形式。[1] 作为一国海运政策的转换载体,国际船舶登记制度有效平衡了航运自由化、全球化与船舶登记管理的严格化、规范化之间的矛盾,促进了国轮登记数量和船舶吨位的增长,并进一步刺激了本国航运业的发展与国际影响力的提高。

首先,国际船舶登记制度有利于解决船舶移籍海外的问题,避免本国海运产业空洞化和航运税源的流失,保障国家经济安全和国防安全。我国船舶登记制度采取的是严格登记制,《中华人民共和国船舶登记条例》对船舶所有权、适用船舶、船员要求、船籍港等方面均有严格的限制规定。同时,还存在登记程序复杂和税收负担沉重的问题,这些因素削弱了对船东选择注册登记地的吸引力。一般来说,船东选择登记地主要是出于成本和法律监管环境的考虑。适当放松船舶登记的条件限制,创造宽松和稳定的法律环境可以有效遏制船舶登记收入的外流以及附属产业链的转移,扩大我国的船队规模,增加本国船员的就业机会,增强我国航运产业的综合竞争实力。

其次,国际船舶登记制度有利于优化船队结构,实现海运资源的有效配置。船舶登记数量是反映一国海运运力的重要指标。透过船舶登记,政府主管部门可以掌握本国现有船队的规模和组成情况,从而对本国航运产业的发展态势和国际地位作出准确的评估。然而,船队规模并非衡量海运实力强弱的唯一指针,抛开其他因素不谈,即便是运力规模位居前列,还需考察船队结构的合理与否。船舶的平均船龄、船舶种类、船舶的技术设备和污染物排放量等都会影响船队的整体结构。国际船舶登记制度是介于严格登记制和开放登记制两者之间的一种形式,既有开放登记制下的灵活性,又保留了严格登记制下船旗国对船舶的有效控制。通过对是否授予登记的船舶所需具备的要件来优化运力供应,也间接提升了本国船队的整体竞争力。

最后,国际船舶登记制度是保障国际海运安全、维护航运市场竞争有序性的内在要求。采取开放登记制的国家往往对船舶国籍的取得不作实质性限制,仅规定宽松的形式条件,更遑论有效的法律监管,这给国际海运业带来巨大的安全隐忧。极低的犯罪成本和船旗国的不作为引发的海运欺诈和无序竞争给国际航运市场秩序造成了混乱,甚至出现"劣币驱逐良币"现象。国际船

---

[1] 王淑敏、杨欣、李瑞康:《上海自由贸易区实施"国籍船舶登记制度"的法律问题研究》,载《中国海商法研究》2015 年第 2 期。

舶登记制度能够保障船旗国与其所辖船舶之间具有真正联系,缓解船舶国籍和船舶所有人国籍相分离带来的管辖权缺位问题。不仅有助于消除潜在的安全隐患,减少和避免本国航运企业遭受不必要的风险损失,而且有助于改善本国船舶的技术状况,进一步促进航运产业的良性发展。

二、国际船舶登记制度的可行性探索

如前文所述,国际船舶登记制度设立的目的和初衷是通过放宽登记条件、实施优惠措施等让渡公权力的方式降低船舶经营人的运营和维护成本,以保持本国船队的竞争优势。船舶资源的流动性加剧了国际航运市场的竞争,迫使各国在全球化背景下思考和布局本国的航运政策。

从我国目前的船舶登记制度来看,能够在我国进行登记的船舶需是在中国境内有住所或主要营业所的中国公民和企业法人,并且企业法人中中资比例不得低于50%。[①] 船员一般应由中国公民担任,确需雇佣外国籍船员的,应报国务院交通主管部门批准。[②] 这些限制条件与当前国际航运业放松管制的发展趋势不相符。为此,国务院在上海自由贸易试验区总体方案中明确提出要在试验区内探索实施国际船舶登记制度。[③] 依据《中国(上海)自由贸易试验区国际船舶登记制度试点方案》,主要从五个方面加以制度改革:第一,对登记主体放宽外资比例限制,允许外商投资比例超过50%;第二,对船龄要求可以在现有基础上放宽两年;第三,对船员的配备基本放开对外籍船员的限制,由审批制改为报备制;第四,允许设置两个船籍港,且均可以享受船舶登记的政策便利;第五,在现有登记种类的基础上增加船舶融资租赁登记等必要的登记种类。此外,还从配套程序上进行优化与完善。[④] 例如将对船舶登记的事前监管向事中、事后监管转变,试行"先照后证"政策,简化船舶登记手续,提高船舶登记效率。通过上述制度创新,旨在引导船舶资源的再分配,提高本国航运产业的效益与竞争力。

值得指出的是,各国对船舶登记模式的选择是在客观经济实力的基础上进行主观考量的结果。从我国目前航运业的发展现状来看,远洋船队的合理化建

---

① 《中华人民共和国船舶登记条例》第 2 条。

② 《中华人民共和国船舶登记条例》第 7 条。

③ 《国务院关于印发中国(上海)自由贸易试验区总体方案》第 6 条。

④ 欧莉:《自贸区国际船舶登记制度获批》,载《浦东时报》2014 年 1 月 24 日。

设尚待加强,航运市场的规范化程度不高,虽然在运力规模等硬性评价体系中已取得瞩目成就,但是还处于"大而不强"的状态,航运资源配置存在"低效率高耗能"的问题。采用国际船舶登记制度应权衡效率与安全两者之间的关系,在顺应国际海运自由化的基础上,完善船舶安全管理、船舶融资等配套设施,通过经营环境内部各要素的协同发展,促进我国由海运大国向海运强国的转变。

本章小结

本章主要探讨了国家援助制度、海上保险制度和国际船舶登记制度对航运市场竞争秩序的影响。之所以选择这三个方面进行阐述,是因为它们从不同侧面展示了外部因素对航运竞争力的溢出效应以及所引发的反垄断法意义上的关注。

从制度经济学的视角来看,国家援助可以将微观层次的竞争优势转化为宏观层次的制度优势,因此出于产业政策和战略目标的考虑,许多航运发达国家都采取程度不一的国家援助措施来助推本国航运业的发展。这种外在的人为干预影响了市场的资源配置,一定程度上扭曲了航运市场的有效竞争,所以有必要对国家援助施加一定的限制,以将其控制在合理的范围。常见的国家援助措施主要有税收优惠和海运补贴,前者包括针对企业的船舶吨税制和针对船员的个人所得税减免,后者包括营运补贴、拆船补贴和造船补贴。

海上保险是航运高端服务业的重要组成部分,是国际航运业风险管理的有效工具,为航运业的可持续发展保驾护航。海上保险的专业性带来了海上保险市场的高度集中,目前海上保险市场的话语权和影响力还是集中在以英国为代表的西方航运发达国家手中。为了避免其利用在海上保险(主要是船舶保险和保赔保险)市场的垄断地位来控制远洋运输业,有必要从法律角度探索规制海上保险合同不完全性的进路和对策。

国际船舶登记制度是改善本国运力结构、提高船队整体竞争力的有效手段。作为严格登记制和开放登记制的折中产物,国际船舶登记制度扬弃了两者的优缺点,平衡了航运自由化与安全性之间的矛盾。通过放松登记条件和政策优惠措施,对航运业的发展具有明显的正外部性。除了完善周边配套措施之外,还应注意把握适当的监管尺度和细化实施的具体事项,避免船舶登记空洞化和形式化,进而损害航运市场正常的竞争环境。

第 六 章

我国航运竞争法律体系的完善进路

第一节　我国航运竞争立法的目的与路径保障

经济全球化不仅增加了国际资本流动的规模和形式,也增加了世界各国的相互依赖性,并在其背后蕴含着国家利益的博弈。航运业在维系国家安全和国民经济命脉中发挥着日益重要的作用。具体而言体现在四个方面:一是保障国民经济发展的进出口战略通道。二是参与国际分工,形成国际竞争优势的重要组成部分。三是保障国家海上安全的重要力量。四是能有效带动船舶修造、仓储物流、港口、金融、保险等海运辅助行业的发展。在此背景下,航运竞争法为航运市场机制的正常运行、航运经济的健康发展营造良好的秩序环境。因此有必要从理论上梳理其立法目的与指导思想,并依此从制度创制层面来设计体系合理、结构完善的法律制度和实施机制。

航运竞争法的立法目的具有长期性和指导性,在确立航运竞争立法的指导思想方面应考虑以下因素,以便从制度层面作出合理而具体的安排。首先,应尊重国际航运业放松管制的客观趋势。放松管制(deregulation)旨在通过自由化和市场化的手段,减少政府直接干预市场配置机制或间接改变企业和消费者供需政策的行为,以激发市场活力,提高经济效率和消费者福利。① 但是,放松管制并不意味着对政府管制手段的彻底放弃,其追求的不仅是"有限政府",更是"有效政府"。因此,从国际航运业放松管制改革实践来看,以美国

---

① [美]丹尼尔·F.史普博:《管制与市场》,余晖等译,格致出版社、上海三联书店、上海人民出版社 1999 年版,第 45 页。

《1998年航运改革法》为代表,包括欧盟联营体规制的修改、2001年加拿大《航运法》的修改、2000年澳大利亚《国际班轮货物运输法》的修改、1999年日本《海上运输法》的修改以及1999年韩国《海上运输法》的修改等都体现了强化国际航运市场竞争机制、放松政府直接管制的立法趋势。① 值得注意的是,放松管制抛弃了传统管制背景下政府作为"独裁者"的角色,对政府职能的重新定位应更多体现"仲裁者"的角色,通过制定和执行竞争政策并积极参与区域性和国际性的协调,来维护公平竞争的市场秩序。因而,一个切实有效的竞争机制是达成上述目的的先决条件。

其次,应正确对待我国经济的开放性。随着我国逐渐全面履行入世承诺,服务领域和服务贸易不断放开,国民待遇将更加平等地赋予国内外企业。相较于制造业的国际竞争力,我国服务产业整体竞争力较弱,产业规模效益和自主创新能力发展滞后。为了实现到2020年基本建成现代化海运体系的目标,我国稳步开放航运业的外资准入,根据2015年5月12日交通运输部发布的《关于修改〈国内水路运输管理规定〉的决定》,将第35条第1款修改为:"具有许可权限的部门可以根据国内水路运输实际情况,决定是否准许外商投资企业经营国内水路运输。"这意味着外资航运企业在今后或可有条件经营国内水路运输。伴随着国外资本、产品和技术逐步挤占航运港口物流等相关航运服务及辅助行业,对航运产业安全构成潜在威胁。加之,我国目前关于航运市场的监管立法缺位,相关监管部门在职责履行和职责分工方面存在着相互矛盾和冲突之处,因此有必要在梳理现行法律文件的基础上,明确政府的监管职能,监管思路由"事前审批"向"事后监管"过渡。

最后,应重视我国基本国情,贯彻适度保护的理念。我国目前的海运服务贸易长期处于逆差状态,尤其是配套高端服务业的水平离航运强国还存在较大的差距。在此背景下,政府如何通过适度干预在不损害良性有序的竞争格局和竞争环境的前提下,给予尚在成长期的本国航运企业以适度保护是航运竞争立法必须予以考虑的问题。适度保护的目的在于提高企业的国际竞争力,从法律实施环节来看,应结合我国目前航运市场的发展现状循序渐进,但也要注意完善相应的市场准入和市场退出机制。

综合以上分析,我国航运竞争法的立法目的可以归纳为以下几点:(1)在立足整体经济和国家利益的基础上,树立竞争法治理念,协调航运市场自我运行机制与行政干预的功能互补,促进我国航运经济的健康发展。(2)增加、细

---

① 於世成:《美国航运法研究》,北京大学出版社2007年版,第54~58页。

化航运垄断行为的种类和法律责任,完善我国航运竞争法律体系。(3)协调与贸易政策和产业政策之间的关系　创造航运产业发展所需的微观经济环境,提高经济效率和竞争力。

航运竞争法对保障航运市场机制的正常运行、航运业的健康发展具有重要意义。但是营造良好的秩序环境不能停留在臆想或文本臆造状态,而应结合目前的经济发展水平和国家利益等现实因素,从制度创制层面来设计体系合理、结构完善的航运竞争法律制度和实施机制。要想通过条文化将应然意义转变为实然意义,首先应当明确蕴含于文本规范之内的利益追求和价值目标。对立法目的的明晰离不开对外部环境的正确认知,一方面,经济全球化的客观趋势加剧了各国之间的竞争,全球贸易的增速放缓加之发达国家的加工外包业已完成,削弱了对航运需求的乘数效应,此外,燃油成本和日益严格的技术环保标准也给航运企业带来了巨大的压力。因此,从客观上要求国家既要维护本国航运市场的竞争力又能增强其在国际市场的竞争力。另一方面,我国目前还处于经济发展的转型时期,随着对外开放不断向纵深方向发展,外资在航运市场所占据的市场份额也逐步提高,这一定程度上给产业安全带来了威胁。如何在开放经济中确保有序竞争,培育我国航运企业的竞争优势,防止危害国家经济安全的行为发生,是制定航运竞争法必须予以考虑的问题。

一、立法目的

(一)建立和维护社会主义市场经济体制下的航运市场秩序

我国目前还处于社会主义市场经济的初级阶段,各方面的问题和矛盾还很突出,在航运市场的具体表现为:首先,政府与市场之间职责权限尚未理顺,容易出现过度干预的现象,进而阻碍甚至抑制竞争机制的活力;其次,法治不够健全和完善,应然层面的制度设计还没有形成体系化,仍以片段化立法为主,对于航运市场的反竞争行为的法律规制力较弱,尤其是在反垄断执法和司法方面仍存在诸多不足,严重影响了航运市场竞争机制的运行效率;再次,竞争文化理念的缺乏,导致相关企业竞争意识和改革创新动力不强,仍然寄希望于政府对市场的"父爱式"介入。因此,有必要通过国家立法确立市场机制在航运资源配置中的基础性作用,明确航运市场经营主体的行为规则,保证在法治轨道上实现航运市场的有序竞争。

（二）建立和维持高效率的航运管理体系

由于市场机制在市场运行过程中无法克服其固有缺陷，因此，需要国家从"守夜人"的角色转变为积极的干预者，正所谓"竞争不是野草，弃之不管也可以生长，而是需要政府不断关注的农作物"。[①] 然而政府不是万能的，还可能带来"政府悖论"问题。[②] 因此，需要借助法律确立航运主管机关的法律地位和规范其行为的边界。明确航运主管机关的职责范围、申报审批以及调查处罚的程序，优化管理模式和管理手段，建立高效透明、公开公正的航运管理体系。

（三）实现国家对航运市场经济的宏观调控

现代市场经济体制离不开政府对市场的宏观调控。建立公平竞争的航运市场秩序是对原有秩序的重构，实现国家对航运市场经济的宏观调控并不意味着赋予了政府可以无视市场规律、肆意干预市场的尚方宝剑，而是指政府在制定和执行航运政策时，应尊重市场经济规律并主要通过财政、货币以及价格等间接的宏观经济政策予以贯彻和落实，换言之，就是以市场导向为主，国家调节为辅，通过宏观调控和政府监管来为航运市场的竞争机制提供制度保证，发挥政府对市场的预测、引导等服务功能。

二、路径保障

本节主要从宏观角度论述航运竞争法律体系构建中应注意的问题，相较于下一节侧重于微观层面的制度设计来说，此处的路径保障是指我国在制定航运竞争规则时应采取国际化视野和全局化态度，协调统合各方关系，加强对有序竞争实效性的保护。

---

① W. Lashmann, The Development Dimension of Competition Law and Policy. 转引自林文生：《竞争政策和产业政策冲突协调制度的法律分析》，中国财政经济出版社 2005年版，第 20 页。

② "政府悖论"又叫政府效率悖论，是指政府的存在是经济发展的重要条件，但政府也可能成为经济发展的制约和障碍。这种悖论源于效率悖论与政府悖论，是政府追求经济增长高效率的同时产生的效率损失与资源配置低效现象。王小卫：《宪政经济学——探索市场经济的游戏规则》，立信会计出版社 2006年版，第 10 页。

（一）与 WTO 竞争规则的协调

世界贸易组织是当今世界上规模最大、影响最为广泛的国际经济组织。WTO 的宗旨在于通过削减壁垒，实现国际贸易的自由化。从"东京回合"的关税与非关税壁垒到"乌拉圭回合"的其他贸易壁垒（如与贸易有关的投资、知识产权等），全球经济一体化进程的推进，逐步形成了一个没有区域壁垒的世界市场。全球竞争在增加国际公共物品、提高全球经济福利的同时，也放大了私人经济垄断的消极影响，反垄断法的规制对象也扩展到跨国企业并购、国际卡特尔等国际市场垄断问题。发达国家寻求建立"平等竞技场"（level playing field），以使本国企业可以自由进入并占领发展中国家市场，在更广的地理范围内重新配置资源走向。[①] 然而，发展中国家受制于自身经济发展水平和其他实际情况，现阶段无法在同一平台与发达国家展开国际竞争，尤其是海运业。因此，在制定相关航运竞争政策时，不仅需要充分认识本国的实际国情，还应注意与国际通行惯例的衔接、配合问题。

我国已于 2001 年正式加入 WTO，因而遵循 WTO 所确立的市场竞争规则，不仅是我国应尽的法律义务，也是规范和完善我国市场机制有效运行的途径和方向。海运服务贸易是国际一体化程度最高的服务部门之一，海运服务贸易的自由化是全球海运业发展的必然趋势。从我国目前的国际海运贸易环境来看，航运市场的开放程度已经处于较高水平，在国民待遇和市场准入方面甚至存在过度开放的问题。例如允许中国籍的中外合资航运企业经营沿海运输业务，给予外国航运企业某些税收优惠等，这些措施在一定程度上扩大了外国航运企业在我国航运市场的份额，加剧了海运服务贸易逆差。[②] 因此在清晰认识我国海运业整体竞争力的基础上，应采取循序渐进、有条不紊的政策措施，保留某些航运反垄断豁免规定，科学界定国际海运服务、国际海运辅助服务和海运代理服务的市场准入条件，积极参与国际海运服务贸易的双边和多边谈判，以阻却航运反竞争行为，减少国家之间因竞争法而发生冲突的可能性，增进航运竞争法在国家层面的发展。

[①]　黄勇、李志强：《反垄断法实施中的法律冲突与国际合作》，载王晓晔：《经济全球化下竞争法的新发展》，社会科学文献出版社 2005 年版，第 221 页。

[②]　唐颖峰等：《我国海运服务市场开发与海运服务贸易自由化》，载《世界贸易组织动态与研究》2011 年第 6 期。

(二) 与产业政策的协调

产业政策是指在市场经济条件下,国家为了加强产业竞争力而对产业实施的一种干预性的经济政策。与竞争政策一并构成政府干预经济以弥补"市场失灵"的有效工具,两者的最终目标都是为了提高企业的市场竞争力、促进产业部门的发展、提高经济效率。航运产业一直被视为国际贸易的传统支柱行业,加之其固有的行业特性和在国民经济、国防安全中的重要地位,往往被赋予特殊的政策性考虑,主要体现在对特定的航运限制竞争行为规定不适用反垄断法的约束,即航运反垄断豁免制度。

产业政策与竞争政策的显著差异表现在三个方面:一是价值导向不同。竞争政策旨在保障市场自由竞争机制,以维护消费者的选择自由,提高社会福利,其保护的是竞争而非竞争者,除了某些成本函数具有次可加性或规模经济的产业和特定限制竞争行为之外,其他行业和企业均纳入竞争政策的调控范围,因而竞争政策没有明确的产业指向。[1] 产业政策的价值导向旨在通过政策倾斜扶持主导产业或成长性产业,以达到提升产业竞争力的目标,更多追求的是资源配置的效率,具有明确的产业指向。二是作用机制不同。竞争政策侧重于通过纠正和排除滥用市场支配力、垄断协议和经营者集中等典型限制竞争行为以恢复市场在资源配置中的基础性作用和功能,而产业政策更多借助的是行政力量直接或间接干预市场主体行为,以替代市场调节的作用。三是干预手段不同。竞争政策鼓励市场主体积极参与市场竞争,通过优胜劣汰提高产业发展和企业竞争力,因而对可能产生或加强市场支配力的集中行为保持警惕,以避免对市场竞争机制的潜在损害。产业政策则鼓励企业兼并,强调规模经济。对于扶持产业领域的反竞争行为往往采取默许或宽容态度。

从以上分析可以看出,虽然产业政策对优化产业规模与结构具有一定的积极意义,但是不宜扩大产业政策的作用,尤其是在国际航运业放松管制的趋势与背景之下对引进竞争机制提出了具体的要求。因此应坚持以竞争政策为主导,产业政策作为豁免规定和辅助手段,并且通过航运反垄断豁免的程序控制来使两者达到恰当的平衡。

---

① 黄进喜:《反垄断法适用除外与豁免制度研究》,厦门大学出版社 2014 年版,第 32 页。

第二节　我国航运竞争立法的现状及存在的问题

一、我国航运竞争立法的历史发展和现状

从我国航运竞争立法的发展进程来看,具有明显的滞后性和回应性特点。竞争政策曾长期服务于产业政策,虽然航运市场逐步迈向自由化,竞争政策由受压制逐渐走向强势,但是由于监管层缺乏足够的经验,我国目前尚未建立系统化的航运竞争法律体制。

从时间上分,我国航运业的发展经历了三个阶段:第一,1949—1977 年,计划经济体制下的国家控制垄断航运产业。这一时期的航运业由国家运营和管理,1961 年 4 月成立了中国远洋运输公司(COSCO)并组建了第一支自营的国际海运船队。此外,通过购买"二手船"而非先前的外轮租赁,迅速发展了我国的国际海运船队。但是由于计划经济无法真实反映市场的需求,船队的结构和规模不合理,加之僵硬的管理模式,整体而言缺乏经济活力和市场竞争力。

第二,1978—2001 年,市场经济体制下的航运产业转型与升级。随着改革开放和市场经济体制的建立,国有船公司逐步发展成为独立经营的经济实体,并且进一步开放国际航运市场。管理模式由直接控制转为间接控制。[①]这一过程大概经历了五个步骤:[②](1)简政放权,增强企业活力(1978—1984 年);(2)改革税收和利润分配制度(1984—1986 年);(3)确立以合同为主的权责体系(1987—1991 年);(4)企业体制改革(1991—1995 年);(5)初步建立现代企业体系(1995—2001 年)。

第三,2002 年至今,我国加入 WTO 后对海运服务贸易所作承诺的回应。

---

① 相关规定可参见:《关于改善我国国际海洋运输管理工作的通知》《关于改革我国国际海洋运输管理工作的补充通知》《关于从事国际海运船舶公司的暂行管理办法》《中华人民共和国海上国际集装箱运输管理规定》《国际班轮运输管理规定》《关于深化改革、扩大开放、加快交通发展的若干意见》等。

② Guangqi Sun, Shiping Zhang, Chinese Shipping Policy and the Impact of its Development, *Shipping in China*, 2002, Ashgate Publishing Limited(UK), p.10 ff.

我国在海运服务贸易方面对 WTO 的承诺主要体现在四个方面：一是国际海运服务。我国承诺允许海运服务提供商在中国设立合资船公司，外资股比不得超过 49％，但不得经营沿海和内河运输。二是海运辅助和代理服务。在海运理货、海运报关、集装箱堆场领域，允许设立合资企业，外资可以拥有多数股权。对海运仓储服务和海运代理服务，允许设立合资企业，外资股比不超过 49％。三是港口设施。允许外资企业建设货主码头和专用航道；鼓励合资建设并经营公用码头泊位；允许合资企业经营装卸业务、租赁码头、货物拆装、包装以及内陆分运服务等。① 四是最惠国待遇义务的豁免。涉及两个方面：（1）依照我国签订的双边协定和法律，在中国成立合资或外资独资企业，为其承运人所拥有或经营的船舶从事日常业务；（2）货载分配协议。② 为了切实履行入世承诺，我国修改、清理了既有的法律法规和行业管理政策，并加快国际航运立法的制定。

除了《反垄断法》和《反不正当竞争法》这类一般竞争规则之外，严格意义上涉及航运市场竞争秩序的法律文件主要有 2002 年 1 月 1 日生效的《国际海运条例》、2003 年 3 月 1 日生效的《国际海运条例实施细则》和 2007 年 3 月 12 日发布的《关于加强对班轮公会和运价协议组织监管的公告》。③《国际海运条例》中关于航运市场竞争法规范的条文为第 20 条、第 24 条、第 26 条，以及第 32 条至第 38 条，前三个条文是实体性规范，第 32 条至第 38 条是涉及调查与处罚的程序性规范。《国际海运条例》并没有直接规定班轮公会协议等国际航运协议是否享有豁免权，但是从第 20 条来看，对于涉及中国港口的班轮公会协议、运营协议、运价协议等，要求自协议订立之日起 15 日内将协议副本向交通主管部门备案。④ 这一规定可以视为间接上肯定了上述协议的有效性。然而，作为强制性的监管制度，《国际海运条例》对违反备案规定的处罚力度较弱，依据第 45 条的规定，如果在责令补办的期限内补办备案手续，不会受到处

---

① WTO，Trade in services—the People's Republic of China － schedule of specific commitments（Doc. No. GATS/SC/135，14 February 2002），Section 11.

② WTO，Trade in services—the People's Republic of China － final list of Article Ⅱ (MFN) exemptions（Doc. No. GATS/EL/135，14 February 2002）.

③ LIU Hongyan，Liner Conferences in Competition Law，Springer，2009，pp.53～54.

④ 《国际海运条例》第 20 条："从事国际班轮运输的国际船舶运输经营者之间订立涉及中国港口的班轮公会协议、运营协议、运价协议等，应当自协议订立之日起 15 日内将协议副本向国务院交通主管部门备案。"

罚,只有逾期不补办的,才会被处以罚款。此外,对于未经备案的相关协议之法律效力问题,未作明确的说明。由于国际班轮运输经营者之间的法律地位平等,协议的生效要件应主要秉承合同法和民法之相关规定,但考虑到备案制度设立的目的和初衷,如果不将其纳入协议生效之前提,恐影响其具体实施情况,因此有必要通过法律加以明确。① 按照之前第 24 条的规定,国际船舶运输经营者之间的兼并、收购协议应当报交通主管部门审核同意。但是根据2013 年 7 月国务院发布的"关于废止和修改部分行政法规的决定"(国务院令第 638 号)删去了第 24 条,取消了国际船舶运输经营者之间兼并、收购审核的规定,体现了从"事前审批"向"事后监管"的思路转变。第 24 条是实质涉及航运反竞争行为的重要条款,该条禁止了四种限制竞争行为。②

《国际海运条例实施细则》是《国际海运条例》的细化规定,有关条文为第30 条、第 33 条、第 36 条,以及第 41 条至第 51 条。前三条为实体性规范,分别是对《国际海运条例》第 20 条、第 24 条、第 26 条的具体化,包括明确了备案的主体和提交的材料,扩大了从事限制竞争行为的主体范围。根据国务院关于《国际海运条例》修改的内容,交通运输部 2017 年第 4 号部令对《国际海运条例实施细则》进行了相应的修改,增加了第 35 条和第 36 条,要求国际集装箱班轮运输经营者在报备运价时,应报备中国港口至外国基本港的出口集装箱海运运价和附加费。班轮公会、运价协议组织在中国开展业务应遵守相关规定并与中国境内的托运人组织建立有效的协商机制,以维护国际海运市场的公平竞争秩序,保障行业健康发展。

2007 年《关于加强对班轮公会和运价协议组织监管的公告》是以交通部历时 4 年对 THC 事件的调查结论为基础出台的法律规范,共计 6 条。进一步重申了班轮公会运价报备制度所应提交的报备材料、报备义务人和报备方式,并首次确立了与托运人的协商机制。

从一般竞争法层面分析,由于我国采用的是分立式立法模式,在 2008 年8 月 1 日《反垄断法》实施之前的较长历史时期内,依赖的是 1993 年 12 月 1日施行的《反不正当竞争法》对垄断行为进行一定程度的规制。《反不正当竞

---

① 李志文、袁绍春、尹伟民:《国际海运条例释义》,大连海事大学出版社 2004 年版,第 160 页。

② 《国际海运条例》第 24 条:"经营国际船舶运输业务和无船承运业务,不得有下列行为:(一)以低于正常、合理水平的运价提供服务,妨碍公平竞争;(二)在会计账簿之外暗中给予托运人回扣,承揽货物;(三)滥用优势地位,以歧视性价格或者其他限制性条件给交易对方造成损害;(四)其他损害交易对方或者国际海上运输市场秩序的行为。"

争法》第 2 条第 3 款规定了经营者是指从事商品经营或营利性服务的法人、其他经济组织和个人。从这个角度分析,班轮公会和其他国际航运协议组织是否属于经营者的主体范畴是存在争议的。以 THC 事件为例,收取 THC 的班轮公会未在中国注册,而是通过货代公司的介入间接从事班轮运输业务的,不能视为我国的法人或其他经济组织,且班轮公会作为协调运力和运费的组织,也不进行营利活动。① 此外,《反不正当竞争法》第 2 章包含 7 个条文,分别从混淆行为、商业贿赂行为、虚焦或误导性商业宣传行为、侵犯商业秘密行为,不当有奖销售行为,编造、传播虚伪或误导性信息行为。利用技术手段妨碍其他经营者利用网络从事生产经营活动行为等方面界定了不正当竞争行为的类型。基于《反不正当竞争法》限制的行为类型专指第 2 章所包含的这 7 个方面,包含班轮公会协议在内的国际航运协议很难界定在这 7 种行为之列。唯一例外的是,班轮公会早期的横向排他性协议——"战斗船"协议。该协议的目的是在其控制的航线上排挤竞争对手,通过反复削价的策略直至将对手排挤出该航线。这一协议符合修订前《反不正当竞争法》第 11 条"低价倾销"的构成要件,即经营者不得以排挤竞争对手为目的,以低于成本的价格销售商品。但是由于"战斗船"协议的反竞争效果太过明显,在目前的海运实践中几乎已经不再采用。而且 2019 修正案中也将"以低于成本的价格销售商品"的限制性规定。因此对于航运领域的垄断行为,《反不正当竞争法》的作用效果有限,这也是本书对竞争法采用狭义理解的原因之一。

相较于《反不正当竞争法》在航运竞争领域的局限性,《反垄断法》作为现代国家维护市场竞争的基础性法律规范,应保护有序竞争之需而生。对限制排除竞争的垄断协议、滥用市场支配地位及经营者集中等垄断行为进行了系统规制并且从调查程序、法律责任、法律救济等方面予以配套保障。

第一,从主体范围来看,《反垄断法》第 12 条扩大了经营者的内涵与外延,取消了"营利性"的限制,增加了"提供服务的自然人、法人和其他组织"。② 因

---

① 陆艳平:《论码头作业费的收取》,载《海商法研究》,法律出版社 2003 年第 1 辑,第 145~146 页。

② 《中华人民共和国反垄断法》第 12 条:"本法所称经营者,是指从事商品生产、经营或者提供服务的自然人、法人和其他组织。"

此,班轮公会等国际航运协议组织属于《反垄断法》所调整的主体对象。① 第二,从垄断协议的类型来看,《反垄断法》第 13 条禁止具有竞争关系的经营者之间达成水平协议,包括价格卡特尔、数量卡特尔、市场份额卡特尔、技术卡特尔和联合抵制交易。② 对于班轮公会协议中的协定运价、规定航次比例、划定营运区域、分配货载等主要内容而言,无疑将纳入《反垄断法》所禁止的垄断协议范畴。第三,从反垄断豁免内容来看,《反垄断法》第 15 条有关豁免的规定强调了经营者的举证责任,应证明协议不会严重限制相关市场的竞争,并且能够使消费者分享利益。③ 采取的是个别豁免模式。因此从我国的现有立法来看,都未能明确国际航运协议是否享有行业整体豁免的特权,而且还面临着《反垄断法》与《国际海运条例》及实施细则之间的衔接问题。第四,从调查程序手段来看,依据《反垄断法》第 38 条和第 45 条的规定,对涉嫌垄断行为的调查主要来自单位和个人的举报,对中止调查和恢复调查的程序和条件作出了相应的规定。依据《国际海运条例》第 32 条和《国际海运条例实施细则》第 43

---

①　由于对班轮公会的法律性质存在不同的看法,有观点认为班轮公会是班轮公司的行业协会组织,因此纳入《反垄断法》的调整范围并非其具有经营者的法律属性,而应依据第 16 条行业协会不得组织本行业的经营者从事垄断协议行为。但是依据我国法律的规定,行业协会成立、变更、注销登记,主要依据《社会团体登记管理条例》等办理,而根据《国际海运条例》第 20 条以及《国际海运条例实施细则》第 30 条的规定,班轮公会协议、运营协议和运价协议的有效性是通过及时向交通部备案取得的。故严格地说,《反垄断法》对包括班轮公会在内的国际航运协议组织具有普适性,更重要的是基于协议本身的反竞争效果是否违反法律所保护的根本利益,是否属于垄断协议的范畴,而非简单依赖于主体的判定。

②　《中华人民共和国反垄断法》第 13 条:"禁止具有竞争关系的经营者达成下列垄断协议:(一)固定或者变更商品价格;(二)限制商品的生产数量或者销售数量;(三)分割销售市场或者原材料采购市场;(四)限制购买新技术、新设备或者限制开发新技术、新产品;(五)联合抵制交易;(六)国务院反垄断执法机关认定的其他垄断协议。本法所称垄断协议,是指排除、限制竞争的协议、决定或者其他协同行为。"

③　《中华人民共和国反垄断法》第 15 条:"经营者能够证明所达成的协议属于下列情形之一的,不适用本法第十三条、第十四条的规定:(一)为改进技术、研究开发新产品的;(二)为提高产品质量、降低成本、增进效率,统一产品规格、标准或者实行专业化分工的;(三)为提高中小经营者经营效率,增强中小经营者竞争力的;(四)为实现节约能源、保护环境、救灾救助等社会公共利益的;(五)因经济不景气,为缓解销售量严重下降或者生产明显过剩的;(六)为保障对外贸易和对外经济合作中的正当利益的;(七)法律和国务院规定的其他情形。属于前款第一项至第五项情形,不适用本法第十三条、第十四条规定的,经营者还应当证明所达成的协议不会严重限制相关市场的竞争,并且能够使消费者分享由此产生的利益。"

条的规定,交通部对航运垄断行为启动调查可以基于利害关系人的请求和自行决定两种途径,前者需要提交书面申请和必要证据,并经交通部评估,且调查期限不得超过 1 年。第五,从法律责任方式来看,《反垄断法》第 7 章从行政责任和民事责任两个方面构建了对经营者实施垄断行为应承担法律责任之框架,包括罚款、责令停止违法行为、没收违法所得、民事损害赔偿等。与之形成鲜明对比的是,《国际海运条例》第 37 条针对航运垄断行为的限制性、禁止性措施,实质是以责令改正措施为主的一种教育手段,而非行政处罚手段。因此,处罚力度不能和《反垄断法》相提并论。

综合以上分析,我国航运竞争法是伴随着对市场经济理念认同的不断深入而逐渐发展起来的。由于我国现阶段仍处于经济转型时期,为了增强本国产业的国际竞争力,各种产业政策法规相继出台。虽然 2008 年我国开始实施《反垄断法》,但是由于恰逢全球金融危机,以强化政府干预力度的产业振兴政策在应对危机中扮演着重要角色。诚然,这对促进产业规模化,增强国际竞争力有着积极的作用,但是也在一定程度上减损了《反垄断法》的权威和扭曲了正常的市场竞争秩序。此外,《反垄断法》作为一般竞争规则与航运竞争领域的特别规定乃至我国依据国际条约所应承担的国际义务之间如何相互协调,在具体的实践操作中由哪些机关来展开反垄断执法等问题尚存在模糊地带,因此,就现状而言,我国现有的法律法规在规制航运垄断行为方面仍有不少矛盾和冲突之处。从历史发展来看,我国真正意义上的航运竞争立法始于改革开放以后,先前依靠计划经济体制下的行政指令来规范航运市场的运作模式逐步向市场化方向转变,并且打破了航运业国家垄断的局面。随着改革开放的深化,政府通过出台相关政策,鼓励和支持地方和个体运输的发展,允许私人和外国资本进入航运市场,实行政企职责分开,建立现代企业制度。尤其是在我国加入 WTO 之后,为了履行在海运服务方面(主要涉及三个领域:国际海洋运输业、港口服务业和海运辅助服务业)所作出的承诺,我国航运业目前已经形成全方位的对外开放格局。

伴随着市场开放程度的提高,我国航运市场也面临着较为严重的垄断与限制竞争问题。主要表现在:船舶经营人通过多种联营模式例如船舶共享协议组建航运联盟,采取联合协议向航运市场消费者托运人与发货人收取高额的运费与附加费;大型国有航运企业利用资本优势主导市场,尤其是中远集运和中海集运合并组建中远海运集运后,内贸市场份额将达 45% 以上,有可能滥用其优势地位阻碍竞争;货载保留、货载分配、沿海运输权等措施带来的人为市场分割;国际航运协议组织在具体航线上实行的统一运价等行为,无形之中增加我国航运企业的经营难度,不利于营造良性有序的市场竞争环境,进一步损害了我国远洋运输业的健康发展。

我国目前针对航运业的反垄断立法尚未建立完整的法律体系,调控规制航运市场竞争秩序的《航运法》仍在起草阶段。现有的法律依据主要是《中华人民共和国反垄断法》(以下简称《反垄断法》)和《中华人民共和国国际海运条例》及其《实施细则》(以下简称《国际海运条例》及《细则》)。《反垄断法》是一般性竞争规则,并没有就航运市场竞争的特殊性设计具体的操作标准。《国际海运条例》及《细则》作为行业性规范,比《反垄断法》更具操作性和针对性,但是由于其过渡性质,仍然以零散性的规定为主,并没有构建完善的航运竞争规制体系。此外,《国际海运条例》的出台时间早于《反垄断法》,无法兼顾与《反垄断法》的协调适用问题,因此两者存在法律冲突。按照上位法和后法优先原则,《反垄断法》具有优先适用的效力,从这个意义上来说,《国际海运条例》的某些规定已经空洞化。

除了上述法律依据之外,我国航运竞争立法还包含一些行政法规和部门规章,主要有:《国内水路运输管理条例》及实施细则、《国内水路运输经营资质管理规定》《外商投资国际海运业管理规定》《外商投资船务公司审批管理暂行办法》《国际班轮运输管理规定》《国内船舶管理业规定》《老旧运输船舶管理规定》《水路运输服务业管理规定》《内河运输船舶标准化管理规定》《港口收费计费办法》《港口收费监督管理办法》《国际集装箱班轮运价精细化报备实施办法》《船舶登记条例》等。从总体上看,我国航运竞争立法的覆盖面较广,涉及国际班轮运输和外资市场准入管理、市场行为规范、价格与收费、船舶管理、船舶登记等多个方面。

二、我国航运竞争立法的缺陷

(一)我国现有的航运竞争立法模式带来的负面影响

纵观各国航运竞争的立法实践,有两种不同的结构模式:一是分别立法,例如美国《航运法》确立了航运特殊竞争规制措施,通过协议报备制度、运价管理制度、远洋运输中介人制度、受控承运人制度等对国际航运市场的竞争秩序实施有效管理。二是合并立法,例如欧盟第1419/2006号条例通过后,将航运竞争法律体系纳入一般竞争法的调整范围。我国现有的航运竞争法律框架主要由《国际海运条例》及其实施细则与《反垄断法》组成,采用的是分别立法模式。

从体系结构上来看,虽然我国现有的涉及航运竞争的法律法规数量不少,但是总体而言,层次较低,权威性较弱,至今还没有出台国际航运市场管理的"龙头法",主要以行政法规和部门规章为主,还包括意见、通知等政策性文件,管理和调节力度不够。相较于调整横向平等主体之间行为关系的海商法等私法规范,调整纵向航运管理体制、航运市场运营规则等内容的公法规范还有待完善。^① 在内容上,现有的分散立法存在交叉重叠、彼此冲突的现象,且多为原则性规定,可执行性不强。范围相对狭窄,零散化的规定不能全面涵盖航运市场出现的垄断与限制竞争行为,也无法为航运垄断行为的法律规制提供系统的制度保障。

就司法实践而言,《反垄断法》将国务院反垄断主管机构作为唯一的反垄断法实施主体,从近年来涉及航运反垄断案件的处理结果来看,基本上也是遵循这一思路的,例如由发改委对海运企业达成并实施的价格垄断协议进行处罚,由商务部对航运企业的经营者集中行为进行审查等。这与《海商法》第6条和《国际海运条例》第5章将国务院交通主管部门作为海上运输的主管机关和航运反垄断执法机关存在矛盾。此外,现有的航运管理体制还存在明显的部门分割,例如将国际货运代理企业的审批和管理交由外经贸部负责,将国际航运船舶的船舶安全、技术和防止污染等方面的监管交由国家海事局负责等。这种人为的条块分割增加了协同治理的成本,不利于航运竞争监管的专业化和高效率。

(二)《国际海运条例》及《实施细则》规定的不足

《国际海运条例》自2002年1月1日施行后,对于规范国际海上运输市场秩序,保护公平竞争,保障国际海上运输各方当事人的合法权益,都发挥了重要的作用。但是,随着国际贸易、国际航运的发展以及国内外立法的变化,该法在新形势下也逐渐显现出不足,主要体现在以下三个方面:

第一,欠缺对航运竞争领域一些重要制度的明确规定。航运反垄断豁免制度体现了航运产业政策与竞争政策的协调与融合,决定了反垄断法意义上非可责难性航运限制竞争行为的范围与边界,因此从国际航运竞争立法的发展脉络来看,一直被视为航运竞争法的重点加以规制。然而,《国际海运条例》并没有明文规定航运反垄断豁免的合法性问题,自然也没有涉及豁免适用的

---

① 李光春:《中国航运法的法律属性研究》,大连海事大学2013年博士学位论文。

对象和条件。《国际海运条例》第20条要求国际船舶运输经营者订立涉中国港口的运价协议应自订立协议之日起15日内向交通部备案。这是否意味着一种反垄断豁免的推定，是值得商榷的。应该说，备案只是形式要件并作为一种行政监管的手段，并不能推定其享有实体特权，仅仅依靠这一条不能证明国际航运协议在我国的法律体制之下是享有反垄断豁免特权的。[①] 因此有必要从"社会整体利益"的角度出发明确航运反垄断豁免的法律适格地位。

第二，航运竞争法中的一些重要概念没有得到界定或表述不准确。《国际海运条例》第32条规定了国务院交通主管部门可以对航运反竞争行为实施调查，但是对航运反竞争行为的具体类型缺乏明确的界定，包括航运垄断协议、航运联营体的内涵与外延究竟是什么？航运联盟与航运联营体的关系如何？"可能对公平竞争造成损害"又如何理解？这些问题如果不厘清，容易导致反垄断执法机关在行使自由裁量权时对契约自由与财产权利的不适当干预，损害航运反垄断执法的权威性和可预见性。

第三，航运竞争法律关系中利益主体之间权利（力）义务规定不够完善。政府对市场经济行为的适度干预是衡量市场监管有效性的重要指标。如果公权力过度介入私权领域，不仅增加了执法成本，而且不利于充分发挥利益救济机制的有效性。以《国际海运条例》第8条和第46条为例，前者规定了无船承运业务经营人所缴纳保证金的用途，用于清偿因其不履行承运人义务或履行不当所致的债务以及罚款。后者规定了国际船舶运输经营人与不适格无船承运人订立协议运价的法律后果，即由主管部门给予警告，并处2万到10万的罚款。这两条规定的不合理性在于模糊了公权力与私权利的界限，无船承运人未履行或未适当履行其法律义务而产生的债权债务纠纷应交由私法规范调整，赔偿数额也不应以80万为限。对无船承运人资质的审查应是相关行政主管部门的职责范围，不应将其监督审查的义务推到私人主体身上。对于一个善意的、依照经验或通常辨别之方法仍无法识别无船承运人资质的国际船舶运输经营人而言，对其进行行政处罚的决定显然是不尽合理的，应结合具体情况分析双方缔约时的意思表示以及所造成的损害结果综合分析，而非笼统的"一刀切"式的处罚规定。

---

① 王秋雯：《欧美国际航运垄断协议规制制度比较及对中国的启示》，载《新视野》2012年第5期。

第三节　我国航运竞争法律体系的构建与完善

　　航运竞争法律体系的构建是将航运市场主体的自发运行系统纳入法律调整的对象,成为国家有意推行并保护的行为模式或正式的制度结构。通过法律规则的内在化嵌入,一方面,可以对妨碍竞争机制的主体结构和市场行为进行约束,抑制市场主体的行为盲目性。例如,对可能具有潜在扭曲竞争效果的经营者集中行为予以禁止或反竞争因素的剥离;对限制竞争行为设置法律责任及追究机制,以产生法律威慑力,保障市场竞争的良性运转。另一方面,可以对竞争机制的各个要素和环节进行法律塑造,为市场主体的行为提供明确的指引和参考,使其在法律轨道内运行。例如,通过航运市场准入条件的限制,排除不合格的市场主体参与竞争;通过细化航运反垄断豁免的授予条件和程序规定,明确哪些航运垄断行为可以享受豁免,以增加执法实践的可操作性,客观上起到抑制垄断行为不当实施的作用。

　　总体而言,航运竞争法律机制应然结构的法学逻辑应包含三个方面:首先对航运竞争市场主体的塑造,包括经营主体和监管主体;其次对市场主体的竞争和交易行为进行事前和事中控制;最后对市场主体的违法行为设定相应的法律责任和追究机制。因此,本节以"主体—行为—责任"的研究路径展开论述。

一、航运竞争法律主体制度

(一)经营主体

　　航运竞争法所规制的限制竞争行为是由行为主体实施的,这个行为主体在不同的竞争法体系下称谓各有不同,例如我国《反垄断法》第 12 条和《国际海运条例》第二章使用的"经营者"概念,欧盟竞争法中的"企业(undertaking)",日本《禁止私人垄断和确保公平交易法》中的"事业者"等。概而言之,航运竞争法的经营主体是指国际航运业务经营者,即指从事国际海上运输及其辅助性业务的自然人、法人和其他组织。厘清航运经营者的概念,需要明确两个方面的问题:

1.航运经营者的种类及市场准入条件

依据《国际海运条例》第二章的规定,航运经营者主要包括国际船舶运输经营者、无船承运业务经营者、国际船舶代理经营者和国际船舶管理经营者四类。

经营国际船舶运输业务应具备的实体要件有:(1)具有与国际海上运输业务相适应的船舶,其中必须有中国籍船舶;(2)投入运营的船舶符合国家规定的海上交通安全技术标准;(3)有提单、客票或多式联运单证;(4)有具备国务院交通主管部门规定的从业资格的高级业务管理人员。[①] 程序上要求经营者向国务院交通主管部门提出申请并附送相关材料。如果同时申请经营国际班轮运输业务,提交的材料除了常规的经营者基本资料、运营船舶资料、单证资料之外,还需提交运价本和拟开通班轮航线、班期及沿途停泊港口的材料。[②]由国务院交通主管部门自受理申请之日起 30 日内作出是否授予经营许可的决定。

无船承运业务经营者是指不拥有、不经营船舶,以承运人身份接受货载并且承担承运人责任,在与国际船舶运输经营者的关系中属于托运人的国际海上运输中介人。[③] 为了保证无船承运业务经营者的履约能力,《国际海运条例》通过提单登记和保证金制度来予以风险防范,并要求在中国境内经营无船承运业务,应在中国境内依法设立企业法人。[④] 从海事司法实践来看,无船承运业务经营者的识别往往容易和国际货运代理人发生身份混同,原因在于货运代理人既可以以代理人的身份经营,又可以以独立经营人的身份经营。虽然《国际海运条例》已将无船承运人单独立法,但是《国际货物运输代理业管理规定实施细则》第 2 条也将无船承运业务视为国际货运代理企业作为独立经营人从事国际货运代理业务的主要表现。因此,造成法规和规章之间的交叉与重合,导致了实务中当事人可以依据两种不同身份所致责任的差异进行趋利避害的选择,肆意在国际货运代理人和无船承运人之间进行切换,使纠纷的主体及责任的认定复杂化。[⑤]

国际船舶代理经营者的准入条件包括:(1)高级业务管理人员中至少 2 人

[①]　《国际海运条例》第 5 条。

[②]　《国际海运条例》第 6 条和第 15 条。

[③]　於世成:《美国航运法研究》,北京大学出版社 2007 年版,第 211 页。

[④]　《国际海运条例》第 7 条。

[⑤]　关正义、陈敬根:《无船承运人相关法律问题研究》,载《中国海商法年刊》2007 年第 17 卷。

具有 3 年以上相关从业经历;(2)有固定的营业场所和必要的营业设施。由国务院交通主管部门自收到申请之日起 15 日审核相关材料并作出是否予以登记的决定。与《水路运输服务业管理规定》第 9 条关于国内水路运输船舶代理业务的准入条件相比,《国际海运条例》没有对从事国际船舶代理业务的企业的最低注册资本作出要求。[①]

国际船舶管理经营者的准入条件有:(1)高级业务管理人员中至少 2 人具有 3 年以上相关从业经历;(2)有持有与所管理船舶种类和航区相适应的船长、轮机长适任证书的人员;(3)有与国际船舶管理业务相适应的设备、设施。与国际船舶代理经营者不同的是,其申请的对象为拟经营业务所在地的省级政府交通主管部门。国际船舶管理的业务包括船舶技术管理、船舶商业管理和船员管理。[②] 与主要代理国际班轮运输业务和不定期船运输业务的国际船舶代理在业务范围上存在明显的差异,而且其收取的是管理费,收费标准和支付方式依据国际船舶管理合同中的约定。此外,国际船舶管理从事的是一种海运辅助性经营活动,也不同于从事国际海上运输活动的无船承运人。

2.航运经营者的法律特征

就法律性质而言,航运经营者首先必须具有承担法律权利和义务以及与其他主体进行合作的能力,不包括行使国家或政府行政职能或与经营、协作等经济活动无关的其他行为主体。因此,航运经营者一般具有如下法律特征:首先,应当是参与航运市场活动的经济实体,无论其法律地位和资金来源为何。如果其行为目的并非出于经济利益,而是从公共角度出发那么有可能不具有经营者的法律属性,尤其是对于那些赋予了公共利益性质的服务部门。[③] 其次,应当具有经营自主权,即在市场经营活动中享有独立性。如果法律上或经济上不存在独立性,那么不能视为反垄断法意义上的经营者。

以班轮公会和航运联盟为例,作为典型的国际航运协议组织,班轮公会旨在通过承运人之间的运价调控来消除竞争中的不确定因素,具有同业排斥性。

---

① 《水路运输服务业管理规定》第 9 条除了要求专业人员和固定的营业场所、设施之外,还要求有稳定的水路运输客源、货源和船舶业务来源;最低注册资本为:船舶代理业务 20 万元人民币、客货运输代理业务 30 万元人民币、同时经营船舶代理和客货运输代理业务 50 万元人民币。

② 李志文等:《国际海运条例释义》,大连海事大学出版社 2004 年版,第 94~95 页。

③ 德国联邦法院的判决中曾提出"功能性企业概念",即界定企业的关键性因素不在于其法律形式和人员组成,而在于它参与的活动类型是否属于经济活动的范畴。王晓晔:《反垄断法》,法律出版社 2011 年版,第 77 页。

航运联盟旨在通过技术性、经营性或商务型协议而非固定运价方式提高彼此的运输水准和运营效率,更强调同业竞合性。由于班轮运输服务的同质化程度较高,因此以企业联合体(associations of undertakings)的形式参与市场竞争可以有效实现规模经济效益。就联盟运营方式而言,一般通过设置协调委员会监控每日运营,且在货物配载、航次安排、港口作业、销售、定价、市场和客户服务等各个方面保持独立,因此航运联盟因其法律和经济上的独立性,纳入航运竞争法下的经营者范畴。

(二)监管主体

我国《反垄断法》确立了"双层次、三合一"的行政执法模式,即国务院反垄断委员会和国务院反垄断执法机关的两个层次,国家工商总局、国家发改委和商务部三家行政机关共同执行《反垄断法》。采取的是一种将法律执行与竞争政策职能相分离的机构设置模式。此外,由于反垄断执法权的分散化以及与行业监管机构之间的执法职能未能很好协调,影响了反垄断法的有效实施。因此,有必要明确,对航运业的反垄断行为究竟是由行业主管机关直接予以认定和处罚,还是由专门的反垄断执法机关统一进行认定和处罚。从《国际海运条例》和《航运法》草案的规定来看,应由国务院交通主管部门和省级地方人民政府交通主管部门负责全国水路运输市场的秩序管理,负责对国际水路运输中违反法律、法规和规章的行为进行调查,实施行政处罚。这与国务院其他相关主管部门之间存在冲突和矛盾,导致了反垄断执法机关不统一、无法形成整体合力的局面。

行业监管机构的优势在于其专业性,缺点在于容易具有行业利益保护倾向,正如"政府管制俘虏理论"所指出的,"政府管制是为满足产业对管制的需要而产生的(即立法者被产业所俘虏),而管制机构最终会被产业所控制(即执法者被产业所俘虏)"。① 因此,会有产业政策吞噬竞争政策之虞。相较而言,统一的反垄断执法机关可以节约执法成本,提高执法效率,缺点在于其竞争主导的惯性思维有可能会忽视航运业的行业特性和产业利益,基于促进竞争的理念而作出的处理结果难免武断和片面。有鉴于此,我国航运竞争法应采取反垄断机构和产业监管机构共同执法模式,以平衡产业政策和竞争政策之间

---

① 〔美〕W. 基普·维斯卡塞、约翰·M. 弗农、约瑟夫·E. 哈林顿:《政府管制经济学与反托拉斯》,麻省理工学院出版社 1995 年版。转引自朱家贤:《反垄断立法与政府管制》,知识产权出版社 2007 年版,第 153 页。

的关系,并强化竞争规制优先,事后调控为辅的监管思路。在明确共同管辖权的基础上,根据专业特长进行再分工。在尊重反垄断法基本原则的基础上,加强彼此之间的沟通和协作,尤其是行业监管部门应积极配合,提供信息支持,就专业性问题发表意见。

二、航运竞争法律行为制度

航运竞争法律行为制度的目的是通过提供合规指引(compliance guidance)帮助企业预防、控制反垄断法律风险,与倚重惩罚威慑、事后救济的责任制度共同保障自由公平的竞争环境。[①] 从现代反垄断执法的发展趋势来看,执法的重心更多体现为"竞争促进",完善的航运竞争法律风险控制系统有助于预防并减少航运垄断违法行为,在有限的反垄断执法资源和社会收益之间达到平衡。作为风险控制系统中的重要组成部分,航运竞争法律行为制度的塑造应着力解决以下问题:

(一)明确界定航运垄断行为的认定标准

对航运垄断行为进行有效法律规制的前提或基础是明确航运垄断行为的范围和认定标准。从立法模式上看,《反垄断法》第 3 条和《国际海运条例》第 24 条均采用的是列举式规定。前者所指的垄断行为包括垄断协议、滥用市场支配地位和具有或可能具有排除、限制竞争效果的经营者集中;后者所指的垄断行为包括以低于正常合理的运价提供服务、妨碍公平竞争;账外暗中给与托运人回扣、承揽货物;滥用优势地位等损害交易对方或国际海上运输市场秩序的行为。列举的行为类型有限,周延性不足。虽然《国际海运条例》所采取的是开放式列举,但是作为下位法和特别法的《国际海运条例》因其颁布时间在《反垄断法》之前,不可避免地存在法律冲突问题,而且对不同类型航运垄断行为的法律界定也缺乏细致性和专门性,给执法实践操作带来困难。

要准确识别航运垄断行为首先应整合梳理现有的法律法规,尽量避免或减少法律竞合的现象。从世界各国的立法实践来看,航运竞争法律关系属于航运法的重点规制范畴。我国目前还没有出台《航运法》,但是在草案第六章"水路运输市场竞争规则"中已有关于垄断行为的规定。因此,当《航运法》出

---

① 喻玲:《从威慑到合规指引 反垄断法实施的新趋势》,载《中外法学》2013 年第 6 期。

台以后与现行法律法规之间的相互关系有待进一步厘清。其次,对航运垄断行为的认定可以从两大类着手:一是针对托运人的纵向掠夺行为包括暴利运价、不公平运输条件、忠诚契约、服务合同等;二是针对协议外其他承运人的横向阻碍行为包括倾销定价、基础设施垄断等,其中对于纵向掠夺行为中的固定价格协议应严格禁止。同时应避免航运经营者在运费问题上彼此协调,剥夺托运人的自由选择权,而对于忠诚契约应进行综合考量,若并没有阻碍航运市场正常的竞争秩序并且有利于消费者的利益,有可能获得反垄断法上的豁免。对于集运行业普遍存在的联盟行为,虽然成员各自在法律、生产和财务上保持独立,并且除联盟协议约束的内容之外,享有经营自主权,也就是说,维持了分散的、表面上似乎是竞争性的市场结构,但是仍有可能构成联合限制竞争行为。除此之外,由于联盟成员具有明显的市场优势地位,一旦采取协调或统一的行动,其社会经济效果实际上相当于特定市场上的行业垄断。因此,这种行为常常受到比较严格的管制。即使联盟最终获得反垄断主管机关许可,也必须在运营过程中确保货主、燃料供应方、港埠以及较小竞争者的合法利益。

需要指出的是,随着班轮运输领域数字化举措的推进,不应忽视数字化对航运竞争可能产生的重要影响。[①] 借助数字化区块链解决方案,可以使参与者收集与各利益相关者的大量数据。一方面,通过精确分析处理大数据,有助于航运经营人为客户提供更具创新性和更有效的服务;另一方面,大数据的采集与积累也将进一步增强航运企业的市场力量,如锁定客户和更高的进入壁垒。虽然在现阶段很难预测此类数字化举措将如何发挥作用,但是毋庸置疑的是,肯定将服务于联盟利益。因此,应将其作为评估该类航运垄断行为的竞争监管的考虑因素。

（二）严格限定航运反垄断豁免的适用条件

从整体来看,反垄断豁免有其存在的合理性,体现了对自由竞争与经济安全这两种价值的兼顾,但是也应注意到一味强调豁免将给市场带来消极影响。因为豁免不利于形成有效的竞争机制,这种不完全竞争会导致市场整体效率的下降,不符合我国市场化改革的整体方向。基于经济利益和对国际航运市场形势的考量,应根据我国经济转型这一特定历史时期既定的产业政策目标

[①]　2018 年 1 月,马士基和 IBM 宣布成立一家合资公司,开发 TradeLens 平台,将区块链技术应用于全球供应链,使全球贸易更加安全和高效。达飞集团也宣布设立国际创业孵化器 Ze Box,用于海运新兴企业,还推出其数字化战略的若干举措。

来合理界定航运反垄断豁免制度的法律空间,既不应不适当地扩大豁免范围,也不应过早地排除或限制这一制度的适用。[①] 为此,针对我国航运反垄断豁免制度存在的语焉不详、法律漏洞和弹性过大等问题,应从立法技术层面加以完善,以期达到"制度设计的合理与适度"之目标。

我国《反垄断法》第 15 条规定了排除反垄断法适用的一般例外并列明了 7 种享受豁免的行为,同时还要求经营者承担相应的举证责任,证明协议不会严重限制相关市场的竞争,并能使消费者分享由此产生的利益。虽然从法理上看作为一般法的反垄断法也适用于衡量航运垄断行为是否适用豁免,但是就实际操作层面上来看,航运垄断行为要在《反垄断法》体系下取得豁免权可能只能按照第 15 条第 7 项"法律和国务院作出特别规定"来实现,而且豁免的适用条件也应作出明确的限定。

航运反垄断豁免的适用条件有实质条件和程序条件两类。实质条件主要是从主体和内容两个方面分析是否符合法律规定的要求,程序条件主要针对的是应遵循的备案或登记手续。借鉴欧盟的立法经验,以第 906/2009 号条例为例,对是否享有豁免的航运联盟经营活动进行评估,若联盟主要是促进对资源的整合利用,成员享有独立行动权,成员之间以及与非联盟成员之间存在足够的竞争,有效的自由退出机制,托运人的自由选择权不受影响等,那么航运联盟可以享受豁免。除此之外,对于应对市场供需的短暂波动而暂时调整运力的联营协议也可在豁免之列。如果说这些内容的评估是一种个案审查相对柔性化,那么条例对市场份额的规定就显得刚性十足,划定了一道最低门槛。航运联盟的市场份额在相关市场内超过了 30%,则不再享有条例所赋予的反垄断集体豁免特权,但是在任何连续两年的时间内,若联盟虽超出了限定的份额,但其超出部分未超过限额的 10%,仍可继续享有豁免。因为先前的第 1419/2006 号条例已经取消了班轮公会的集体豁免,所以航运联盟首先必须是班轮公会外的联营体,其次,市场份额不能高于 30%(不考虑例外)。由此可见,虽然欧盟保留了航运联盟的集体豁免,但是通过严格限定豁免范围,细化豁免条件,来避免豁免的滥用。我国在制定和完善相应航运竞争法律制度时应考虑豁免的对象、豁免的条件、备案程序、豁免下的义务和法律责任等,这些在现有的法律体系下都是有所欠缺的。

---

① 王先林、丁国峰:《反垄断法实施中对竞争政策与产业政策的协调》,载《法学》2010 年第 9 期。

(三)完善运价备案制度

我国于 2009 年 6 月 15 日正式实施全国范围班轮运价备案制度。其主要目的在于维护我国国际集装箱班轮运输市场的稳定,保障各方当事人的合法利益。我国对运价采取的主要是事后监管的立法模式。从《国际海运条例》第18 条来看,虽然规定了备案是经营国际班轮运输业务的国际船舶运输经营者和无船承运业务经营者的法定义务,但是没有规定备案的具体实施办法,有悖于运价备案的设置初衷。

为了充分发挥运价备案在航运市场管理中的积极作用,应注意以下问题:首先,在备案的过程中应强化申请人的信息披露义务,平衡航运市场的信息不对称,增加运价的透明度。这方面可适当借鉴美国的事前监管理念,依据《1998 年航运改革法》第 3 条的规定,联盟海事委员会接到备案后需要进行实体审查,在法定期限内,委员会可以要求协议备案申请人提供决定作出所需的任何补充资料及文件。① 其次,应明确违反运价备案义务的法律后果,以增强法律威慑力。我国目前受理运价备案的机构是上海航运交易所,它仅享有受理权不享有对违反备案制度行为的处罚权,处罚权由交通运输部行使。笔者认为,我国今后可以尝试用一元机构模式来取代多元机构模式,即指定一个独立的政府机构来进行管理,既整合了行政资源,又确保了司法的权威性。此外,通过中止运价生效、行政处罚和民事责任等救济措施来获取企业的合规承诺,以维护航运市场的稳定秩序。最后,还需要进一步完善对备案的后续监管审查及提高处罚措施的效率,以达到运价备案制度的预期效果。

三、航运竞争法律责任制度

构建航运竞争法律体系的目的是营造良性有序的市场竞争环境。要使预期的法律秩序得以实现,需要借助事后控制手段对航运市场主体偏离竞争机制运行轨道的行为予以矫正和制裁,通过强制力保障竞争法得以遵守和执行。就整体而言,法律责任制度是法律规范的逻辑要素之一,是法律得以有效实施的重要保障。因此航运竞争法律责任的设置是否科学、合理在一定程度上决定了航运竞争法的实施效果。从航运垄断行为的法律后果来看,一方面,由于其跨国性,突破了单个国家的管辖范围,损害了国际航运市场秩序这一社会公

---

① Ocean Shipping Reform Act of 1998.SEC.6(d).

共利益;另一方面,减损了现代市场机制的效率,损害了同业竞争者和与之有交易关系的消费者的利益。由此决定了航运竞争法律责任制度的完善应明确具体的责任形式,并置于国际化背景下探索建立相应的责任追究机制,以实现全球航运市场的竞争有序和利益共享。

(一)明确航运竞争法律责任的类型

如前所述,航运经营者实施竞争违法行为所侵害的客体不仅包括对平等主体之间私权的侵害,还包括对公权的侵害。这种损害后果的公私交融性决定了针对竞争违法行为的法律责任除了民事责任,还应包括行政责任和刑事责任。

1.民事责任

民事责任主要是指航运市场主体违反竞争法义务,对其他市场主体或交易对象的利益造成损害时,应向受害方承担的不利法律后果。《国际海运条例》第6章对法律责任的规定主要集中在行政责任和刑事责任,并没有明确提到民事责任。《反垄断法》第50条规定,"经营者实施垄断行为,给他人造成损失的,依法承担民事责任"。就反垄断民事损害赔偿诉讼实践而言,应厘清以下问题:

首先是原告资格的界定。理论上因限制竞争行为而受到经济损失的人可以要求损害赔偿,但是如果对受害者不加以限制,会增加诉讼成本,法院难以消化可能引起的诉讼增量。因此可以通过行业协会或集团诉讼的形式保障利益受害人诉讼权利的实现。另外,对损害赔偿请求权的主体是否包括终端消费者,现有立法也存在矛盾,《反不正当竞争法》第20条规定,"经营者违反本法规定,给被侵害的经营者造成损害的,应当承担损害赔偿责任",同时,"被侵害的经营者的合法权益受到不正当竞争行为损害的,可以向法院提起诉讼",也就是说,只有被侵害的经营人才可以提出损害赔偿之诉,然而《反垄断法》第50条中的"他人"一般应理解为包含消费者在内。作为实际利益受害人,只要能够举证证明因违法垄断行为受害,都有权请求民事赔偿。例如对日本邮船等8家外国滚装货物海运企业的价格垄断协议行为,中国相关滚装货物进出口商和消费者可以就这8家海运企业在进出口中国海运市场的若干主要航线上的货物,特别是涉及多个汽车品牌和工程机械品牌的货物,提起民事诉讼,要求赔偿运费和其他费用损失。

其次是请求赔偿的条件。受害人对航运垄断行为提出损害赔偿,应提供三个方面的证据:一是航运经营者存在违法行为,这种违法行为的认定在实践中往往依托于反垄断执法机关的裁决结果,虽然法律并没有将其视为前置要件,但是考虑到反垄断案件的专业性和隐蔽性,原告在搜集违法证据方面存在一定的难度,因此借助专门机构的力量可以保证证据的有效取得,当然受害人可以依据自身所掌握的具体证据材料灵活选择后续性诉讼还是独立诉讼。二是因航运垄断行为受到损害的事实。其中的关键问题在于赔偿数额的确定,即是采用实际损害赔偿模式还是惩罚性赔偿模式。我国《反垄断法》并没有规定惩罚性赔偿,而是以赔偿实际损失为原则。[①] 包括现实损害和可以预期的利润损失。三是损害与违法行为之间存在因果关系。因果关系的判定要考虑违法行为所设置的市场障碍,同时也要衡量受害人自身的经营管理水平。

2.行政责任

行政责任是航运竞争法律责任的重要表现形式。原因在于民事责任侧重于维护私人利益,严格依照"不告不理"的原则进行,难以抑制航运限制竞争行为;刑事责任针对的是恶性卡特尔行为,适用范围受到严格的限制。因此行政制裁措施成为惩罚和威慑竞争违法行为的主要手段,一般适用于涉及社会公共利益、受害人不特定、损害后果不足以适用刑罚的限制竞争行为。依据我国《国际海运条例》第 39 至第 52 条的规定,航运竞争行政责任主要体现为行政处罚措施,包括行为罚,如"责令停止经营""撤销经营资格""拒绝进港""责令限期改正"和财产罚,如"没收违法所得"和行政"罚款"。其中,行政罚款引入了惩罚性赔偿模式,结合垄断行为的损害后果、恶性程度等因素确立了 2 倍以上 5 倍以下的赔偿倍数范围,在该范围内由国务院交通主管部门或者其授权的地方人民政府交通主管部门行使自由裁量权。与《国际海运条例》形成鲜明对比的是《反垄断法》对限制竞争行为的罚款责任规定。依据第 46 条至第 48 条的规定,对经营者达成并实施垄断协议和滥用市场支配地位的罚款额度是按照"上一年度销售额百分之一以上百分之十以下"的比例计算的,责任力度不弱,但是对经营者尚未实施所达成的垄断协议、行业协会组织经营者达成垄断协议和非法实施经营者集中行为的行政罚款上限为 50 万元,还可以因宽恕条款享受优惠。这一罚款上限明显缺乏法律威慑力,导致制度刚性有余柔性不足。[②] 因此有必要提高行政罚款的固定额度,采取比例值相对于规定具体的数额可能更能灵活适应反垄断执法实践的要求。此外,还应进一步规定

---

① 王先林:《竞争法学》,中国人民大学出版社 2009 年版,第 342 页。

② 孙晋:《我国〈反垄断法〉法律责任制度的缺失及其完善》,载《法律适用》2009 年第 11 期。

拒不执行罚款或拖延缴纳罚款的追究制度。

3.刑事责任

由于垄断行为侵害的自由竞争是一项重大法益,因此垄断行为具有"应刑罚性"。① 为此,许多国家在反垄断立法中对违法竞争行为均规定了刑事制裁制度。《国际海运条例》第 51 条规定,"非法从事进出中国港口的国际海上运输经营活动以及与国际海上运输相关的辅助性经营活动,扰乱国际海上运输市场秩序的,依照刑法关于非法经营罪的规定,依法追究刑事责任"。换言之,经营国际海上运输和辅助性经营活动的经营者从事违法经营行为,达到严重程度,构成了行政处罚与刑罚的竞合适用。② 对非法经营人可以依据《刑法》第 225 条的规定,处以 5 年以下的有期徒刑或拘役,并处或单处罚金或没收财产,还可以辅以适当的行政处罚,如责令停止营业、撤销经营资格等。

(二)建立航运竞争的国际合作与协调机制

如前文所述,航运垄断行为一般具有跨国性,为了保障对航运垄断行为的法律责任落到实处,涉及各国反垄断法的域外适用问题。反垄断法的域外效力要受到国际法一般原则的制约,而且垄断行为必须是对国内市场直接、重大和可预期影响的行为,同时要遵循"国际礼让"原则。③ 航运垄断行为高度国际化,然而"全球化的经济并未产生全球化的政府",各国航运竞争法的立法和执法的差异性决定了国际航运协议组织在审批和备案方面存在着管辖权的冲突。正是因为各国对具体航运垄断行为的判断标准以及构成垄断之后的处罚措施不一致,使得各国开始谋求在双边、区域以及多边层面上展开反垄断法的国际合作。从目前的形势来看,因为各国利益诉求的不同形成航运国际反垄断统一法相对困难,所以只能依靠航运领域的国际合作来协调彼此的矛盾和冲突。我国在重构航运竞争法律责任体系时应加强与他国反垄断机构之间的多层次的国际合作,建立完善的信息交流与反馈机制,密切关注国际航运反垄断发展的新动向,广泛吸收国外航运竞争法的立法和执法经验,灵活渐进地推动我国航运反垄断法的发展。

---

① 邵建东:《我国反垄断法应当设置刑事制裁制度》,载《南京大学学报(哲学人文社科版)》2004 年第 4 期。

② 李志文等:《国际海运条例释义》,大连海事大学出版社 2004 年版,第 349～350 页。

③ 王晓晔:《我国反垄断法的域外适用》,载《王晓晔论反垄断法》社会科学文献出版社 2010 年版,第 632 页。

本章小结

　　航运竞争法作为航运法中的重要组成部分,是调节航运市场行为、规制垄断、反映竞争政策并兼顾产业政策的法律规范。我国目前航运竞争法律体系不健全,现有的《国际海运条例》和《反垄断法》之间存在诸多矛盾和冲突,些许规定缺乏可操作性,文本本身的局限性影响了航运竞争法的实施效果。

　　构建和完善航运竞争法律体系需要对本国航运竞争立法有清晰的定位和目标,在立足于本国产业发展和航运资源现状的基础上,以国际化视野作出统筹规划。具体到法律制度的设计上,应明确航运竞争法律关系的主体范畴,提高反垄断执法机关的独立性和权威性,加强执法机关之间的协调。明确界定航运垄断行为的认定标准,严格限定航运反垄断豁免的适用条件,完善运价备案制度。健全航运竞争法律责任体系,细化责任承担形式,以保障航运竞争法的有效实施,维护我国航运市场的公平自由竞争。

参考文献

一、著作及译著类

1. 王晓晔:《反垄断法》,法律出版社 2011 年版。

2. 王先林:《竞争法学》,中国人民大学出版社 2009 年版。

3. 孔祥俊:《反垄断法原理》,中国法制出版社 2001 年版。

4. 许光耀:《欧共体竞争法研究》,法律出版社 2002 年版。

5. 於世成:《美国航运法研究》,北京大学出版社 2007 年版。

6. 〔美〕理查德·A.波斯纳:《反托拉斯法》,孙秋宁译,中国政法大学出版社 2003 年版。

7. 戴龙:《滥用市场支配地位的规制研究》,中国人民大学出版社 2012 年版。

8. 潘丹丹:《反垄断法不确定性的意义研究》,法律出版社 2015 年版。

9. 潘志成:《经营者集中反垄断审查的裁决程序》,法律出版社 2012 年版。

10. 钟刚:《反垄断法豁免制度研究》,北京大学出版社 2010 年版。

11. 刘桂清:《反垄断法中的产业政策与竞争政策》,北京大学出版社 2010 年版。

12. 白艳:《美国反托拉斯法/欧盟竞争法平行论:理论与实践》,法律出版社 2010 年版。

13. 〔美〕埃德加·博登海默:《法理学——法律哲学和法律方法》,张智仁译,上海人民出版社 1992 年版。

14. 刘宁元:《反垄断法域外管辖冲突及其国际协调机制研究》,北京大学出版社 2013 年版。

15. 于馨淼:《我国反垄断法国际合作的模式选择》,法律出版社 2012 年版。

16. 金善明:《反垄断法法益研究:范式与路径》,中国社会科学出版社 2013 年版。

17. 〔美〕施蒂格勒:《产业组织和政府管制》,潘振民译,上海人民出版社、上海三联书店 1996 年版。

18. 〔美〕G.吉尔摩、C.L.布莱克:《海商法》,杨召南等译,中国大百科全书出版社 2000 年版。

19. 王为农:《企业集中规制基本法理——美国、日本及欧盟反垄断法比较研究》,法律出版社 2001 年版。

20.[美]丹尼尔·史普博：《管制与市场》，余晖等译，上海人民出版社、上海三联书店 1999 年版。

21.刘宁元、司平平、林艳萍：《国际反垄断法》，上海人民出版社 2009 年第 2 版。

22.王玉辉：《垄断协议规制制度研究》，法律出版社 2010 年版。

23.[德]施瓦布、齐默尔：《卡特尔法与经济学》，顾一泉等译，法律出版社 2014 年版。

24.傅廷中：《海商法：理念、原则与制度》，法律出版社 2015 年版。

25.司玉琢：《海商法专论》，中国人民大学出版社 2015 年第 3 版。

26.於世成等：《美国航运政策、法律与管理体制研究》，北京大学出版社 2008 年版。

27.谷浩：《全球化背景下的国际海上保险立法：变革、协调和特点》，法律出版社 2011 年版。

28.刘水林：《反垄断法的观念基础和解释方法》，法律出版社 2011 年版。

二、编著类

1.孙光圻：《国际海运政策》，大连海事大学出版社 1998 年版。

2.王杰、王琦：《国际航运组织的垄断与竞争》，大连海事大学出版社 2000 年版。

3.许光耀：《欧共体竞争立法》，武汉大学出版社 2006 年版。

4.王学锋：《航运公共管理与政策》，上海交通大学出版社 2011 年版。

5.张湘兰、张辉：《国际海事法新发展》，武汉大学出版社 2012 年版。

6.王彦、吕靖：《国际航运经济与市场》，大连海事大学出版社 2013 年第 3 版。

7.於世成：《美国航运管理法律法规汇编》，北京大学出版社 2008 年版。

8.姜明安：《行政程序研究》，北京大学出版社 2006 年版。

9.刘宁元：《中外反垄断法实施体制研究》，北京大学出版社 2005 年版。

10.王晓晔：《经济全球化下竞争法的新发展》，社会科学文献出版社 2005 年版。

11.王先林：《中国反垄断法实施热点问题研究》，法律出版社 2011 年版。

12.胡光志：《欧盟竞争法前沿研究》，法律出版社 2005 年版。

三、杂志类

1.王秋雯：《论我国航运发垄断规则之立法走向——以欧盟海运竞争法律体系改革为借鉴》，载《中国海洋大学学报（社会科学版）》2013 年第 2 期。

2.王秋雯：《产业政策与竞争规制协调视野下的国际航运反垄断豁免理论反思》，载《河北法学》2014 年第 11 期。

3.朱作贤：《反思当代国际航运反垄断规制的欧美法路径——兼论中国特色模式之构建》，载《中国海商法研究》2015 年第 1 期。

4.蔡莉妍：《航运联盟反垄断的法规制研究》，载《大连海事大学学报（社会科学版）》2014 年第 5 期。

5.郑丙贵、王学锋：《论欧盟国际海运竞争法中监管制度的最新发展》，载《中国海洋大学学报(社会科学版)》2004 年第 1 期。

   6. 李光春：《航运法研究论纲》,载《中国海商法研究》2013 年第 3 期。

   7. 於世成、邹盈颖：《论禁止滥用市场优势地位制度在国际航运竞争法中的运用》,载《法学评论》2006 年第 5 期。

   8. 邹盈颖、丁莲芝：《禁止滥用市场支配地位制度之构成要素的新发展及在国际航运中的运用》,载《海大法律评论》2013 年第 12 期。

   9. 王秋雯：《欧美国际航运垄断协议规制制度比较及对中国的启示》,载《新视野》2012 年第 9 期。

   10. 林忠明：《欧共体班轮公会豁免规则及其最新发展》,载《中国海商法年刊》2007 年第 1 期。

   11. 李天生：《国际海运业反垄断豁免的法经济学分析——从"THC 风波"谈起》,载《现代法学》2010 年第 1 期。

   12. 蓝鹭安：《论班轮公会反垄断豁免法》,载《中国海商法年刊》2007 年第 1 期。

   13. 彭阳：《国际航运反垄断豁免规则新发展对我国航运立法的启示》,载《水运管理》2014 年第 9 期。

   14. 崔起凡：《航运反垄断豁免制度的理论分析》,载《福建法学》2011 年第 4 期。

   15. 郏丙贵：《欧盟航运竞争规制新体系探讨》,载《上海海事大学学报》2009 年第 1 期。

   16. 张洁：《航运反垄断豁免管制机构和豁免程序》,载《武汉理工大学学报(社会科学版)》2009 年第 3 期。

   17. 王秋雯、姜政扬：《我国航运市场的垄断问题及其法律制度之构建》,载《中南大学学报(社会科学版)》2011 年第 4 期。

   18. 王秋雯：《论国际航运垄断协议之竞争规制》,载《中国海商法研究》2014 年第 4 期。

   19. 张辉：《国际航运竞争形态的转变及其法律规制》,载《武汉理工大学学报(社会科学版)》2009 年第 2 期。

   20. 李煜：《航运联营体发展对我国航运业的启示》,载《水运管理》2013 年第 9 期。

   21. 李思慈、邹盈颖：《论海运联营体的反垄断法规制——以 P3 联盟被禁止为视角》,载《中国海商法研究》2015 年第 1 期。

   22. 蔡莉妍：《基于 P3 联盟的国际班轮运输协议法律规制》,载《水运管理》2014 年第 10 期。

   23. 邹盈颖、李思慈：《欧盟港口领域禁止滥用市场支配地位的案例研究》,载《中国海商法研究》2014 年第 3 期。

   24. 邹盈颖、丁莲芝、张敏：《国际班轮运输业反垄断豁免政策和立法之态势与启示——欧盟 1419/2006 号规则生效后的考察》,载《上海海事大学学报》2012 年第 2 期。

   25. 於世成、邹盈颖：《论禁止滥用市场优势地位制度在国际航运竞争法中的运用》,载《法学评论》2006 年第 5 期。

   26. 郏丙贵、王学锋：《后班轮公会时代班轮公司之间合作问题前瞻》,载《上海海事大学学报)》2007年第4期。

27.胡正良、郑丙贵:《中国〈航运法〉制定中几个基本理论问题之研究》,载《中国海商法研究》2012年第1期。

28.高鹏程:《海商法领域的反垄断去向何处——论班轮公会反垄断豁免的发展和对中国的启示》,载《研究生法学》2009年第1期。

29.张敏:《航运竞争法基本问题》,载《水运管理》2009年第5期。

30.刘康兵、申朴:《从联盟到并购:国际海运业发展战略的博弈分析》,载《经济评论》2004年第3期。

31.王增坤、刘淑芬:《班轮公会反垄断豁免制度》,载《集装箱化》2009年第4期。

32.王晓晔:《关于我国反垄断执法机构的几个问题》,载《东岳论丛》2007年第1期。

33.王先林:《垄断行业监管与反垄断执法之协调》,载《法学》2014年第2期。

34.张炳生:《论我国反垄断执法机构的设置——对现行设计方案的质疑》,载《法律科学》2005年第2期。

35.李滨:《从欧盟反托拉斯规则的司法审查看中国〈反垄断法〉之完善》,载《东方法学》2011年第1期。

36.郑鹏程:《〈反垄断法〉私人实施之难题及其克服:一个前瞻性探讨》,载《法学家》2010年第3期。

37.孔少飞:《欧盟的国家援助制度及其借鉴》,载《欧洲研究》2006年第3期。

38.徐峻:《TACA成员诉欧盟委员会案研究》,载《水运管理》2004年第6期。

39.王中美:《经济理性与法学逻辑的融会贯通——中国反垄断并购审查实体标准与程序的得与失》,载《现代法学》2011年第2期。

40.朱宏文、王健:《从"两权合一"走向"三权合一"——我国反垄断执法机关导入准司法权的理论、路径和内容》,载《法学评论》2012年第5期。

41.焦海涛:《论现代反垄断法的程序依赖性》,载《现代法学》2008年第1期。

42.于立、吴绪亮:《运输产业中的反垄断与规制问题》,载《中国工业经济》2008年第2期。

43.刘瑞仪、许椿:《亚洲航运联营本的经营》,载《中国海商法年刊》2005年第15卷。

44.李青:《论合营企业的反垄断法规制——以欧盟竞争法为中心》,载《江苏社会科学》2011年第2期。

45.王修平:《全球航运市场并购趋势及中国班轮业发展对策》,载《集装箱化》2008年第7期。

46.王成金:《世界航运企业重组及其对航运网络结构的影响——兼论对中国港口体系的影响》,载《世界地理研究》2008年第1期。

47.王世凯:《国际海运业并购现状分析及我国航运企业应对策略》,载《水运管理》2006年第12期。

48.王秋雯:《不定期租船运输市场的竞争法律规制》,载《大连海事大学学报(社会科学版）》2015 年第 6 期。

49. 叶军：《试论经营者集中反垄断控制之皇冠宝石规则的构建》，载《社会科学》2015 年第 10 期。

50. 孟雁北：《论特殊行业经营者集中行为的反垄断执法原则》，载《上海交通大学学报（哲社版）》2010 年第 6 期。

51. 彭阳：《国际班轮运输公司强制缔约义务否定论——一个案例引发的思考》，载《中国海商法研究》2015 年第 2 期。

52. 郭宗杰：《反垄断法上的协同行为研究》，载《暨南学报（哲社版）》2011 年第 6 期。

53. 陈云良、陈婷：《垄断协议中协同行为的证明问题研究》，载《政治与法律》2008 年第 10 期。

54. 王秋雯：《国际航运服务贸易自由化下的海运业竞争规制新挑战》，载《现代管理科学》2015 年第 2 期。

55. 张辉：《试论对国际海运竞争的法律调整》，载《法学评论》2005 年第 4 期。

56. 廖一帆：《航运公会起源于中国》，载《中国海商法年刊》2011 年第 4 期。

57. 李丹：《价格垄断协议的矫正机制探索》，载《西南政法大学学报》2015 年第 2 期。

58. 胡正良、郏丙贵：《中国〈航运法〉制定中几个基本理论问题之研究》，载《中国海商法研究》2012 年第 1 期。

四、学位论文类

1. 汤晓峰：《中国航运市场准入法律制度研究》，大连海事大学 2014 年博士学位论文。

2. 章雁：《国际航运企业竞争力研究》，同济大学 2006 年博士学位论文。

3. 李光春：《中国航运法的法律属性研究》，大连海事大学 2013 年博士学位论文。

4. 胡正良：《中国航运法之研究》，大连海事大学 2003 年博士学位论文。

5. 王杰：《国际航运中心形成与发展的若干理论研究》，大连海事大学 2007 年博士学位论文。

五、报纸类

1. 邹盈颖：《反垄断法影响航运竞争规制方向》，载《中国交通报》2008 年 8 月 5 日。

2. 蔡玉贺等：《"海运强国"应成为国家战略》，载《中国交通报》2013 年 3 月 7 日。

3. 朱作贤：《健全航运反垄断法律》，载《人民日报》2015 年 3 月 2 日。

4. 朱作贤：《P3 联盟引发的国际航运反垄断思考》，载《大连日报》2014 年 6 月 11 日。

5. 高江虹：《航运联盟之争：班轮港口等行业重新洗牌》，载《21 世纪经济报道》2014 年 2 月 24 日。

六、中文网站类

1.《国际集装箱海运运价》，http://info.shippingchina.com/hyzs/index/detail/id/2785.

html,下载日期:2015 年 9 月 17 日。

2.《商务部公告 2014 年第 46 号〈商务部关于禁止马士基、地中海航运、达飞设立网络中心经营者集中反垄断审查决定的公告〉》,http://fldj. mofcom. gov. cn/article/ztxx/201406/20140600628586.shtml,下载日期:2016 年 2 月 1 日。

3. 交通部、国家发改委、国家工商行政管理总局 2006 年第 9 号《关于公布国际班轮运输码头作业费(THC)调查结论的公告》,http://www.moc.gov.cn/sj/shuiyj/shuiluysh_shyj/201412/t20141211_1742056.html,下载日期:2016 年 3 月 3 日。

4.《发改委:日本邮船等八家企业实施价格垄断被罚 4.07 亿》,http://finance.ifeng.com/a/20151228/14139117_0.shtml,下载日期:2016 年 3 月 23 日。

5. 四部委联合发布《关于延续老旧运输船舶和单壳油轮提前报废更新政策的通知》,http://www.cssc.net.cn/component_news/news_detail.php? id=20093,下载日期:2016 年 4 月 12 日。

6.《补贴 20%! 印度公布造船业国家资助方案》,http://www.eworldship.com/html/2015/ShipbuildingAbroad_1225/110350.html,下载日期:2016 年 4 月 13 日。

7. 工业和信息化部关于印发《船舶配套产业能力提升行动计划(2016—2020)》的通知,http://www.miit.gov.cn/n1146295/n1652858/n1652930/n3757018/c4657153/content.html,下载日期:2016 年 4 月 13 日。

七、外文案例类

1. Consten and Grundig v. Commission,Cases 56 and 58/64,[1966] ECR 299.

2. ACF Chemiefarma NV v. Commission, Case 41/69,[1970] ECR 661.

3. Commission v. French Republic,"French Merchant Seamen", Case 167/73,[1974] ECR 359.

4. Hoffmann-La Roche & Co. AG v. Commission, Case 85/76,[1979] ECR 461.

5. Commission v. Union Internationale des Chemins de Fer (UIC), Case C-264/95 P,[1997] ECR I-1287.

6. John Deere Ltd v. Commission,Case C-7/95 P,[1998] ECR I-3111.

7. New Holland Ford Ltd v. Commission ,Case C-8/95 P,[1998] ECR I-3175.

8. United Brands Company and United Brands Continental BV v. Commission, Case 27/76,[1978] ECR 207.

9. Hüls AG v. Commission, Case C-199/92 P,[1999] ECR 4287.

10. Compagnie Maritime Belge Transports, Compagnie Maritime Belge and Dafra-Lines A/S v. Commission, Cases C-395/96 P and C-396/96 P,[2000] ECR I-1365.

11. Tetra Pak Rausing SA v. Commission, Case T-51/89,[1990] ECR II-309.

12. International Power and Others v. Commission, Cases C-172/01 P, C-175/01 P, C-176/01 P and C-180/01 P,[2003] ECR I-11421.

13. Ladbroke Racing Ltd v. Commission，Case T-32/93，［1994］ECR Ⅱ-1015.

14. Atlantic Container Line AB and Others v. Commisssion，Case T-395/94，［2002］ECR Ⅱ-875，［1997］5 CMLR 181

15. Bayer AG v. Commisssion，Case T-12/90,［1991］ECR Ⅱ-219.

16. CMA CGM and Others v. Commission，Case T-213/00,［2003］ECR Ⅱ-913，［2003］5 CMLR 4.

17. Casper Koelman v. Commission，Case T-575/93，［1996］ECR Ⅱ-1.

18. International Express Carriers Conference（IECC）v. Commission，Case T-110/95，［1998］ECR Ⅱ-3605.

19. Eurofer ASBL v. Commission，Case T-136/94，［1999］ECR Ⅱ-263.

20. Mannesmannröhren-Werke AG v. Commission，Case T-112/98，［2001］ECR Ⅱ-729.

21. Wirtschaftsvereinigung Stahl and Others v. Commission，Case T-16/98,［2001］ECR Ⅱ-1217.

22. Compagnie générale maritime and Others v. Commission，Case T-86/95，［2002］ECR Ⅱ-1011.

23. Airtours plc v. Commission,Case T-342/99，［2002］ECR Ⅱ-2585.

24. Shaw and Others v. Commission,Case T-131/99，［2002］ECR Ⅱ-2023.

25. British Airways plc. v. Commission,Case T-219/99，［2003］ECR Ⅱ-5917.

26. Petrofina SA v. Commission，Case T-2/89，［1991］ECR Ⅱ-1087.

27. Scandinavian AirlinesSystem AB v. Commission，Case T-241/01,［2005］ECR Ⅱ-2917.

八、外文论著类

1. Jones，Alison/Sufrin，Brenda，*EC Competition Law*，3ʳᵈ Edition，Oxford University Press，2008.

2. Ortiz Blanco，Luis/Van Houtte，Ben，*EC Competition Law in the Transport Sector*，Clarendon Press，1996.

3. Ortiz Blanco，Luis，*Shipping Conferences under EC Antitrust Law：Criticism of a Legal Paradox*，Hart，2007.

4. Pace，Lorenzo Federico，*European Antitrust Law：Prohibition，Merger Control and Procedures*，Edward Elgar Publishing，2007.

5. Parameswaran，Benjamin，*The Liberalization of Maritime Transport Services*，Springer，2004.

6. Power，Vincent J.，*EC Shipping Law*，2ⁿᵈ Edition，Lloyds of London，1998.

7. Ritter，Lennart/Braun，W. David，*European Competition Law：A Practitioner's*

Guide，3rd Edition，Kluwer，2004.

8. Walter Frenz，*Handbook of EU Competition Law*，Springer，2016.

9. Niamh Dunne，*Competition Law and Economic Regulation：Making and Managing Markets*，Cambridge University Press，2015.

10. Alla Pozdnakova，*Liner Shipping and EU Competition Law*，Wolters Kluwer，2008.

11. Simon Baughen，*Shipping Law*，6th Edition，Routledge，2015.

12. Michael Bundock，*Shipping Law Handbook*，5th Edition，Routledge，2013.

13. Hongyan Liu，*Liner Conferences in Competition Law：A Comparative Analysis of European and Chinese Law*，Springer，2010.

14. Herman，A.，*Shipping Conferences*，Kluwer Law and Taxation Publishers，1983.

15. Whish，R.，*Competition Law*，5th ed，LexisNexis，2003.

16. Dinger，Felix，*The Future of Liner Conferences in Europe：A Critical Analysis of Agreements in Liner Shipping under Current European Competition Law*，Peter Lang，2004.

17. Lorenzon，*Shipping Pools and EC Competition Law*，ASPEN PUBL，2011.

18. Martin Stopford.，*Maritime Economics*，3rd ed，Routledge，2009.

19. MR Books，Sea *Change in Liner Shipping. Regulation and Managerial Decision-making in a Global Industry*，Emerald Group Publishing，2000.

20. Clyde PS，Reitzes JD，*The effectiveness of collusion under antitrust immunity：The case of liner shipping conferences*，DIANE Publishing，1995.

21. Ioannis Kokkoris，*Merger Control in Europe：the Gap in the ECMR and National Merger Legislations*，Taylor&Francis，2010.

22. Renato Nazzini，*Foundations of EC competition law：the Scope and Principles of Article 82*，Oxford University Press，2014.

23. Michael Roe，*Maritime Governance and Policy-Making*，Springer，2013。

24. Cosmo Graham，*EU and UK Competition Law*，Longman Pub Group，2010.

九、外文编著类

1. Antonis Antapassis，Lia I. Athanassiou，Erik Rosaeg，*Competition and Regulation in Shipping and Shipping Related Industries*，Martinus Nijhoff Publishers，2009.

2. Philip Wareham，Vincent Power，*Competition Law and Shipping：The EMLO Guide to EU Competition Law in the Shipping and Port Industries*，CMP Publishing，2010.

3. P.Aspden，*Shipping Law Faces Europe：European Policy*，Competition & Environment，Wm Gaunt & Sons，1996.

十、外文论文类

1.Brooks，Mary R.，Competiton in Liner Shipping：Are National Policies Appropriate，Ocean Yearbook，Vol.13，1998.

2. Chuah，Jason，Liner conferences in the EU and the proposed review of EC Regulation 4056/86，Lloyd's Maritime and Commercial Law Quarterly，Vol.2，2005.

3.Munari，Francesco，Liner Shipping and Antitrust after the Repeal of Regulation 4056/86，Lloyd's Maritime and Commercial Law Quarterly，Vol.1，2009.

4. Sharma，M.M.，Economics of Exemptions from Competition Law，National Law School of India Review，Vol.24，2013.

5.Sagers Chris，Demise of Regulation in Ocean Shipping：A Study in the Evolution of Competition Policy and the Predictive Power of Microeconomics，Vanderbilt Journal of Transnational Law，Vol. 39，2006.

6.Nancy Ruth，Some Effects of the U.S. Shipping Act of 1984 on Ocean Liner Shipping Conferences，Journal of Maritime Law and Commerce，Vol. 26，1995.

7. Marquez，Terry，Shipping，Competition，and Dumping：The European Community's Liner Shiping Regulations，Tulane Maritime Law Journal，Vol. 23，1998—1999.

8. Jude，Lawrence，Whither the UNCTAD Liner Code：The Liner Code Review Conference，Journal of Maritime Law and Commerce，Vol. 23，1992.

9.Ho Tin Nixon Fong，Exemption of Liner Shipping from Competition Law，Australian and New Zealand Maritime Law Journal，Vol.25，2011.

10. Yost，William H. Ⅲ，Jonesing for a Taste of Competition：Why an Antiquated Maritime Law Needs Reform，Roger Williams University Law Review，Vol.18，2013.

11. Scheidmann Hartmut，Rosenfeld Andreas，Forming Consortia for Reach Registration：Contractual and Competition Law Issues，Journal for European Environmental & Planning Law，Vol.2，2005.

12. Malgorzata Anna，The Mid-Atlantic View of the Antitrust Regulations of Ocean Shipping，University of San Francisco Maritime Law Journal，Vol.17，2004—2005.

13.Jun，Xu，On the EU's Review of the Antitrust Exemption for Liner Conferences，China Oceans Law Review，Vol.2005，2005.

14.Kreis，Helmut W.R.，European Community Competition Policy and International Shipping，Fordham International Law Journal，Vol.13，1989—1990.

15.Athanassiou，Lia，EC State Aid Law and Shipping，Revue Hellenique de Droit International，Vol.50，1997.

16.Fox，Nancy Ruth，Some Effects of the U.S. Shipping Act of 1984 on Ocean Liner

Shipping Conferences，Journal of Maritime Law and Commerce，Vol.26，1995.

17.Power，Vincent J.G.，The Historical Evolution of European Union Shipping Law，Tulane Maritime Law Journal，Vol.38，2013—2014.

18.Sjostrom，William，Antitrust Immunity for Shipping Conferences：An Empty Core Approach，Antitrust Bulletin，Vol.38，1993.

19. Nesterowicz，Malgorzata Anna，The Mid-Atlantic View of the Antitrust Regulations of Ocean Shipping，University of San Francisco Maritime Law Journal，Vol.17，2004—2005.

20.Cassell，Paul G.，Exemption of International Shipping Conferences from the American Antitrust Laws：An Economic Analysis，New England Law Review，Vol.20，1984—1985.

21.Button，Kenneth，The Importance of the Core in Explaining Shipping Alliances，Ocean Yearbook，Vol.16，2002.

22. Bannister，J. E.，Containerisation and Marine Insurance，Journal of Maritime Law and Commerce，Vol.5，1973—1974.

23. Ward，Ezekiel，Collaboration in Liner Shipping under Article 81 EC，Scandinavian Institute of Maritime Law Yearbook，Vol.2008，2008.

24. Kronthaler，Franz，Factors Accounting for the Enactment of a Competition Law—an Empirical Analysis，Antitrust Bulletin，Vol.52，2007.

25. Alford，Roger P.，Subsidiarity and Competition：Decentralized Enforcement of EU Competition Laws，Cornell International Law Journal，Vol.27，1994.

26.岸井大太郎，運輸事業と独占禁止法，国際交通安全学会誌，Vol.29，2004.

27.石黒行雄，定期船海運の法政策に関する比較研究～海運の公共性から観た競争法適用除外の擁護～，横浜国際経済法学，Vol.17，2008.

十一、外文网站类

1. Maritime Security Program（MSP），athttp://www.marad.dot.gov/ships-and-shipping/strategic-sealift/maritime-security-program-msp/，Apr.12，2016.

2.Antitrust：Commission opens formal probe into marine insurance agreements，at http://europa.eu/rapid/press-release_IP-10-1072_en.htm，Apr.8，2016.

3.Stragier，Joos，Recent Developments in EU Competition Policy in the Maritime Sector，A Speech at the Shipping Forecast Conference，London，25 - 26 April 2002，at http://ec.europa.eu/competition/speeches/text/sp2002_015_en.pdf，Feb.26，2016.

4.Antitrust Enforcement Guidelines for International Operations，at https://www.justice.gov/atr/antitrust-enforcement-guidelines-international-operations，Apr.10，2016.

5. Commission communication C（2004）43—Community guidelines on State aid to

maritime transport(2004/C 13/03)，at http：//eur-lex. europa. eu/legal-content/EN/TXT/PDF/? uri＝CELEX：52004XC0117(01)&from＝EN，Apr.1，2016.

6. U.S. Department of Justice & Federal Trade Commission，Antitrust Guidelines of Collaborations Among Competitors，reprinted in 4 Trade Reg. Rep.（ CCH） II 13，161 （ Apr. 12，2000） ，at https：//www. ftc. gov/sites/default/files/attachments/press-releases/ftc-doj-issue-antitrust-guidelines-collaborations-among-competitors/ftcdojguidelines. pdf，Feb.5，2016.

7. P3 Network Vessel Sharing Agreement. FMC Agreement No，012230，at http：//www2.fmc.gov/agreement_lib/012230-000-P.pdf，Feb.1，2016.

8.Commission Notice on the concept of full-function joint ventures under Council Regulation （EEC） No.4064/89 on the control of concentrations between undertakings，at http：//www. hartpub.co.uk/updates/Korah/ff-joint.pdf，Feb.28，2016.

9.Shipping Conferences Exemption Act，1987 ［1987，c. 22，assented to 30th June，1987］，at http：//laws-lois.justice.gc.ca/PDF/S-10.01.pdf，Feb.25，2016.

10.Canada Shipping Act，2001，at http：//laws-lois. justice. gc. ca/PDF/C-10. 15. pdf，Mar.3，2016.

11.Transport Canada，Transportation in Canada 2000，at http：//publications. gc. ca/collections/Collection/T1-10-2000E.pdf，Mar.1，2016.

12.Productivity Commission，2004 Review of Part X of the Trade Practices Act 1974：International Liner Cargo Shipping，Report no.32，Feb.23，2005，at http：//www.pc. gov. au/inquiries/completed/cargo-shipping-2005/report/partx.pdf，Aug.20，2015.

13. ESC，What Shippers Require from Liner Shipping in the Future and Why(Position Paper)，Brussels，Sept，2004，at http：//ec. europa. eu/competition/consultations/2004_6_reg_4056_86/esc_future_paper.pdf，Mar.25，2016.

14.公正取引委員会：［平成二十六年(2014 年)3 月 18 日］自動車運送業務を行う船舶運航事業者に対する排除措置命令，課徴金納付命令等について，at http：//www.jftc.go.jp/houdou/pressrelease/h26/mar/140318.html，Apr.1，2016.

15. Federal Maritime Commission，at http：//www.fmc.gov/16-01/，Apr.6，2016.

16.Commission communication C（2004）43—Community guidelines on State aid to maritime transport(2004/C 13/03)，at http：//eur-lex. europa. eu/legal-content/EN/TXT/PDF/? uri＝CELEX：52004XC0117(01)&from＝EN，Apr.5，2016.

17. IUMI：Global Marine Insurance Report 2015，http：//www. iumi. com/images/Berlin2015/Presentations/14_09_seltmann_2.pdf，Apr.17，2016.

后 记

　　2007年大连海事大学研究生毕业后,我来到位于闽海之滨的集美大学任教,一直承担海商法专业课程的教学和科研工作,研究重心主要放在海上运输法、海上保险法等私法领域。对于航运市场涉嫌垄断问题的关注始于码头作业费纠纷,船货双方在是否应收取THC、如何收取等问题上存在较多争议,双方的矛盾冲突也越来越激烈。虽然2006年国家三部委公布了THC事件的调查结论,但是此事件产生的影响并未随之结束。2013年9月我进入华东政法大学攻读国家法学国际海商法方向的博士学位,师承於世成教授。2013年10月,全球前三大集装箱海运巨头马士基、地中海航运、达飞签署协议,拟成立P3联盟负责亚欧、跨大西洋和跨太平洋航线上集装箱班轮的运营性事务。P3联盟计划先后获得了美国和欧洲竞争主管部门的批准,但我国商务部于2014年6月17日做出了禁止经营者集中的审查决定。该案例入选我国反垄断执法十大典型案例。在此背景下,我以P3联盟案为切入点发表了几篇小文,并通过和导师的沟通交流,将航运业竞争法律规制问题确定为博士论文选题。

　　本书是在博士论文研究基础上修改、充实而成的。回首写作的过程,交织着艰辛与欢乐。既有反复推敲仍不知从何下笔的苦恼,又有和师友沟通交流后的畅快。既有遍寻资料而不得的惆怅,又有阅读好书好文后的欣喜。曾经过去的无数个日日夜夜都成为了美好的回忆,这不是结束,而是开始。我深知自己才疏学浅,承蒙求学路上不断遇到良师益友给我提供了很多帮助和指导,才慢慢领悟到"含章笃实为品字"的意义和魅力。在此借用本书的方寸空间向给予我帮助的各位老师、领导和同学表达由衷的谢意!

　　特别要感谢我的导师於世成教授,於老师参加了《海商法》《港口法》《航运法》等相关法律法规的起草工作,对国际航运政策有独到、精辟的见解,本书的选题、写作和修改,都离不开於老师细致的指导和耐心的点拨。在此特向恩师

215

致以最诚挚的感谢和敬意！

同时，我还要感谢在华东政法大学给我授课的老师：朱榄叶教授、丁伟教授、林燕萍教授、王虎华教授、刘晓红教授、刘宁元教授、管建强教授、贺小勇教授、李伟芳教授等，谢谢老师们的精彩讲授，给我提供了多元化的研究视角，谢谢徐冬根教授、龚柏华教授、袁发强教授、马得懿教授在答辩过程中提出的中肯建议，使我受益良多。

此外，感谢本书参考文献中列出的所有作者，你们的研究成果给了我巨大的启迪和帮助。感谢和我一起学习和生活的同窗，那些激烈的讨论和思维的碰撞还历历在目。感谢我的工作单位集美大学法学院的领导和同事对我的照顾和帮助。

最后，我要感谢我的家人，如果没有他们的默默付出和辛苦操劳，以及对我的鼓励和支持，我是无法心无旁骛地做自己喜欢做的事情，是他们给了我奋斗的激情与快乐。

笔者谨希望个人的些许工作能起到抛砖引玉之用，为海洋强国建设以及航运业由"规模驱动"向"创新驱动"转变提供有益的思路。由于精力和研究能力有限，本书尚有许多不尽如人意之处，敬请方家多批评指正，在此深表谢意。